AGATA TOROMANOFF

BELGIAN ARCHITECTS TODAY

Lannoo

TABLE OF CONTENTS

VINCENT VAN DUYSEN ARCHITECTS	008
KLAARCHITECTUUR	020
OSK-AR	028
MAGALIE MUNTERS ARCHITECTURE	036
PHILIPPE SAMYN & PARTNERS	042
GRAUX & BAEYENS ARCHITECTEN	048
BOVENBOUW ARCHITECTUUR	054
GOVAERT & VANHOUTTE ARCHITECTS	060
ATELIER VENS VANBELLE	066
BEEL ARCHITECTEN	074
ERPICUM	080
STAM ARCHITECTEN	088
BLAF ARCHITECTEN	094
AST 77 ARCHITECTEN	100
CAAN ARCHITECTEN	108
ATELIER TOM VANHEE	116
CALLEBAUT ARCHITECTEN	124
DDS+	130
DELMULLE DELMULLE ARCHITECTEN	136
DMVA ARCHITECTEN	142

OYO ARCHITECTS	148
ALT ARCHITECTUUR	156
GOFFART POLOMÉ ARCHITECTES	162
LENS°ASS ARCHITECTS	168
VAN BELLE & MEDINA	176
B-ARCHITECTEN	184
JASPERS-EYERS ARCHITECTS	192
MADE ARCHITECTS	200
HUB	206
JUMA ARCHITECTS	212
HULPIA ARCHITECTEN	220
VANDENBORRE ARCHITECTEN	226
MARIE-JOSÉ VAN HEE ARCHITECTEN	234
POLO	242
MARTENS VAN CAIMERE	248
META ARCHITECTUURBUREAU	256
BINST ARCHITECTS	264
CONIX RDBM_ARCHITECTS	272
V+ ARCHITECTURE	280
ROBBRECHT EN DAEM	288

INTRODUCTION

Due to a number of regulations and a rather saturated and eclectic environment, working as an architect in Belgium can be quite challenging and requires a lot of creativity. This overview of 40 leading architects and studios presents a dynamic mélange of philosophies, which share experimental and sustainability-minded approaches. 'We are at a pivotal moment where the field of experimentation is expanding in Belgium,' observes Sabine Boghossian of DDS+. 'The emergence of new players in the market, such as actors in sustainable material sourcing and sustainability consultants, has greatly facilitated exchange and collaboration.'

An essential starting point in the process, especially in urban situations, seems to be a careful consideration of the context. As many architects remain in close connection with the academic world, research also plays an important role and supports the design. 'It is inevitable that the experiences in both contexts have a reciprocal impact,' reflects Thierry Lagrange of ALT Architectuur. 'Through my doctoral research and my research group thedrawingandthespace.info, there is a substantive deepening in my architecture, which of course regularly comes face to face with the pragmatics of building.'

Belgian architecture today is full of character, largely resulting from an awareness of the importance of the cultural heritage and a strong desire to preserve it. Renovations, reconstructions, conversions and adaptations are realised with great respect for the original fabric and the historical context, while also inspiring sustainable ways of thinking in terms of the conscious selection of materials and circularity. 'The challenge here is to approach the precious character of the existing building with respect and modesty, to understand and to design reinforcing and readable interventions,' explains Brussels-based architect Tom Vanhee. 'This requires sensitivity, empathy, a restraint to propose interventions that do not detract from the existing, but further enhance the building and subtly add sparkle.' Even if challenging the reuse of old architecture leads to ingenious solutions that are tailored to authentic buildings while also meeting all contemporary requirements. Paying homage to the past with a contemporary twist has become a signature of Belgian architects.

Another notion is the new simplicity expressed through strictly geometrical forms and a lack of superfluous elements. Sharp-edged volumes are perfectly proportioned and enhanced by elegantly applied materials, often juxtaposed in striking opposition to create timeless aesthetics. Belgian architects are known for their excellent craftsmanship and eye for detail – thus many of their projects, also featured in this volume, have become landmarks, whether or not they were designed as such.

I would like to thank all the studios for their enthusiasm for this project and their participation in this vibrant picture of the Belgian architectural scene.

Door de vele bouwvoorschriften en de verzadigde en eclectische omgeving kan werken als architect in België een uitdaging zijn die heel wat creativiteit vergt. Dit overzicht van 40 toonaangevende architecten en bureaus presenteert een dynamische mengelmoes van filosofieën, met als rode draad een experimentele en op duurzaamheid gerichte benadering. 'We bevinden ons op een scharniermoment waarop de experimentele aanpak in België aan terrein wint,' merkt Sabine Boghossian van DDS+ op. 'De opkomst van nieuwe spelers op de markt, zoals leveranciers van duurzame materialen en duurzaamheidsadviseurs, heeft samenwerkingen en de uitwisseling van ideeën enorm in de hand gewerkt.'

Een cruciaal uitgangspunt bij dat proces lijkt, vooral in stedelijke omgevingen, een aandachtige analyse van de context te zijn. En omdat vele architecten nauwe contacten onderhouden met de academische wereld, speelt ook onderzoek een belangrijke ondersteunende rol als basis voor ieder ontwerp. 'Onvermijdelijk vindt tussen beide sferen een wederzijdse beïnvloeding plaats,' zegt Thierry Lagrange van ALT Architectuur. 'Door mijn academische research en mijn onderzoeksgroep thedrawingandthespace.info wint mijn architectuur merkbaar aan diepte, en anderzijds word ik natuurlijk geregeld geconfronteerd met de pragmatische aspecten van bouwen.'

De hedendaagse Belgische architectuur zit vol karakter, wat grotendeels te verklaren is door een besef van het belang van cultureel erfgoed en een sterk verlangen om dat te bewaren. Renovaties, reconstructies, verbouwingen en aanpassingen worden uitgevoerd met het grootst mogelijke respect voor het oorspronkelijke weefsel en de historische context, wat inspireert om op een duurzame manier na te denken over de keuze van materialen en circulair bouwen. 'De uitdaging is om het waardevolle karakter van het bestaande gebouw met eerbied en bescheidenheid te benaderen, het te begrijpen, en om leesbare ingrepen te ontwerpen die er iets aan toevoegen,' legt Brusselse architect Tom Vanhee uit. 'Dat vraagt om sensitiviteit, empathie en de terughoudenheid om voor ingrepen te kiezen die geen afbreuk doen aan het bestaande gebouw, maar het net mooier doen uitkomen, het subtiel doen sprankelen.' Het hergebruik van oude architectuur is altijd een uitdaging, maar leidt ook tot ingenieuze oplossingen op maat van authentieke gebouwen die tegelijkertijd voldoen aan alle hedendaagse eisen. Hulde brengen aan het verleden met een eigentijdse twist: dat is een waarmerk geworden van Belgische architecten.

Daarbij komt nog de notie van de nieuwe eenvoud, die tot uiting komt in strikt geometrische vormen zonder overbodige elementen. Scherp afgelijnde volumes met perfecte proporties worden geaccentueerd met elegant gebruikte materialen, die vaak in frappante contrasten worden gecombineerd tot een tijdloze esthetiek. Belgische architecten staan bekend om hun uitstekende vakmanschap en oog voor detail, waardoor vele van de projecten in dit boek tot iconische herkenningspunten zijn uitgegroeid, ook al zijn ze niet bewust zo ontworpen.

Ik wil graag alle deelnemende bureaus bedanken voor hun enthousiasme voor dit project en hun bijdrage aan dit levendige beeld van het Belgische architectuurlandschap.

En Belgique, face aux nombreuses réglementations et à un environnement bâti passablement saturé et éclectique, le travail de l'architecte peut s'avérer assez difficile et requiert beaucoup de créativité. Cette sélection de quarante architectes et studios de premier plan nous propose une palette stimulante de plusieurs philosophies du métier, qui ont en commun des approches expérimentales axées sur la durabilité. «Nous sommes à un moment charnière où le champ

des expérimentations se déploie en Belgique », observe Sabine Boghossian du cabinet DDS+. « L'émergence sur le marché de nouveaux acteurs, comme les professionnels de l'approvisionnement en matériaux durables ou les consultants en durabilité, a grandement facilité les échanges et les collaborations. »

Il semble qu'un point de départ essentiel de cette évolution, en particulier en milieu urbain, soit l'examen minutieux du contexte. De nombreux architectes entretiennent d'étroites relations avec le monde universitaire et la recherche joue aussi un rôle majeur. Elle apporte son soutien à la conception.

« Il est inévitable que l'expérimentation dans ces deux milieux ait des effets réciproques, remarque Thierry Lagrange d'ALT Architectuur. Grâce à mes recherches doctorales et à mon groupe d'étude thedrawingandthespace.info, j'approfondis considérablement mon approche de l'architecture, laquelle est bien sûr régulièrement confrontée à la pratique de la construction. »

L'architecture belge d'aujourd'hui a une identité bien marquée, résultant pour une bonne part d'une prise de conscience de l'importance du patrimoine culturel et d'un fort désir de le préserver. Réalisées dans le plus grand respect du tissu architectural d'origine et du contexte historique, les rénovations, reconstructions, reconversions et réadaptations nourrissent la réflexion sur la durabilité en matière de sélection consciente des matériaux et d'économie circulaire.

« Le défi consiste à prendre la mesure de la valeur du bâti existant, avec respect et modestie, à le comprendre et à concevoir des interventions qui le renforcent et le rendent lisible, souligne l'architecte bruxellois Tom Vanhee. Cela demande de la sensibilité, de l'empathie et de la retenue pour proposer des interventions qui ne portent pas atteinte à l'existant, mais mettent en valeur les bâtiments en leur donnant, de façon subtile, un nouvel éclat. » Même si elle constitue un défi, la réutilisation de l'architecture ancienne permet de trouver des solutions ingénieuses adaptées à ces bâtiments authentiques tout en répondant aux exigences contemporaines. Rendre hommage au passé avec une touche moderne est devenu une signature des architectes belges.

Une autre notion essentielle est la simplicité renouvelée qui s'exprime à travers des formes géométriques et l'absence d'éléments superflus. Les volumes aux arêtes vives sont parfaitement proportionnés et mis en valeur par des matériaux utilisés avec élégance, souvent juxtaposés et contrastant de façon frappante au profit d'une esthétique intemporelle. Les architectes belges sont connus pour leur excellent savoir-faire et leur sens du détail. C'est pourquoi nombre de leurs projets, que l'on retrouve aussi dans ce volume, sont devenus des références, qu'ils aient ou non été conçus comme tels.

Je voudrais remercier ici chaleureusement tous les studios pour leur soutien enthousiaste et leur participation à ce tableau vivant de la scène architecturale belge.

VINCENT VAN DUYSEN ARCHITECTS

With his signature sense of balance between shapes, materials, and colours, Vincent Van Duysen designs architecture that is not merely timeless but also embraces its inhabitants with a sense of calm. His use of a masterful combination of pure forms, reduced colours, and a harmonious palette of natural materials creates soulful spaces with no superfluous elements. The textural richness of his material-driven projects is enhanced by an accomplished use of light that adds complexity and awakens all senses. A graduate of the Sint-Lucas School of Architecture in Ghent, Van Duysen worked with Aldo Cibic in Milan and Jean de Meulder in Antwerp before establishing his own studio in 1989. His eponymous practice realises a wide range of architectural and interior design projects around the world, while the architect also collaborates as a product designer with international brands and is the creative director at Molteni&C.

Met zijn kenmerkende gevoel voor evenwicht tussen vormen, materialen en kleuren tekent Vincent Van Duysen tijdloze architectuur die de bewoners hult in sereniteit. Een magistrale combinatie van zuivere vormen, sobere kleuren en een harmonieus palet van natuurlijke materialen staat garant voor ruimtes waar niets overtollig is. Steeds uitgaand van het ruwe materiaal, creëert hij een rijkdom aan texturen, verdiept door een uitgekiend lichtspel dat complexiteit toevoegt en alle zintuigen doet ontwaken. Van Duysen volgde de architectuuropleiding aan de Gentse Campus Sint-Lucas en werkte met Aldo Cibic in Milaan en met Jean De Meulder in Antwerpen. In 1989 richtte hij zijn eigen atelier op. Het bureau, dat zijn naam draagt, realiseert uiteenlopende designprojecten voor architectuur en interieur over de hele wereld. Daarnaast is de architect ook actief als productontwerper bij verschillende internationale merken en is hij creatief directeur bij Molteni&C.

Grâce à son sens particulier de l'équilibre entre formes, matériaux et couleurs, Vincent Van Duysen conçoit une architecture qui n'est pas seulement intemporelle, mais procure aussi à ses habitants un sentiment de sérénité. La combinaison magistrale de formes primaires, de couleurs à la palette réduite et d'une sélection harmonieuse de matériaux naturels crée des espaces remplis d'âme où le superflu est absent. La riche texture de ses projets, axés sur la matière, est rehaussée par sa maîtrise de la lumière qui ajoute de la complexité tout en éveillant les sens. Diplômé de l'école d'architecture Sint-Lucas de Gand, Van Duysen a travaillé avec Aldo Cibic à Milan et Jean De Meulder à Anvers avant de créer son propre atelier en 1989. Le cabinet qui porte son nom réalise un large éventail de projets architecturaux et design d'intérieur dans le monde entier. Il travaille aussi comme designer pour certaines marques connues internationalement, tout en assurant la direction artistique de Molteni&C.

DLC Residence, Kruishoutem, Belgium, 2017

Clad in white stone, the modernist DLC Residence demonstrates the power of clean lines and a soft colour palette, which also defines the interiors. Broken into three parts, the house is an intriguing juxtaposition of cubic volumes and sloping roofs that opens entirely onto the rural surroundings.

De modernistische, met witte steen beklede DLC Residence toont de kracht van zuivere lijnen en een zacht kleurenpalet, dat ook de binnenruimtes kenmerkt. Het huis bestaat uit drie delen, een intrigerende juxtapositie van kubusvormige volumes en hellende daken die zich volledig opent naar de landelijke omgeving.

Avec son parement en pierres blanches, la résidence moderniste DLC illustre la puissance des lignes épurées et de la palette de couleurs douces, qui définissent également les espaces intérieurs. Divisée en trois parties, la maison est une étonnante juxtaposition de volumes cubiques et de toits en pente, entièrement ouverte sur son environnement rural.

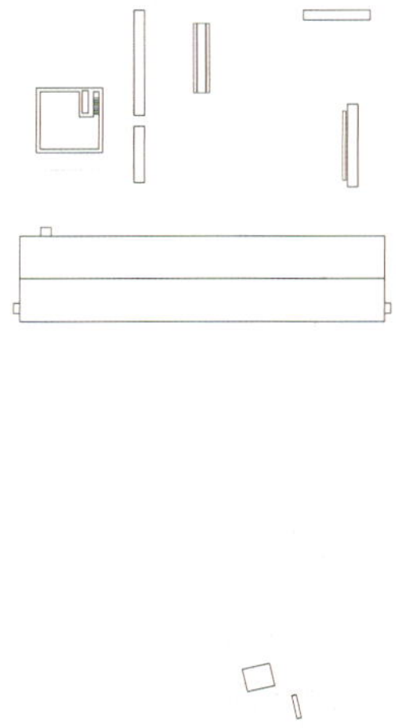

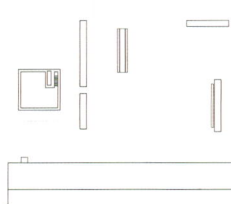

Winery VV by Vinetiq, Liezele, Belgium, 2020

Skillfully integrated into the landscape, Winery VV by Vinetiq combines contemporary geometric forms for the tower of the farmhouse, with a traditional, barn-like typology. The objective for the architect was to keep the buildings to a functional minimum and to use durable yet powerful materials - earth colored concrete structural volumes are topped by a wooden roof clad in metal.

Met zijn combinatie van hedendaagse geometrische vormen voor de toren en het traditionele silhouet van een grote schuur is Vinetiqs Wijnhuis VV knap geïntegreerd in het landschap. De architect stelde zich tot doel de gebouwen tot hun functionele minimum te beperken en duurzame, maar krachtige materialen te gebruiken - de volumes in aardkleurig beton worden afgewerkt door een houten dag bekleed met metaal.

Habilement intégré dans le paysage, le vignoble Winery VV by Vinetiq associe les formes géométriques contemporaines de la tour qui constitue l'exploitation et l'aspect traditionnel d'une grange. L'objectif était de limiter les bâtiments à un minimum fonctionnel et d'utiliser des matériaux à la fois durables et marquants : des volumes en béton couleur de terre se marient avec un toit en bois surmonté d'une couche de métal.

VINCENT VAN DUYSEN ARCHITECTS

Casa M, Melides, Portugal, 2019

Inspired by modernist masters, the architect's summer retreat, Casa M, was envisioned around a central courtyard and disappears into the picturesque dune landscape. In pursuit of a camouflage effect, the house is built of highly textural concrete tinted in a bone hue and complemented with wood and terracotta tiles that perfectly match the surrounding nature.

Voor zijn eigen zomerhuis, Casa M, liet de architect zich inspireren door de meesters van het modernisme. De woning is ontworpen rond een centrale binnenplaats en gaat op in het schilderachtige duinenlandschap. Om dat camouflage-effect te bereiken, is het huis opgetrokken in beige beton met een uitgesproken textuur, aangevuld met hout en tegels in aardewerk die perfect passen bij de omringende natuur.

Inspirée par les maîtres du modernisme, la Casa M, résidence estivale de l'architecte, a été conçue autour d'une cour centrale et se fond dans un pittoresque paysage de dunes. Afin d'obtenir cet effet de camouflage, la maison associe des murs en béton texturé beige à du bois et des tuiles en terre cuite, qui se marient parfaitement avec la nature environnante.

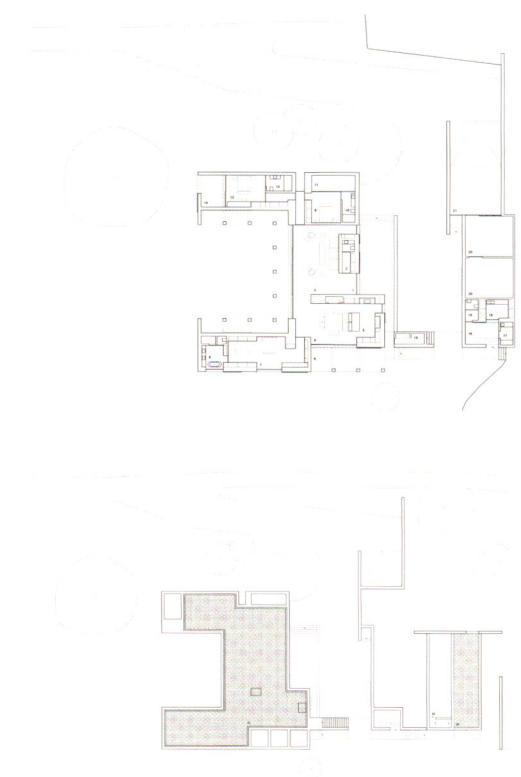

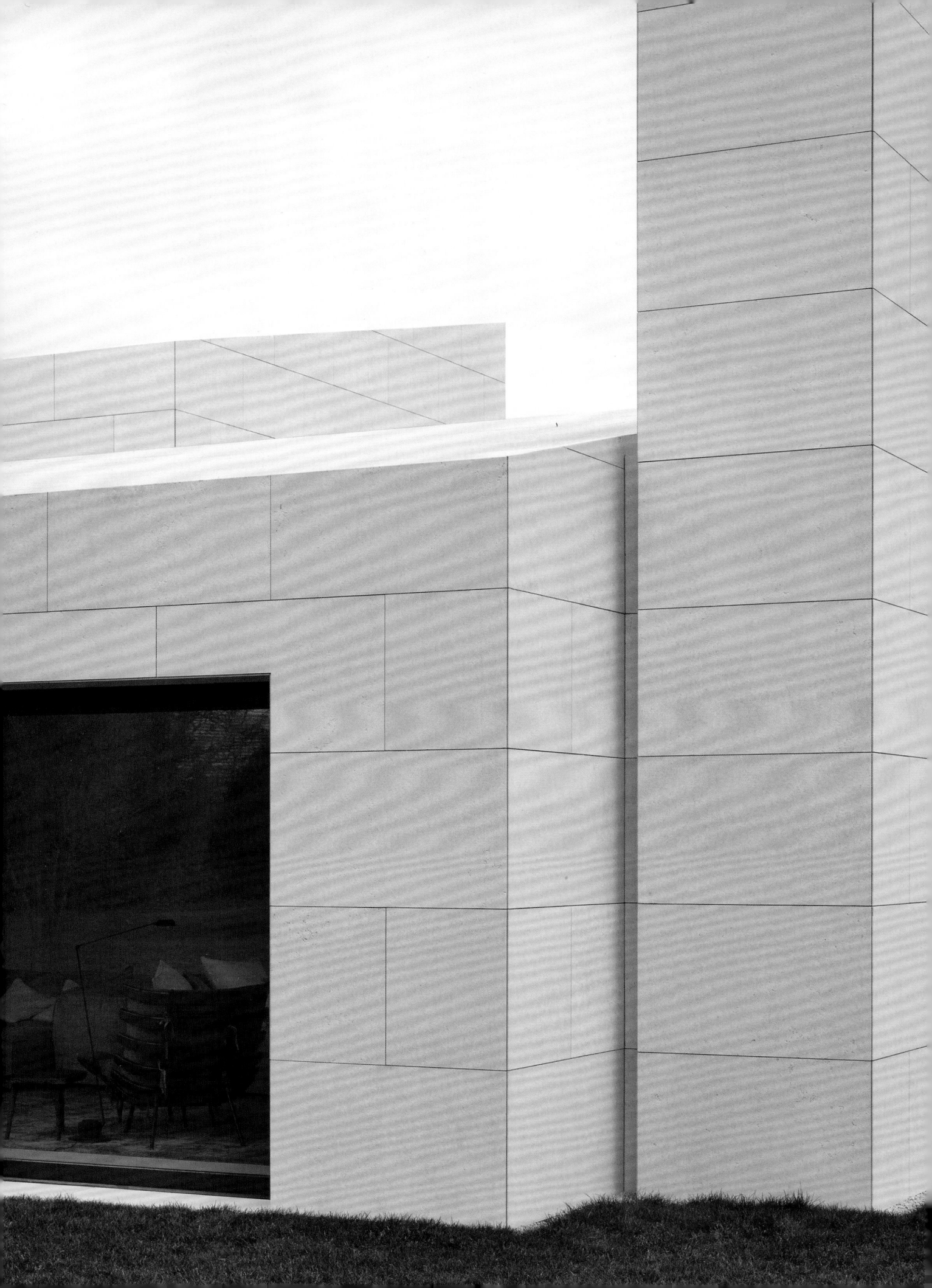

"From the outset, a definite relationship between architecture, interior and product design has been the driving force behind the conception of projects inspired by subtle transitions between these disciplines and combined with a spatial design attitude, constantly striving for the essence."

Purity and essential forms are at the core of your work, just as much as your goal is to create contemplative spaces. Why should architecture go beyond trends, be made of natural materials, and inspire calmness?

Purity and essential form is a principle at the core of my architectural work, but purity has multiple facets... Sometimes it means reducing or eliminating elements until the structure of an existing building is visible; other times it means respecting a concept and its intrinsic quality, designed and realised down to the last detail. It may also simply suggest that we are using space and light to build our projects, or better still, the essence is the absolute quality that a project delivers to the user. Due to this essential approach in my projects – and indeed by using pure and natural materials in addition to the fact that we respect tradition – even though we are also rooted in modernism, I believe that this combination results in a clear, contemporary, and timeless design.

About the art of elimination: your interiors as well as buildings are stripped down to the essence. Nothing is superfluous, but at the same time nothing is missing for providing comfort. What fuels your imagination when planning the geometries of your buildings?

I always start by focusing on the essence, and then eliminate all the excess. I take into account only the essential needs of a space, without creating excessive and non-essential elements. It's not only in architecture or product design, but also in our minds and words. To me, essentialism means undoing the clutter and getting to the core – achieving an authenticity, simplicity, and purity. The essentialism within the architecture and design I create is typically of a monolithic nature or archetypal in a sense that it has a classic proportion or familiarity. It can be at once refined, solid, and brutal, or, if it is light and airy, it is usually somehow connected to nature.

What is most striking in your designs is the impressive aesthetic consistency expressed in so many different ways across your portfolio. Your works may seem pure but are actually very complex. I particularly like the way contrasting textures are harmonised in terms of colour, in a way that is far from boring but with a very calming effect. How do you obtain this uneasy balance between the spaces, colour palette, light, and textures?

Balance has always been extremely relevant in what I do. I obtain it by drawing from my passion, research, and understanding of human needs together with channeling tactility, timelessness, organicity, texture, serenity, comfort, natural materials, light, and exquisite craftsmanship. Organic materials are key to my work and to good architecture/design. I am talking about raw elements that acquire a patina of timelessness, exquisiteness, and warmth as they age such as wood, textiles, concrete, stone. Together different materials convey a sense of holisticness that makes human beings feel protected, comfortable, and surrounded by warmth and beauty as if in a shrine or shelter.

In many interviews you emphasise the fact that you approach architecture as multidisciplinary; it is not about only a building but also what creates its soul. Does this approach make it easier to think about the structure or, on the contrary, more difficult?

I perceive architecture in a broader way: it is not only the physical construction of space but creating spaces for people to live in, surrounded by art, furniture pieces, and objects. All these elements are part of this art of living that is part of my parcours, a sort of 'gesamtkunstwerk'. I am aware of the different scales of a project. Starting from the broader picture and then zooming into the smaller details of a project, to me, makes it easier.

You work a lot in Belgium but also internationally. How much does the context of a particular location influence your vision?

Every project is different in terms of context, location, relationships, program and brief, cultures, and countries, so the site or place is quite influential. In addition, I always take a narrative into account when designing, and in that sense, my projects are building a sequence of a broader "picture". Nevertheless, because you always create some emotional connection, there are some key projects that come to my mind, like my holiday retreat in Portugal, Casa M.

"Een hechte relatie tussen architectuur, interieurdesign en productontwerp vormt al sinds het begin de drijvende kracht voor projecten geïnspireerd door het schemergebied tussen die verschillende disciplines, in combinatie met een ruimtelijke opvatting van design die steeds recht naar de essentie gaat."

Puurheid en tot hun essentie herleide vormen staan centraal in je werk, en je creëert ruimtes die uitnodigen tot contemplatie. Een architectuur die werkt met natuurlijke materialen, wars van alle trends, en die rust ademt, is dat belangrijk voor jou?

Puurheid en essentiële vormen liggen aan de basis van mijn werk als architect, maar die puurheid neemt vele gedaantes aan. Soms betekent het dat we elementen vereenvoudigen of weghalen tot de structuur van een bestaand gebouw zichtbaar wordt, soms dat we de intrinsieke kwaliteiten van een doorgedreven, tot in de kleinste details uitgewerkt concept respecteren. Je kunt er ook simpelweg onder verstaan dat we onze projecten optrekken uit ruimte en licht. Zelf zeg ik het liefst zo: de essentie is de absolute kern van wat een project te bieden heeft aan de gebruiker. We streven naar wat wezenlijk is, we gebruiken pure, natuurlijke materialen, geworteld in het modernisme, maar met respect voor de traditie. Die combinatie levert hedendaagse, tijdloze ontwerpen op.

Weglaten is een kunst: je gebouwen en interieurs zijn tot hun essentie teruggebracht. Er is niets te veel aan, maar ook niets te kort om comfort te bieden. Hoe plan je de geometrische indeling van je gebouwen? Wat prikkelt daarbij je verbeelding?

Ik focus altijd eerst op de essentie en haal dan al het overbodige weg. Enkel wat de ruimte écht nodig heeft, is daarbij van tel: zo creëer ik geen overtollige, niet-essentiële elementen. Dat geldt niet alleen voor mijn architectuur en de producten die ik ontwerp, maar ook voor mijn gedachten en woorden.

Door alle rommel en wanorde uit de weg te ruimen, dring je door tot de kern en kom je tot authenticiteit, eenvoud, zuiverheid. Het essentiële in mijn architectuur en design is meestal monolithisch van aard, of archetypisch, met klassieke proporties die vertrouwd aanvoelen. Het kan tegelijk verfijnd, massief en brutaal zijn, of net licht en open, in dat geval meestal met een link met de natuur.

Als ik je hele portfolio bekijk, treft me vooral de indrukwekkende esthetische samenhang, die op tal van verschillende manieren tot uiting komt. Je ontwerpen lijken uitgepuurd, maar zijn in feite heel complex. Ik vind het met name mooi hoe je contrasterende texturen met elkaar verzoent door middel van harmoniërende kleuren, nooit saai maar altijd rustgevend. Dat evenwicht tussen ruimtes, kleuren, licht en texturen lijkt me niet eenvoudig tot stand te brengen.

Mijn werk draait om evenwicht, dat is altijd zo geweest. Ik laat me inspireren door mijn passie, door onderzoek, door inzicht in onze behoeften als mens. Daarbij komt een affiniteit voor alles wat tactiel, tijdloos en organisch is, voor textuur, licht, sereniteit, comfort, natuurlijke grondstoffen en uitmuntend vakmanschap. Organische materialen zijn cruciaal voor mijn werk, voor goede architectuur en vormgeving in het algemeen. Dan heb ik het over ruwe grondstoffen die door de jaren heen een patina van tijdloosheid, klasse en warmte krijgen: hout, textiel, beton, steen. Samen vormen ze een holistisch evenwicht waarin de mens zich beschut en behaaglijk voelt, omgeven door warmte en schoonheid, als in een heiligdom of een schuilplaats.

In interviews benadruk je vaak je multidisciplinaire kijk op architectuur: een gebouw is niet alleen een hoop stenen, maar heeft ook een ziel. Helpt die benadering bij het nadenken over structuur of maakt ze het net moeilijker?

Ik zie architectuur inderdaad breder: je bouwt niet alleen fysieke ruimtes, maar ook een ruimte om als mens in te leven, omgeven door kunst, meubelen en objecten. Al die elementen maken deel uit van het pad dat ik levenskunst noem, een soort gesamtkunstwerk. Ik ben me altijd bewust van de verschillende schalen waarop een project zich afspeelt. Ik begin bij het bredere plaatje en zoom dan in op de kleinere details. Dat maakt het voor mij gemakkelijker.

Je werkt niet alleen in België, maar ook buiten de landsgrenzen. In hoeverre wordt je visie op een project beïnvloed door de locatie?

Ieder project is anders, omdat je telkens in een andere context terechtkomt: de omgeving, de verhoudingen, de aard van de opdracht, de plaatselijke cultuur en de geplogenheden van het land spelen allemaal mee. De locatie heeft dus een grote invloed, ja. Maar ik ontwerp ook altijd met een verhaal in het achterhoofd, zodat mijn opeenvolgende projecten telkens voortbouwen aan een groter geheel. En natuurlijk smeed je altijd een emotionele band, waardoor sommige projecten me in het bijzonder zijn bijgebleven, zoals mijn vakantiewoning Casa M in Portugal.

« Dès l'origine, une relation bien définie entre architecture, décoration intérieure et design a été la force motrice de projets inspirés par de subtiles transitions entre ces disciplines et combinés à une approche spatiale constamment à la recherche de l'essentiel ».

Pureté et formes essentielles sont au cœur de votre travail et votre objectif est de créer des espaces contemplatifs. L'architecture se doit-elle de dépasser les tendances, de privilégier les matériaux naturels et d'inspirer le calme ?

La pureté et l'essentiel (la forme) sont au cœur de mon travail architectural, mais cette pureté a de multiples facettes… Il s'agit parfois de réduire ou d'éliminer certains éléments jusqu'à ce que la structure interne d'un bâtiment existant devienne visible ; d'autres fois, cela revient à s'en tenir à un concept et à ses qualités intrinsèques, les penser et les mettre en œuvre jusque dans leurs moindres détails. Cela peut aussi simplement signifier le fait que nous partons de l'espace et de la lumière pour construire nos projets, ou bien, que leur essence même est la qualité majeure que ces projets offrent à l'utilisateur final. Et même si nous sommes ancrés dans le modernisme, cette approche essentielle – en utilisant, certes, des matériaux purs et naturels, en plus du fait que nous respectons la tradition – permet à cette combinaison d'aboutir, je l'espère, à un design clair, contemporain et intemporel.

Parlons de l'art de l'élimination : intérieurs et bâtiments sont réduits à l'essentiel. Rien n'est superflu, mais rien ne manque pour assurer le confort. Qu'est-ce qui nourrit votre imagination lorsque vous planifiez les formes géométriques de vos constructions ?

Je commence toujours par me concentrer sur l'essence, puis j'élimine tout ce qui paraît superflu. Je ne prends en compte que les besoins essentiels d'un espace, sans ajouter d'éléments non indispensables. Et cela vaut pour l'architecture ou la conception d'objets, mais aussi pour nos pensées et nos paroles. Pour moi, l'essentialisme signifie éviter le désordre et aller droit au cœur : atteindre l'authenticité, la simplicité et la pureté. Dans l'architecture et le design que je crée, l'essentialisme est monolithique ou archétypal, dans le sens où il se réfère à des proportions classiques, à une familiarité. Il peut être à la fois raffiné, solide et brut ou bien, s'il est léger et aérien, il connecte d'une manière ou d'une autre à la nature.

Ce qui frappe le plus dans vos créations, c'est leur forte cohérence esthétique, qui s'illustre de multiples façons dans votre portfolio. Vos œuvres peuvent sembler pures, mais sont en réalité très complexes. J'aime particulièrement la manière dont les textures contrastées s'harmonisent par leurs couleurs. Loin d'être ennuyeux, ce choix a un effet très apaisant. Comment parvenez-vous à cet équilibre subtil entre les espaces, la palette des couleurs, la lumière et les textures ?

L'équilibre est toujours très important dans ce que j'entreprends. J'y parviens en puisant dans ma passion pour les recherches et la compréhension des besoins humains, tout en creusant le sillon du toucher et de l'organique, de la texture, de l'intemporalité, de la sérénité, du confort, de la lumière, des matériaux naturels et de la qualité du savoir-faire artisanal. Les matériaux sont la clé de mon travail, la clé d'une bonne architecture ou d'un bon design. Je pense à des éléments bruts qui, avec le temps, acquièrent une patine intemporelle, un caractère raffiné et chaleureux, comme le bois, le tissu, le béton, la pierre. Ensemble, ces matériaux donnent un sentiment de complétude aux êtres humains qui se sentent protégés, à leur aise, environnés de chaleur et de beauté, comme dans un écrin ou un refuge.

Vous soulignez souvent le fait que vous abordez l'architecture de manière pluridisciplinaire. Il n'est pas seulement question d'un bâtiment, mais aussi de ce qui lui donne une âme. Cette approche facilite-t-elle la réflexion sur la structure ou la rend-elle plus difficile ?

Je perçois l'architecture d'une manière plus large : au-delà de la simple construction physique d'un volume, il s'agit de créer un espace où les gens peuvent exister, entourés d'œuvres, de meubles et d'objets. Tous ces éléments font partie de cet art de vivre dans lequel s'inscrit mon parcours, une sorte de 'gesamtkunstwerk' (d'œuvre d'art totale). Je suis attentif aux différentes échelles d'un projet. Partir d'une vue d'ensemble et zoomer ensuite sur les détails me facilite la tâche.

Vous travaillez beaucoup en Belgique, mais aussi à l'étranger. Dans quelle mesure le contexte propre à chaque lieu influence-t-il votre vision ?

Chaque projet diffère par son contexte, son emplacement, ses implications, son programme et cahier des charges, la culture et le pays où il s'inscrit, donc le site choisi a une grande influence. De plus, lors de la conception, je me réfère toujours à un récit et, en ce sens, mes projets sont comme des séquences d'une « image » plus large. Mais comme il y a toujours une dimension émotionnelle, certains projets-clés me viennent ici à l'esprit, comme la Casa M, ma résidence de vacances au Portugal.

KLAARCHITECTUUR

The husband-and-wife duo Gregory Nijs and Nadia Jottard specialise in residential architecture informed by each individual location. Their minimalist, geometric visual language is expressed by intriguing juxtapositions of contrasting materials, such as bricks and wood, as well as colours. Distinctive, often surprising, forms demonstrate their original take on traditional shapes, offering entirely new experiences. The Sint-Truiden-based studio has gained recognition for their excellent conversions that celebrate historical architecture with a contemporary twist. "In the first place, we need to do something with spaces that are empty and not in use anymore – they are still telling a story of their past," they state, while also designing to embrace all the needs of new functions. Their buildings employ simple yet powerful forms highlighted by unconventional concepts for openings.

Het echtpaar Gregory Nijs en Nadia Jottard is gespecialiseerd in residentiële architectuur die in dialoog gaat met de locatie. Hun minimalistische, geometrische visuele taal komt tot uiting in intrigerende juxtaposities van contrasterende kleuren en materialen, zoals baksteen en hout. Markante, vaak verrassende vormen geven blijk van een originele kijk op traditionele silhouetten en creëren een geheel nieuwe ervaring. Het architectenbureau in Sint-Truiden staat bekend om knappe conversies die historische architectuur in de kijker zetten met een hedendaagse twist. 'In de eerste plaats moeten we aan de slag met leegstaande ruimtes', zegt het duo, 'die nog steeds iets vertellen over hun verleden, ook al worden ze niet meer gebruikt.' Tegelijk moet natuurlijk aan alle behoeften van de nieuwe invulling worden voldaan. Hun gebouwen maken gebruik van eenvoudige, maar krachtige vormen, geaccentueerd door onconventioneel ontworpen openingen.

Le couple Gregory Nijs et Nadia Jottard s'est spécialisé dans une architecture résidentielle qui tire à chaque fois son inspiration d'un lieu particulier. Leur langage géométrique et minimaliste s'exprime par des juxtapositions inattendues de couleurs et de matériaux contrastés, comme la brique et le bois. Leurs formes souvent surprenantes témoignent d'une approche originale des schémas traditionnels, pour proposer une expérience radicalement nouvelle. Implantée à Saint-Trond, leur agence est reconnue pour la qualité de ses reconversions qui célèbrent l'architecture historique en leur donnant une touche contemporaine. «Nous devons avant tout faire quelque chose de ces espaces vides et inutilisés – ils racontent encore une histoire de leur passé», déclarent les architectes, tout en concevant des bâtiments qui répondent à l'ensemble des besoins de leurs nouvelles fonctions. Pour ce faire, ils recourent à des formes simples mais marquantes, soulignées par des ouvertures à la conception originale.

The Waterdog, Sint-Truiden, Belgium, 2016

A great example of the architects' approach to integrating a new form and function into a historical body, this 19th-century chapel has been turned into an original working space. The new minimalist structure is fused with the historical background, so that they coexist in a perfect balance.

Deze tot originele werkruimte omgevormde 19de-eeuwse kapel is een uitstekend voorbeeld van de manier waarop de architecten een nieuwe vorm en functie integreren in een historisch kader. De minimalistische structuur is zo verweven met de historische achtergrond dat beide perfect in evenwicht zijn.

Ce projet est une illustration éloquente de l'approche qui consiste à intégrer forme et fonction nouvelles dans un bâti historique. Cette chapelle du xixe siècle est ainsi devenue un espace de travail original. La structure moderne et minimaliste fusionne avec le bâtiment existant, de sorte que tous deux coexistent dans un équilibre parfait.

The Loft, Leuven, Belgium, 2017

The refurbishment of an industrial space (formerly used for storing electric transformers and heavy machinery) results in a spacious loft that preserves the original ambiance of the place. The exposed concrete and high ceilings create a modern homely atmosphere in the dynamic open-plan space, flowing through multiple volumes attached to the ceiling.

Een industriële ruimte die vroeger vol zware elektrische transformatoren stond, werd gerenoveerd tot een ruime loft waar de oorspronkelijke geest intact is gebleven. Naakt beton, een luchtige open indeling en hoge plafonds creëren een moderne, huiselijke sfeer, in een dynamische ruimte met aan het plafond opgehangen volumes.

La rénovation de ce local industriel (utilisé autrefois pour remiser d'encombrants et lourds transformateurs électriques) a donné naissance à un loft spacieux qui a conservé l'ambiance originale des lieux. Béton apparent, vastes espaces ouverts et hauts plafonds confèrent une atmosphère moderne et conviviale à cet intérieur dynamique, rythmé par de nombreux volumes fixés au plafond.

Stadserker, Leuven, Belgium, 2009

Elegantly inserted into the historical fabric, this slim house appears to differ entirely from its historical context. Despite the fact that the form, materials, and colours are all purely contemporary, the implementation fuses smoothly into the existing surroundings. The architects transformed the modest lot to create a comfortable urban residence.

Deze smalle woning contrasteert op het eerste gezicht met de historische context waarin ze op elegante wijze is ingevoegd. Toch gaan de volstrekt hedendaagse vormen, materialen en kleuren naadloos op in de bestaande omgeving. Van een bescheiden perceel hebben de architecten een gerieflijke stadswoning gemaakt.

Élégamment insérée dans l'ancien tissu urbain, cette maison étroite semble se démarquer totalement du contexte historique. Mais si sa forme, ses couleurs et ses matériaux sont résolument contemporains, elle s'intègre harmonieusement à l'environnement existant. Les architectes ont su transformer ce modeste lot en une confortable résidence urbaine.

OSK-AR

In the pursuit of creating a new typology of learning spaces, the Dilbeek-based studio designs in a dynamic dialogue with modern pedagogy. The focus in developing learning landscapes for students of all ages is to foster future potential through flexible use and adaptation. The spaces, which strike the right balance between bright daylight and comfortable shade, use tactile materials and indicative colours to create an environment that supports numerous uses and diverse students. The other half of the portfolio are mixed use projects, group habitations and co-housing. Driven by a sustainable approach, the architects opt for the inventive use of available resources. Any new structures should be modular and highly adaptable to allow for adjustments or expansions. Their continuous research into innovative design involves employing new materials and techniques. What stands behind the choice of materials and hues is the tension between the uniform and the particular.

In een dynamische dialoog met de hedendaagse opvoedkunde ontwikkelt dit bureau uit Dilbeek een nieuwe kijk op de plekken waar we kennis opdoen. Flexibele, aanpasbare leeromgevingen voor studenten van alle leeftijden houden alle toekomstige mogelijkheden open. De ruimtes vinden het juiste evenwicht tussen helder daglicht en behaaglijke schaduw, tactiele materialen en informatieve kleuren. Zo ontstaat een omgeving die zich leent tot uiteenlopende toepassingen voor een diverse studentengemeenschap. De andere helft van hun portfolio bestaat uit gebouwen voor gemengd gebruik, groepswonen en cohousing-projecten. De architecten kiezen voor duurzaamheid en maken inventief gebruik van de aanwezige middelen. Zijn er toch nieuwe structuren nodig, dan moeten ze modulair en flexibel zijn, zodat ze indien nodig kunnen worden aangepast of uitgebreid. Onderzoek naar nieuwe materialen en technieken leidt tot innovatief design. Bij de keuze van materialen en tinten wordt gestreefd naar een spanning tussen het uniforme en het individuele.

Implantée à Dilbeek, cette agence entretient un dialogue fécond avec la pédagogie moderne, afin d'imaginer une nouvelle typologie des espaces d'enseignement. La conception d'espaces ambiants pour étudiants de tous âges vise à privilégier de nouvelles potentialités grâce au caractère flexible des lieux d'apprentissage. Avec leur juste équilibre entre lumière vive du jour et confort de l'ombre, leurs matériaux haptiques et leur code de couleurs, ces espaces créent un environnement adapté aux usages et aux étudiants les plus divers. Les autres activités du studio tournent autour de bâtiments à usages multiples, de maisons partagées et d'immeubles d'habitation. Animés par une approche durable, les architectes privilégient un usage inventif des ressources disponibles. Chaque nouvelle structure doit être modulaire et hautement adaptable afin de permettre ajustements et extensions. La recherche permanente de nouveaux concepts implique le recours à des matériaux et des techniques innovantes. Le choix des matières et des teintes reflète la tension entre uniformité et singularité.

KA Tervuren, Tervuren, Belgium, 2022

A building envisioned for a high school offering an innovative approach to teaching. "Students are the actors of their own learning processes," explain the architects, and thus classes and hallways are replaced by big learning spaces, where different zones support various ways of learning.

Dit schoolgebouw belichaamt een innovatieve kijk op onderwijs. 'Studenten moeten actief het voortouw kunnen nemen in hun eigen leerproces', zeggen de architecten. Klassen en gangen zijn vervangen door grote leerruimtes waar speciale zones voorzien zijn voor verschillende vormen van onderricht.

Ce bâtiment a été imaginé pour une école offrant une approche innovante de l'enseignement. «Les élèves sont les acteurs de leur processus d'apprentissage», expliquent les architectes. Classes et couloirs ont donc été remplacés par de grands espaces, où certaines zones se prêtent à différentes méthodes d'apprentissage.

"We try to think of schools as spaces where a journey of discovery can take place, designing with transparency to engage students to look out, just as well as the community can now look in."

Eylenbosch housing, Schepdaal, Belgium, 2021

A signature build for the practice in terms of conversion of historical structures, the former brewery complex combines 55 apartments with commercial spaces. The architecture's quiet colour palette and the tactile use of brick create a refined connection with the existing surroundings to draw a subtle line between the old and new.

In een voormalige brouwerij zijn 55 appartementen en verscheidene handelsruimtes ondergebracht, een schoolvoorbeeld van de herbestemming van een historische structuur. Het gedempte kleurenpalet en het tactiele gebruik van baksteen creëren een verfijnde connectie met de bestaande omgeving, als een subtiele lijn tussen oud en nieuw.

Réalisation témoin de l'agence en matière de reconversion de bâtiments historiques, l'ancien complexe brassicole abrite aujourd'hui 55 appartements et des espaces commerciaux. La palette peu marquée des couleurs et le recours à un parement de briques se marient à l'environnement existant et établissent un lien subtil entre l'ancien et le nouveau.

"The greatest luxury in architecture is not to be found in expensive materials or equipment, but rather in the intangible qualities of the spatial experience."

MAGALIE MUNTERS ARCHITECTURE

Founded in 2006 by Magalie Munters, the studio is based in Ghent. The architect is fascinated by the stark contrast between the classical and the innovative, and the intriguing effects that their combination can lead to. She also uses a mixture of common and surprising elements in order to create a special atmosphere and emotions for the residents to experience. In her bold residential projects, the architect searches for purity in complexity, while also intending a sculptural effect. Believing in a universal language of light, spaces, and textures that play with the senses, Munters focuses on the relations between spaces, materiality, and the use of light. Whether embedded in the context or levitating, or combining both, the designs tend to relate originally to the surroundings.

Het Gentse Magalie Munters Architecture werd in 2006 opgericht. Ze is gefascineerd door het contrast tussen klassiek en innovatief, en door de intrigerende effecten die ontstaan wanneer beide worden gecombineerd. Door alledaagse en verrassende elementen door elkaar te gebruiken, creëert ze een bijzondere sfeer die bij de bewoners emoties opwekt. In haar gedurfde woonprojecten gaat ze op zoek naar zuiverheid in complexiteit en streeft ze een sculpturaal effect na. Munters gelooft in een universele taal van licht, ruimte en texturen die spelen met de zintuigen. Soms zijn haar ontwerpen in de context ingebed, soms lijken ze wel te zweven, maar altijd staan ze in een originele verhouding tot hun omgeving.

Fondé en 2006 par Magalie Munters, le studio est basé à Gand. L'architecte est fascinée par le contraste marquant entre formes classiques et innovantes et par les effets inattendus de leur combinaison. Elle utilise aussi un mélange d'éléments connus ou plus surprenants pour créer une atmosphère particulière et susciter des émotions chez les habitants. Dans ses projets résidentiels audacieux, elle vise la pureté dans la complexité, tout en recherchant un effet sculptural. Croyant en un langage universel où lumières, volumes et textures jouent avec les sens, Munters se concentre sur les relations entre espaces, surface des matériaux et usage de la lumière. Qu'ils soient intégrés dans le contexte, qu'ils lévitent, ou bien qu'ils combinent ces deux qualités, ses projets tendent à s'intégrer de manière originale à l'environnement.

House QM, Gistel, Belgium, 2016

While the dynamically twisted body of House QM is an inventive take on the allotment's uniform scheme, it also optimises views and orientations. The powerful visual play between the generous openings and solid wall is enhanced by the outer shell with its rich texture in cleaved concrete interacting with the light.

De dynamisch verdraaide romp van Huis QM biedt niet alleen een inventief antwoord op de vierkante percelen en uniforme bouwvoorschriften van de verkaveling, maar zorgt ook voor optimale kijkhoeken en oriëntaties. Het visuele spel tussen de genereuze openingen en de massieve muur wordt nog versterkt door de rijke textuur waarmee de buitengevel in gespleten beton het zonlicht vangt.

Si le corps de la House QM, avec sa rotation dynamique, est une interprétation originale de la surface uniforme du lotissement, elle tire aussi le meilleur parti des diverses vues et orientations possibles. Le puissant jeu visuel entre ouvertures généreuses et murs massifs se voit encore renforcé par l'enveloppe extérieure dont la texture en béton buriné interagit avec la lumière.

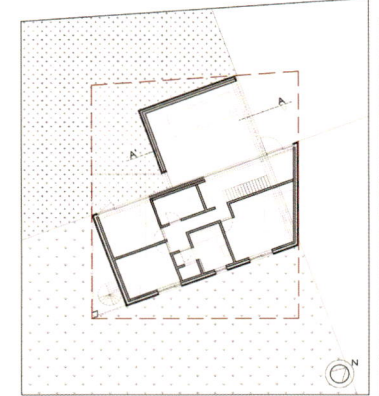

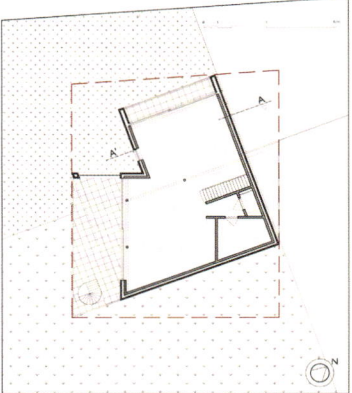

Villa MQ, Tremelo, Belgium, 2015

According to the architect, Villa MQ is thus far the project most representative of the studio's philosophy. Visually striking with its solid, curvaceous façade, it is made of concrete and surrounded by nature. The complex and organic volume unfolds across five split levels with flowing lines that allow the most stunning passage of light.

Volgens de architecte zelf is Villa MQ de representatiefste belichaming van de filosofie van haar ontwerpbureau. Het gebouw in beton, te midden van de natuur, maakt een overweldigende indruk met zijn naadloze, golvende gevel. Het complexe, organische volume ontvouwt zich over vijf halve verdiepingen met vloeiende lijnen, die een schitterende lichtinval creëren.

Selon l'architecte, la Villa MQ reste jusqu'ici le projet le plus représentatif de la philosophie de son agence. Attirant l'attention par sa façade à la fois solide et courbe, la villa est faite de béton et environnée de nature. Ses volumes complexes et organiques se déploient sur cinq demi-niveaux aux lignes fluides, laissant circuler la lumière de la plus étonnante des façons.

MAGALIE MUNTERS ARCHITECTURE

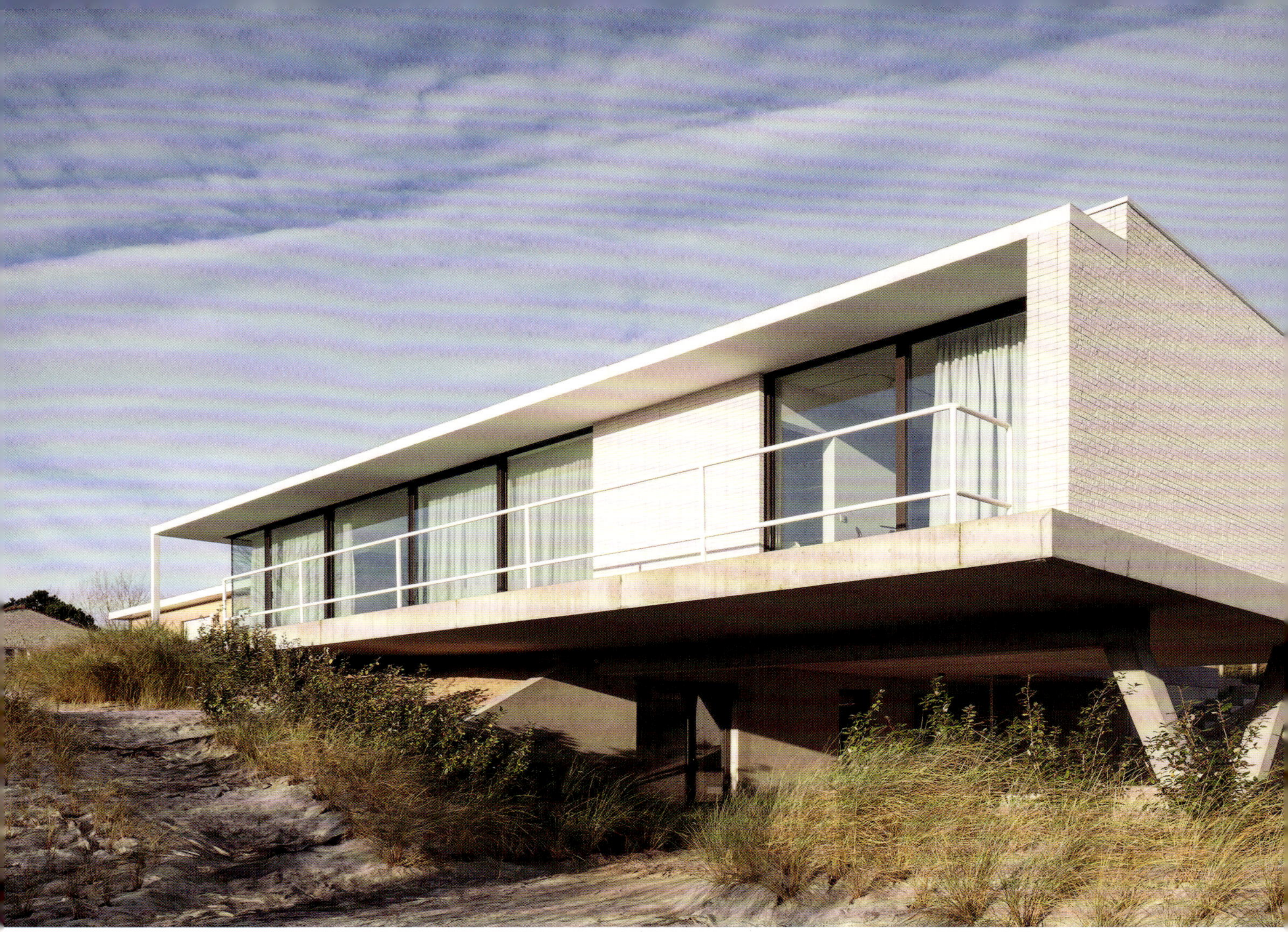

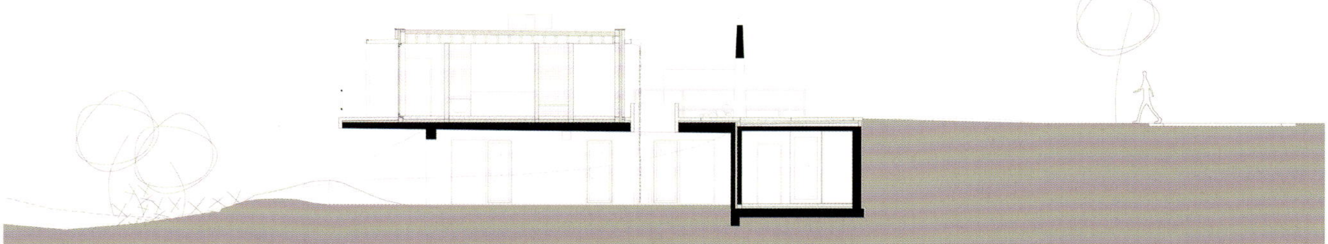

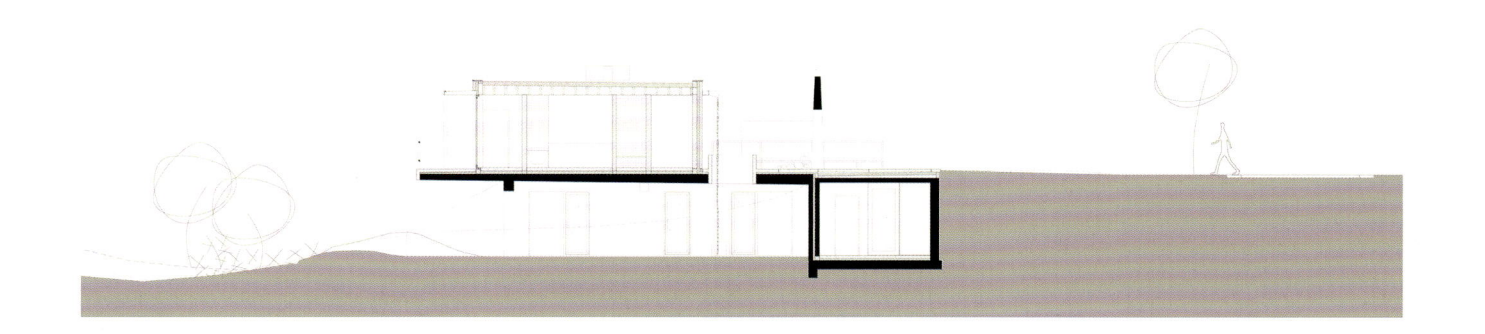

Villa CD, Oostduinkerke, Belgium, 2016

Envisioned in line with strict local regulations, Villa CD draws from the bungalow typology. Unusually hidden behind a concrete wall with strategically placed cut-out openings to maximise the residents' privacy, the main living space with extensive windows seems to float over the dune landscape, as it sits on a cantilevered plateau.

In navolging van de strenge plaatselijke bouwvoorschriften werd Villa CD in de vorm van een bungalow ontworpen. De centrale leefruimte met uitgestrekte ramen ligt verrassend verscholen achter een betonnen muur en rust op een uitkragend plateau, waardoor ze over het duinlandschap lijkt te zweven.

Conçue conformément aux strictes réglementations locales, la Villa CD s'inspire de la typologie des bungalows. L'espace de vie principal est caché de façon inhabituelle par un mur de béton concave pour offrir un maximum d'intimité aux résidents. Avec ses' larges fenêtres, il semble flotter au-dessus des dunes, reposant sur une dalle surélevée par des piliers.

PHILIPPE SAMYN & PARTNERS

Philippe Samyn founded his Brussels-based practice in 1980, which together with companies FTI (since 1985), DAE (since 1994), and AirSR (since 2003), realises a wide range of architectural and engineering designs. As the studio explains, its 'why' methodology, inspired by the client's aspirations as well as the genius loci, are at the core of the process. Employing innovative materials and structures as well as an ecological way of thinking has led them to conceive complex constructions that are striking in their coherence and clarity. Despite the powerful use of computer simulation today, the studio still emphasises the importance of producing traditional three-dimensional models, which remain an essential means not only to communicate the vision but also to study all aspects of the projects.

Sinds ridder Philippe Samyn in 1980 zijn architectenbureau in Brussel oprichtte, heeft het tal van architectonische en technische projecten gerealiseerd, samen met de firma's FTI (sinds 1985), DAE (sinds 1994) en AirSR (sinds 2003). Centraal staat telkens de vraag 'waarom', geïnspireerd door de verlangens van de cliënt en de genius loci. Innovatieve materialen en structuren, gepaard met een ecologische manier van denken, leiden tot complexe constructies die tegelijk verrassend samenhangend en helder zijn. Ondanks de kracht van de nieuwste computersimulaties hecht het bureau nog steeds belang aan de traditionele driedimensionale maquette als een onmisbaar hulpmiddel om een visie over te brengen, maar ook om alle aspecten van een project te bestuderen.

Philippe Samyn a fondé son bureau à Bruxelles en 1980. Avec les sociétés FTI (depuis 1985), DAE (depuis 1994) et AirSR (depuis 2003), il a réalisé un large éventail de projets d'architecture et d'ingénierie. Comme l'expliquent ses publications, la méthode du «pourquoi», guidée par les aspirations du client ainsi que le génie des lieux sont au cœur du processus créatif. L'emploi de matières et de structures innovantes ainsi qu'une approche écologique ont conduit à concevoir des constructions intelligibles, à la fois complexes mais marquantes de cohérence et de clarté. Malgré le recours actuel à la puissance des simulations informatiques, Samyn & Partners insiste sur l'importance des modèles tridimensionnels traditionnels, qui restent un moyen essentiel, non seulement pour communiquer la vision d'un projet, mais aussi pour en étudier tous les aspects.

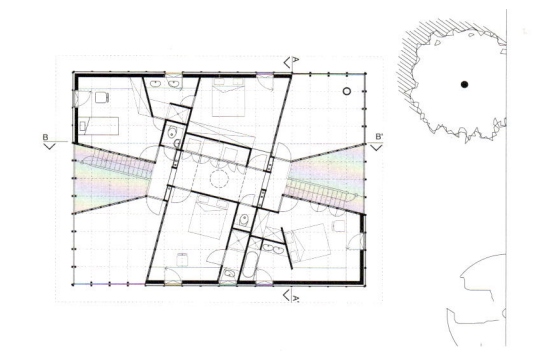

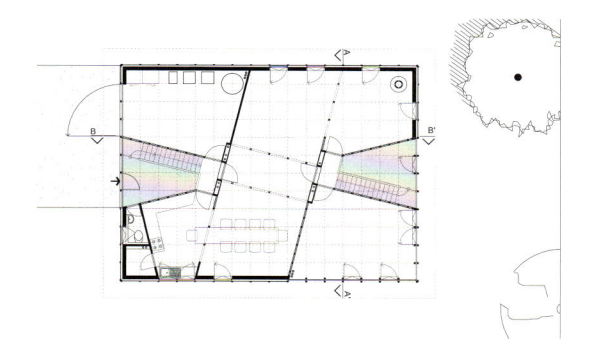

House for Alain Hubert, Rhode-St-Genèse, Belgium, 2014

Based on two overlapping frames, the house's modular structure is, just like the interwoven volumes of the interiors, a skilful result of a complex geometric elaboration. Wood and the ample amount of natural light, together with the vertically arranged façades, subtly highlight the lightness of the design.

De modulaire structuur van het huis, gebaseerd op twee overlappende geraamtes, en de in elkaar geschoven inwendige volumes zijn het vakkundige resultaat van complexe geometrische berekeningen. Het gebruik van hout, de overvloedige natuurlijke lichtinval en de verticaal ingerichte gevels creëren een gevoel van lichtheid.

La structure modulaire de cette maison, faite de deux cadres superposés, est, tout comme les volumes imbriqués des intérieurs, le résultat habile d'une élaboration géométrique complexe. Le bois et l'abondance de lumière naturelle, ainsi que les façades disposées verticalement, en soulignent subtilement la légèreté.

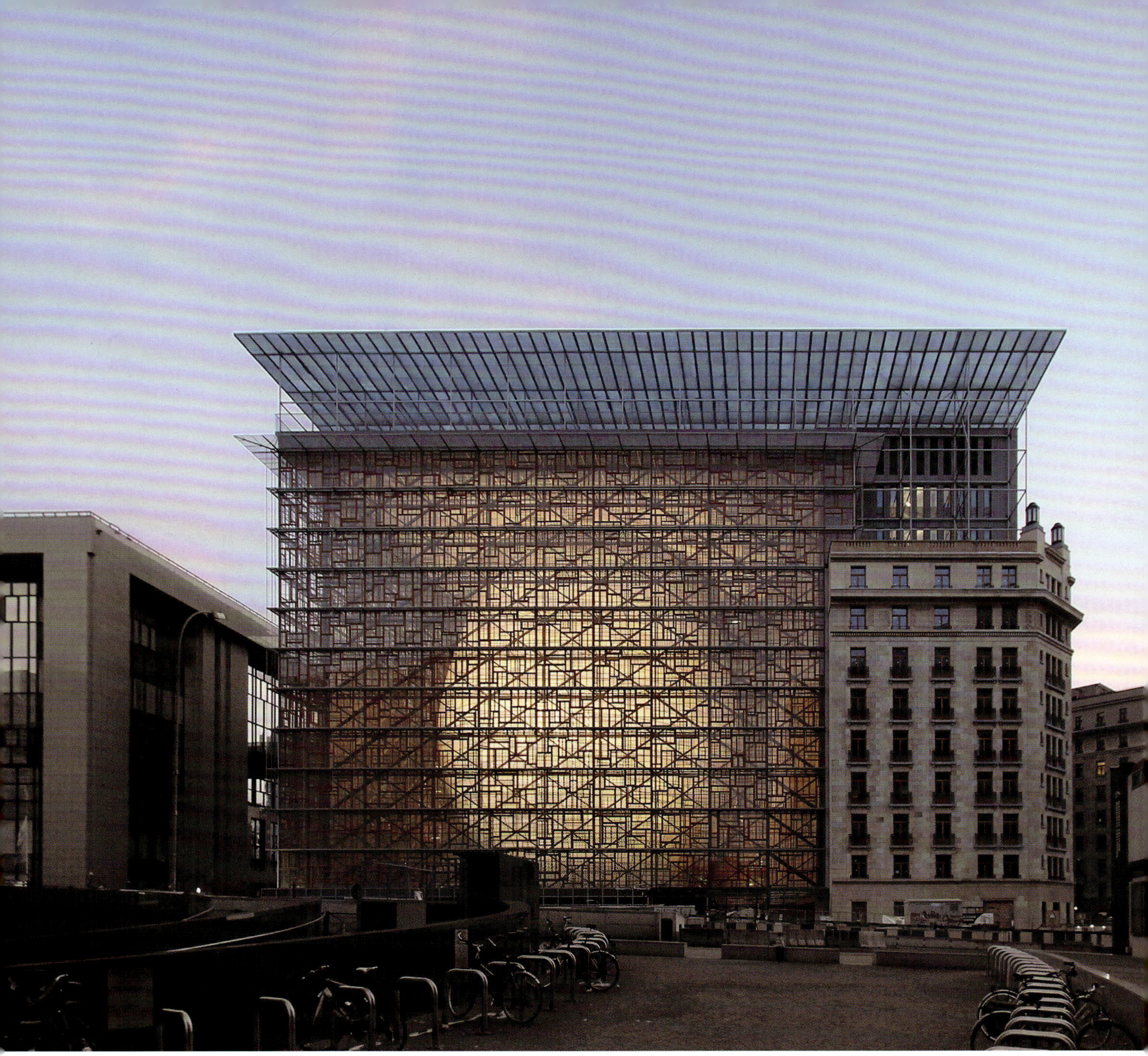

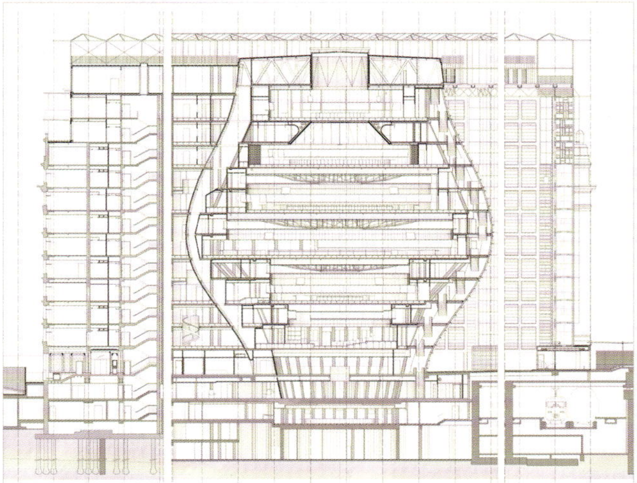

Europa Building, Brussels, Belgium, 2016

The studio reorganised the Residence Palace, originally built in the 1920s, into practical and sustainable new headquarters for the Council of the enlarged European Union. A marriage of modern and historical, the building features a dramatic elliptical interior and a new double façade made of reused window frames.

Résidence Palace, een luxueus appartementsgebouw uit de jaren 1920, werd omgebouwd tot een praktische en duurzame hoofdzetel voor de Europese Raad en de Raad van de Europese Unie. Het resultaat is een combinatie van moderne en historische elementen met een dramatische ellipsvormige kern en een nieuwe dubbele gevel, gemaakt van gerecycleerde raamkozijnen uit de 27 lidstaten.

Le bureau a transformé le Résidence Palace, immeuble des années 1920, pour en faire le nouveau siège fonctionnel et durable du Conseil de l'Union européenne élargie. Mariant architecture moderne et historique, le bâtiment présente un intérieur spectaculaire en ellipse et une nouvelle double façade dont le rideau extérieur est fait de cadres de fenêtres recyclés.

Maison de la Culture, Namur, Belgium, 2019

Sitting on the north bank of the Sambre River, this regional cultural centre was originally designed in the early 1960s by Victor Bourgeois. The building required a significant renovation and extension, both realised with a sensitive approach to the historic heritage yet with a contemporary twist.

Op de noordelijke oever van de Samber ligt dit cultureel centrum, oorspronkelijk ontworpen door Victor Bourgeois in de vroege jaren 1960. Het gebouw was aan een ingrijpende renovatie en uitbreiding toe. Beide werden uitgevoerd met respect voor het historisch erfgoed, maar ook met een hedendaagse twist.

Situé sur la rive nord de la Sambre, ce centre culturel a été conçu au début des années 1960 par Victor Bourgeois. Le bâtiment nécessitait une rénovation et une extension considérables, toutes deux réalisées avec un sens aigu de l'héritage historique, sans oublier d'ajouter une touche contemporaine.

47

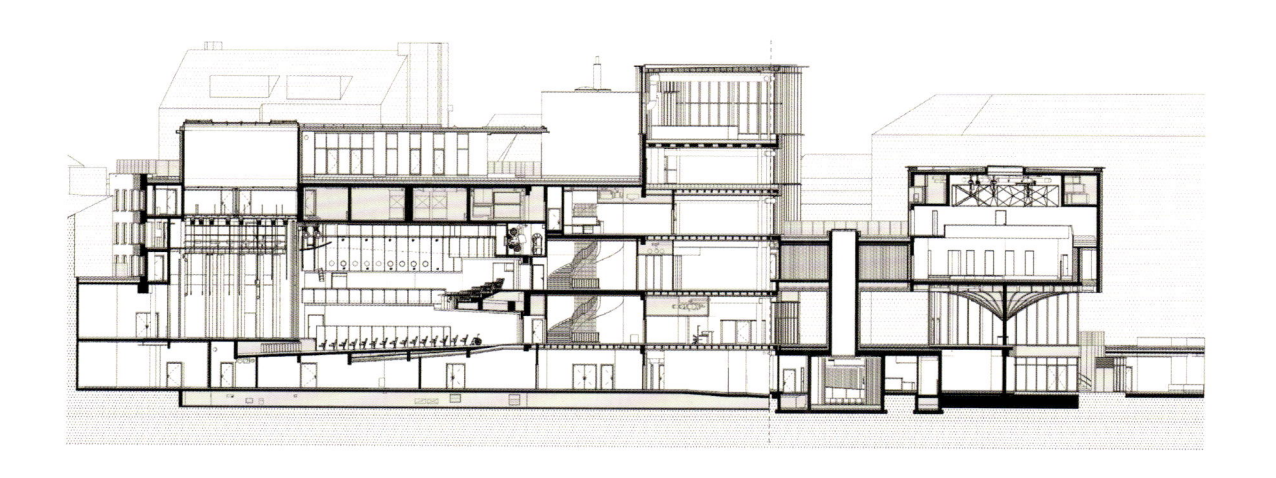

GRAUX & BAEYENS ARCHITECTEN

Founded in 2005 by Koen Baeyens and Basile Graux, this Ghent-based practice focuses on single-family dwellings, which are very personal and thus more challenging commissions. Favouring projects on non-standard plots or involving the integration of historical fabric, the architects' builds are often driven by strict regulations and the need to bring together sometimes conflicting functions. The studio also designs offices and furniture, all featuring their highly original signature touch. While the architects employ surprising, atypical structures and striking combinations of materials, their highly structural buildings are texturally rich. Essential in their design process is always the optimal relationship of each volume with the surrounding environment.

Het Gentse bureau van Koen Baeyens en Basile Graux, dat in 2005 is opgericht, is gespecialiseerd in eengezinswoningen. Zulke persoonlijke opdrachten zijn steeds een uitdaging, maar daar houden de architecten wel van: ze hebben een voorliefde voor projecten op afwijkende percelen of in een historisch kader dat moet worden geïntegreerd. Ze moeten voor hun ontwerpen dan ook vaak rekening houden met strenge voorschriften en tegenstrijdige functies die met elkaar moeten worden verenigd. Het bureau ontwerpt ook kantoren en meubilair, steeds met een uiterst originele toets. Verrassende, atypische vormen en opvallende combinaties van materialen resulteren in gebouwen met een hoog structureel gehalte en een rijke textuur. Centraal staat altijd een optimale verhouding van ieder volume met de omgeving.

Fondé en 2005 par Koen Baeyens et Basile Graux, ce studio gantois se concentre sur les habitations familiales, commandes très personnelles et donc plus difficiles à aborder. Privilégiant les projets sur des parcelles atypiques ou impliquant l'intégration à un tissu urbain historique, ces projets sont souvent motivés par des réglementations strictes et la nécessité de faire cohabiter des fonctionnalités parfois contradictoires. Le cabinet conçoit aussi des bureaux et du mobilier à la signature très originale. Les architectes recourent à des structures atypiques et des combinaisons de matériaux marquantes, mais, leurs constructions structurellement élaborées sont aussi riches en textures. Leurs plans attachent toujours une grande importance à la relation optimale de chaque volume par rapport à son environnement.

House D–S, Brakel, Belgium, 2020

The house's distinctive triangular shape, the architects' interpretation of the familiar Flemish typology, allows for privacy despite the proximity of neighbouring houses, and frames several long-distance views of the surrounding fields. The playful use of a traditional pitched roof and chimney is enhanced by the visually strong combination of the concrete base, wooden structure and corrugated iron cladding.

De uitgesproken driehoekige vorm, een eigenzinnige interpretatie van het vertrouwde Vlaamse silhouet, biedt privacy ondanks de nabijheid van andere huizen en creëert mooie vergezichten op de omgevende velden. Het speelse gebruik van een traditioneel schuin dak met schoorsteen wordt geaccentueerd door de combinatie van een betonnen basis, een houten geraamte en een metalen golfplaat als bekleding.

Interprétation d'une typologie propre à l'architecture flamande, la forme triangulaire distinctive de cette maison permet de préserver l'intimité de ses occupants malgré la proximité des habitations voisines et révèle plusieurs vues en profondeur sur les champs environnants. L'utilisation ludique d'un toit en pente traditionnel et d'une cheminée est mise en valeur par la combinaison visuelle frappante d'un socle en béton, d'une structure en bois et d'un bardage en tôle ondulée.

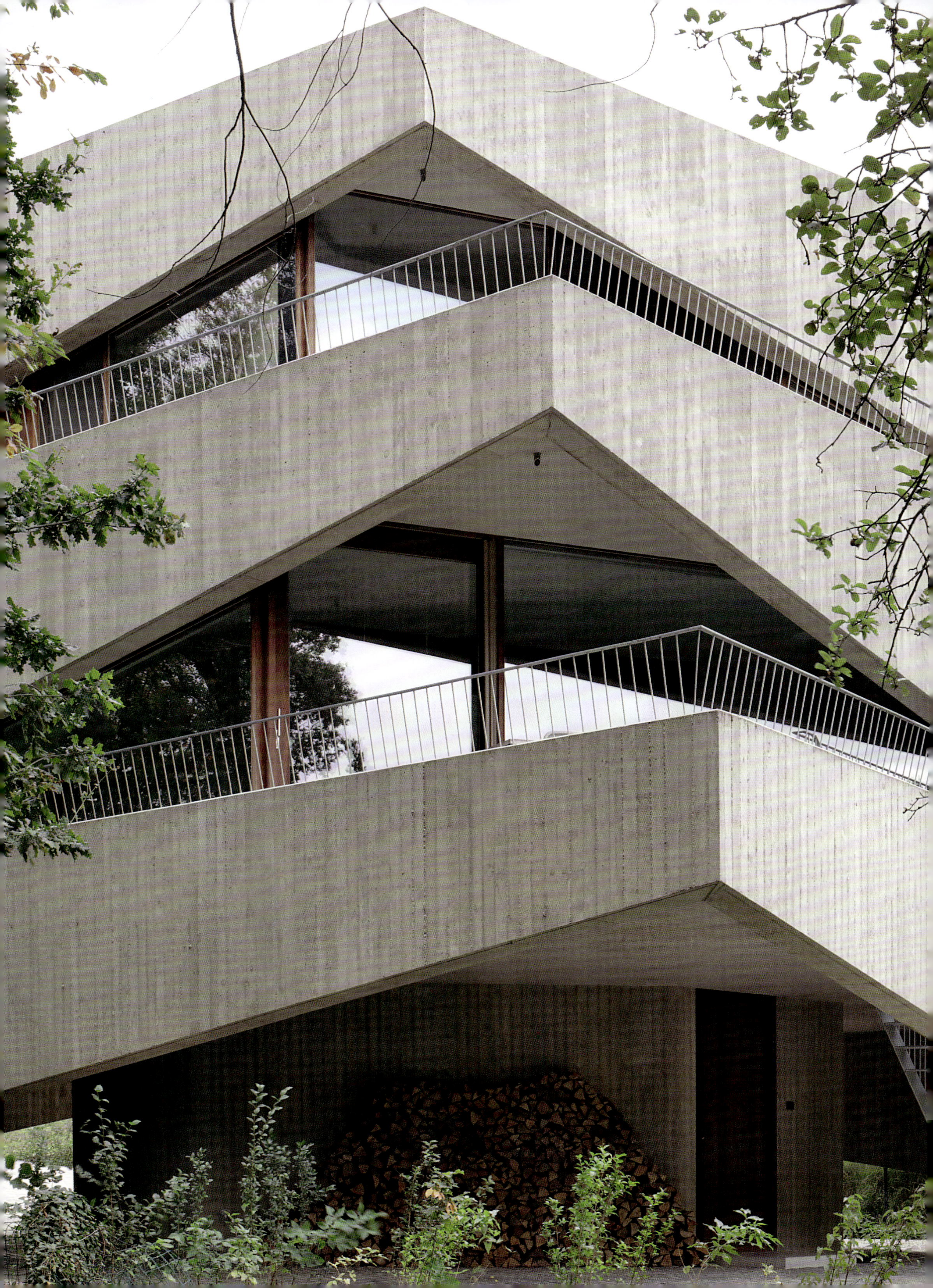

"The context of building in saturated Flanders inspires Graux & Baeyens Architecten to create its own architectural language, giving answers to the contemporary urban complexity with an apparent simplicity."

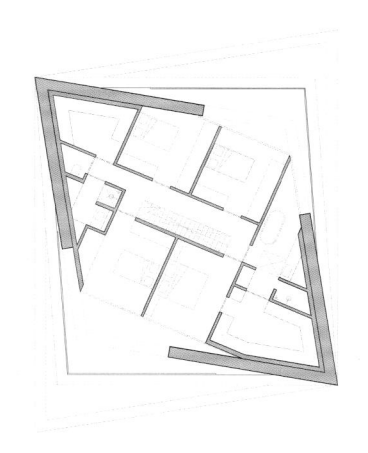

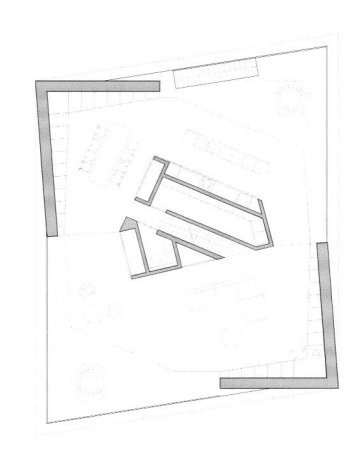

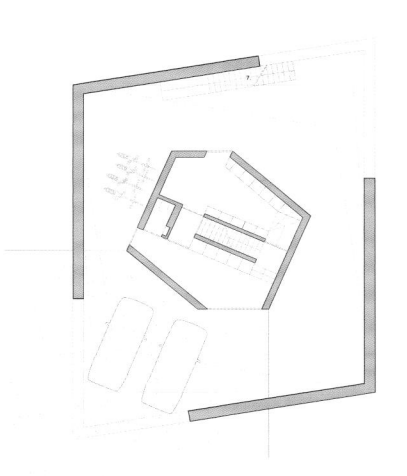

House N-DP, Mechelen, Belgium, 2019

The dynamic façade made of asymmetrical superimposed concrete canopies protecting glazed walls plays with the stark contrast between solid and transparent. Adapting to the deep, narrow plot, the architects directed openings and outdoor spaces to benefit from views of the canal. The exposed concrete, counterbalanced by elements in dark wood, creates elegant and minimalist interiors.

De dynamische gevel, gemaakt van gestapelde, asymmetrische luifels in beton waaronder glazen wanden schuilgaan, speelt met het contrast tussen massief en doorzichtig. De architecten hebben hun ontwerp aan het diepe, smalle perceel aangepast met openingen en buitenruimtes die het uitzicht op het kanaal maximaal benutten. Naakt beton steekt af tegen elementen in donker hout in de elegante en minimalistische interieurs.

La façade dynamique composée d'une superposition de plateaux asymétriques surplombant des murs vitrés joue du contraste saisissant entre l'opaque et le transparent. Pour s'adapter à la parcelle profonde et étroite, les architectes ont orienté les ouvertures et espaces extérieurs de manière à offrir des vues sur le canal. Le béton apparent, contrebalancé par les éléments en bois sombre, crée des intérieurs élégants et minimalistes.

House C-VL, De Haan, Belgium, 2017

A thorough refurbishment of this 1960s bungalow resulted in a structurally interesting and texturally rich space. The minimalist plan has been divided into three squares, with a partly hidden patio added to connect the interiors to the adjacent garden. The high ceilings and rough materials create a unique atmosphere.

Een grondige renovatie van een bungalow uit de jaren 1960 leverde een ruimte op met een interessante structuur en rijke texturen. Het minimalistische grondplan is verdeeld in drie vierkante zones en een nieuwe, deels verborgen binnenplaats verbindt het interieur met de aangrenzende tuin. Hoge plafonds en ruwe materialen creëren een unieke atmosfeer.

Entièrement rénové, ce bungalow des années 1960 a été transformé en un espace à la structure élaborée et aux textures variées. Divisé en trois carrés, le plan minimaliste comprend aussi un patio, en partie dissimulé, reliant l'intérieur au jardin adjacent. Hauts plafonds et matériaux bruts apportent à l'ensemble une atmosphère unique.

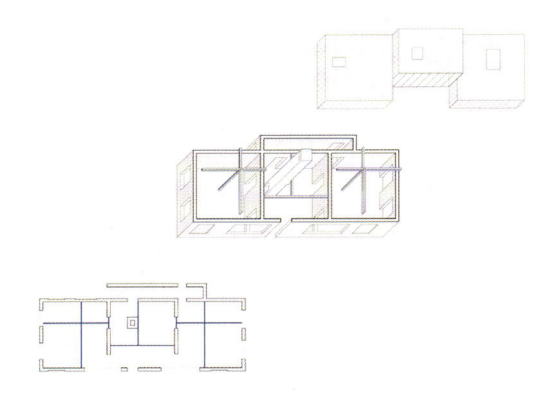

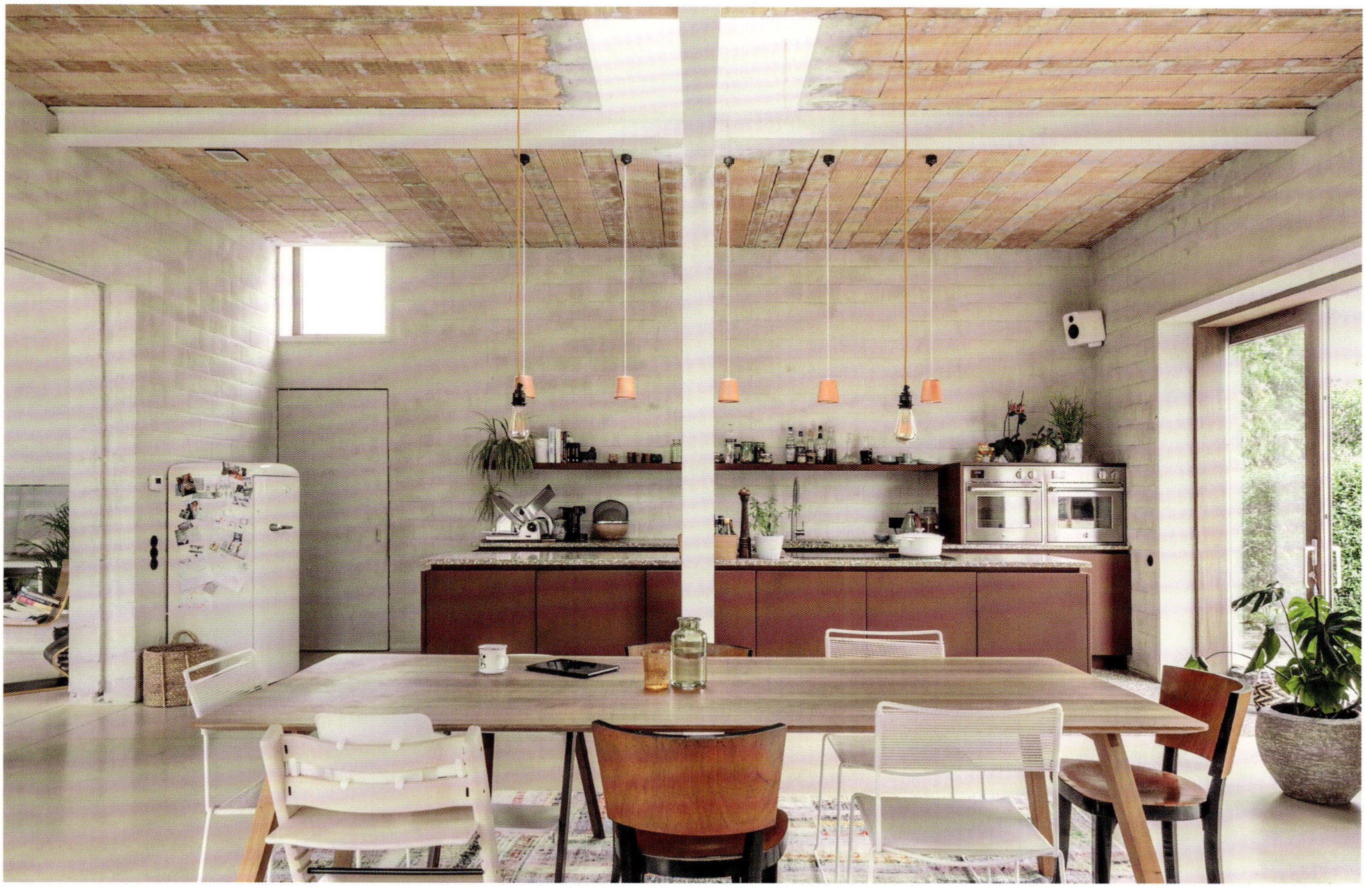

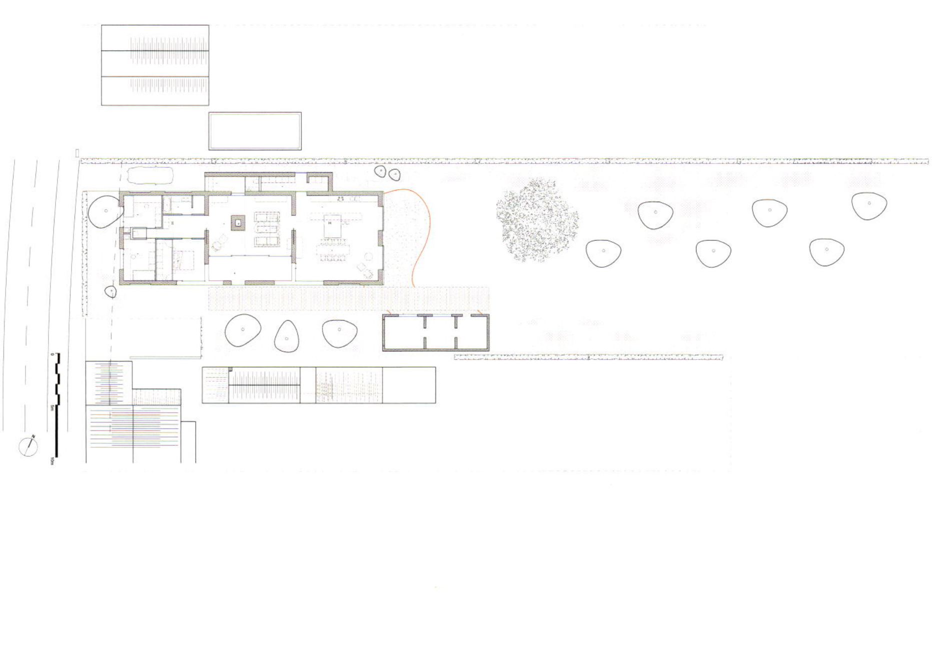

BOVENBOUW ARCHITECTUUR

From apartment buildings to a nuclear waste disposal facility, Bovenbouw's portfolio spans various typologies and aesthetics. Founded by Dirk Somers and based in Antwerp, the practice also engages in conversions of historical buildings, bringing together classical and new concepts in pursuit of constant reinvention. The architects typically employ brick for its power to give a building a distinctive physical appearance. In the studio's hands, the traditional Belgian material becomes a sophisticated and surprisingly flexible means of expression that enhances the original vocabulary of forms and connects buildings to their surroundings.

Van appartementsgebouwen tot een centrum voor de opslag van kernafval: het portfolio van Bovenbouw omvat vele vormen en stijlen. Het Antwerpse bureau, dat is opgericht door Dirk Somers, doet ook aan herbestemming van historische gebouwen; door klassieke en nieuwe concepten te combineren vindt het zichzelf steeds opnieuw uit. De architecten maken graag gebruik van baksteen om gebouwen een kenmerkend uiterlijk te geven. Dat traditioneel Belgische materiaal wordt bij hen een verfijnd en verrassend flexibel uitingsmiddel dat de originele vormentaal verrijkt en gebouwen verbindt met hun omgeving.

Des immeubles d'habitation aux installations d'élimination de déchets nucléaires, le portfolio de l'agence Bovenbouw couvre une grande variété de typologies et d'esthétiques. Fondée par Dirk Somers et basée à Anvers, elle s'est aussi engagée dans la conversion de bâtiments historiques, associant des concepts classiques à des concepts novateurs en quête de réinvention constante. Ses architectes utilisent généralement la brique pour sa capacité à donner aux bâtiments une physionomie caractéristique. Dans leurs réalisations, ce matériau belge traditionnel devient un moyen d'expression sophistiqué et étonnamment flexible qui met en valeur le vocabulaire original des formes et relie les constructions à leur environnement.

Werfstraat, Brussels, Belgium, 2020

An urban residence with industrial flair, Werfstraat is striking with its red-brown brick façade, which is playfully accentuated with rounded edges and an eccentric tower staircase in the rear. With regularly located windows, this passive house blends into the pre-existing townhouses and adjusts to the challenging shape of the plot.

De gevel in bruinrode baksteen geeft deze stadswoning met industriële flair een eigen gezicht, met afgeronde hoeken en een excentrieke trapsilo aan de achtergevel als speelse accenten. Werfstraat is een passiefhuis dat door zijn regelmatig geplaatste vensters mooi past tussen de aanwezige rijhuizen en dat perfect aangepast is aan de uitdagingen van het ondiepe perceel.

Résidence urbaine au style industriel, Werfstraat frappe par sa façade en briques rouge-brun, accentuée de manière ludique par des arêtes arrondies et une tour d'escalier excentrée disposée à l'arrière. Avec des fenêtres régulièrement distribuées, cette maison passive se fond avec les immeubles préexistants et s'adapte à la forme difficile de la parcelle.

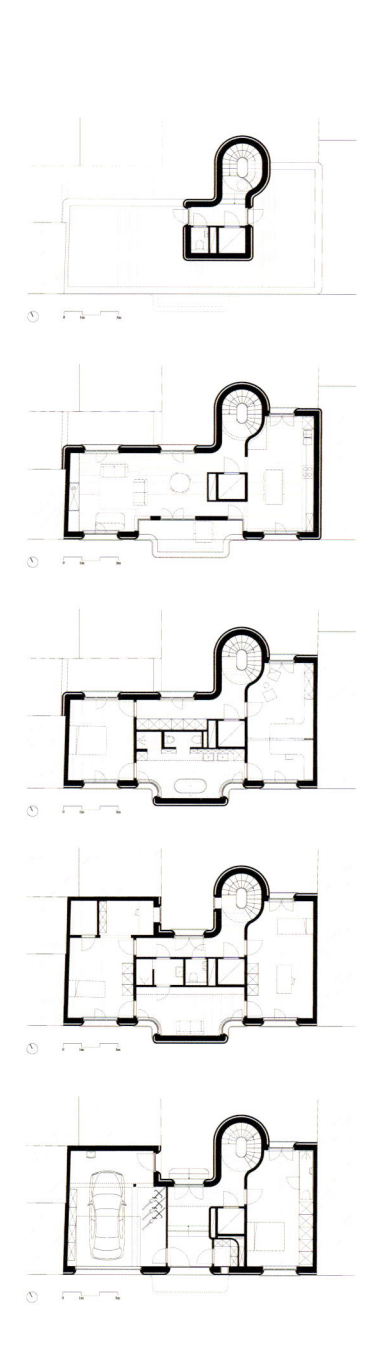

Community School, Berlaar, Belgium, 2016

This municipal nursery and primary school is defined by the interplay between the redbrick walls and numerous large openings, creating a complex building with varied volumes. Interestingly, the west rural façade draws from traditional shed typology, while the street façade refers to the neighbouring buildings.

Deze gemeentelijke kleuter- en basisschool is dankzij de wisselwerking tussen de muren in rode baksteen en de vele grote openingen een complex gebouw met gevarieerde volumes. De westelijke gevel, die uitkijkt over de velden, heeft het silhouet van een schuur, terwijl de gevel aan de straatkant verwijst naar de huizen in de omgeving.

Cette école communale maternelle et primaire se distingue par l'interaction entre ses murs en briques rouges et ses nombreuses baies vitrées, conférant au bâtiment sa complexité et des volumes distincts. Détail intéressant, la façade ouest, donnant sur les champs, s'inspire de la typologie traditionnelle des hangars, tandis que la façade sur rue rappelle les bâtiments voisins.

BOVENBOUW ARCHITECTUUR

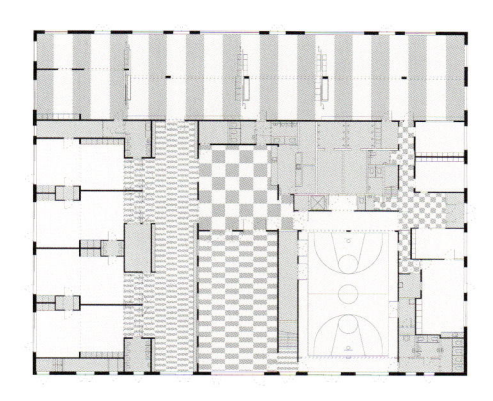

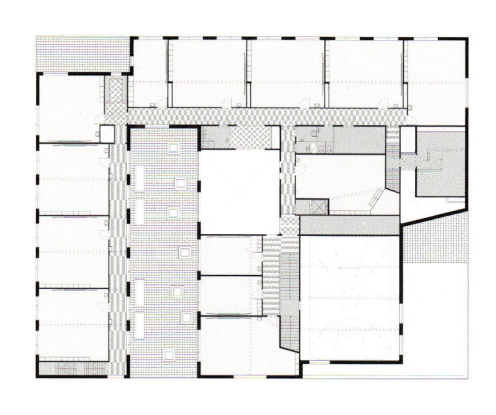

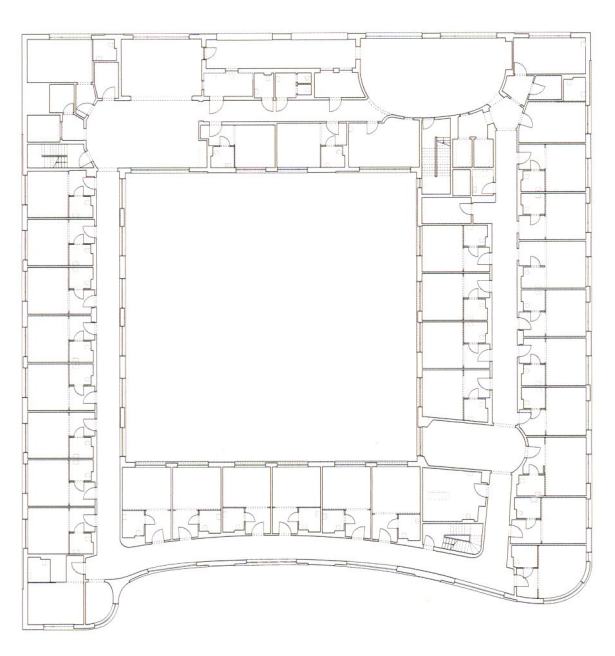

Care Home, De Drie Platanen, Ostend, Belgium, 2019

The curvaceous volume is perfectly adjusted to the masterplan of the district. Two courtyards, a public passage underneath the building, and the roof garden are some of the distinctive features of the project. The materiality and colour palette of the interiors were designed to provide a domestic experience.

Het golvende volume van dit woonzorgcentrum is perfect geïntegreerd in het masterplan van het district. Kenmerkend zijn de twee binnenplaatsen, een publieke doorgang en een daktuin. De materialen en het kleurenpalet van het interieur roepen een huiselijke sfeer op.

Ce grand volume tout en courbes est parfaitement adapté au plan d'ensemble du quartier. Deux cours intérieures, un passage public sous le bâtiment et le jardin sur le toit sont quelques-unes des caractéristiques distinctives du projet. La palette des matières et des couleurs intérieures a été conçue pour créer une atmosphère domestique.

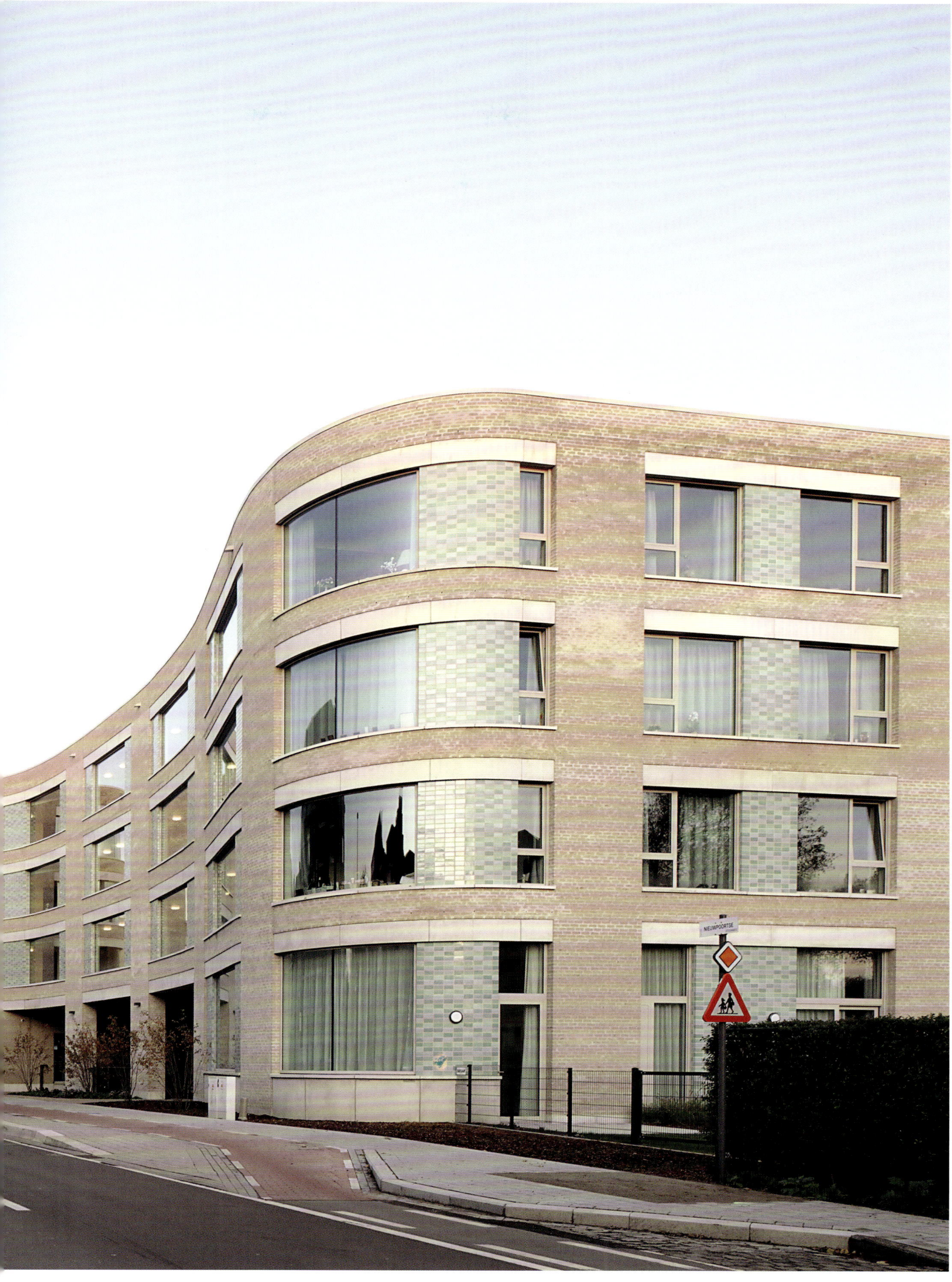
NIEUWPOORTSE

GOVAERT & VANHOUTTE ARCHITECTS

Established by Damiaan Vanhoutte and Benny Govaert, the studio is based in Bruges. Strongly informed by art, its work is characterised by sharp lines and minimalist geometrical forms that offer a unique spatial experience. Inspired by Malevich's suprematist paintings, the architects employ a pure formal language combined with a rich materiality – often starkly contrasted. While each form has to have a meaning, the balance of proportions is equally as important as the connection to the context, mainly created through openings that provide carefully framed views as well as ample sources of natural light. The studio's projects, including residential, multiresidential, corporate and historic site renovation, deftly juxtapose concrete, wood and glass in a way that amplifies the geometry.

Kunst is een belangrijke inspiratiebron voor het Brugse architectenbureau van Damiaan Vanhoutte en Benny Govaert. Met scherpe lijnen en minimalistische geometrische vormen creëren ze een unieke ruimtelijke ervaring die verwant is aan de suprematistische schilderijen van Kazimir Malevitsj. Hun zuivere vormentaal wordt – vaak sterk contrasterend – gepaard aan een rijkdom aan materialen. Iedere vorm moet een betekenis hebben, de proporties moeten in evenwicht zijn en het geheel moet verbonden zijn met de omgeving. Daartoe dienen openingen die een precies omkaderd uitzicht bieden en tegelijk fungeren als rijke lichtbronnen. Het bureau ontwerpt zowel residentiële als multiresidentiële woningen, bedrijfsgebouwen en historische renovaties, telkens met een uitgekiende combinatie van beton, hout en glas.

Fondé par Damiaan Vanhoutte et Benny Govaert, ce cabinet est établi à Bruges. Fortement influencées par l'art, ses réalisations se caractérisent par des lignes nettes et des formes géométriques minimalistes qui proposent une expérience spatiale singulière. Les architectes usent d'un langage formel pur inspiré par les peintures suprématistes de Malevitch, associé à une diversité de matériaux souvent fortement contrastés. Si chaque forme doit avoir un sens, l'équilibre des proportions a pour eux autant d'importance que le lien du bâtiment avec son environnement, principalement incarné par des ouvertures qui offrent des vues soigneusement cadrées ainsi que de généreuses sources de lumière naturelle. Qu'il s'agisse d'habitations, de locaux d'entreprise au des rénovations de bâtiments anciens, leurs projets juxtaposent habilement béton, bois et verre de façon à en souligner la géométrie.

Residence Niemeyer, Oostduinkerke, Koksijde, Belgium, 2019

Five residential units make up this multi-family home sitting lightly on a dune. The wooden volume is based on horizontal concrete slabs marking the separate storeys. The floors seem to be floating in the air thanks to the significantly glazed façades, which can be covered with light-filtering panels.

Een meergezinswoning met vijf wooneenheden staat schijnbaar gewichtloos boven op een duin. Het houten volume rust op horizontale betonplaten die de verdiepingen scheiden. De vloer lijkt wel in de lucht te zweven door het vele glas in de gevel, dat kan worden afgedekt met panelen die het licht filteren.

Cinq unités résidentielles composent cette maison multifamiliale qui apparaît comme posée sur une dune. Des volumes en bois reposent sur des dalles en béton horizontales marquant les différents étages. Les étages semblent flotter grâce aux façades largement vitrées, qui peuvent être doublées de panneaux tamisant la lumière.

62

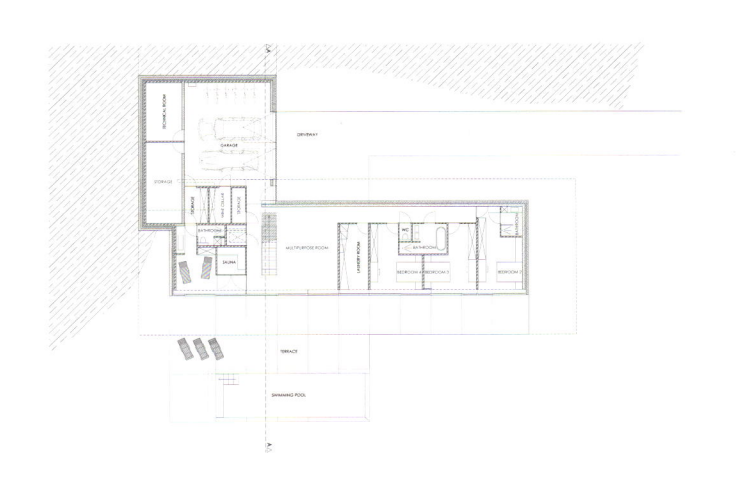

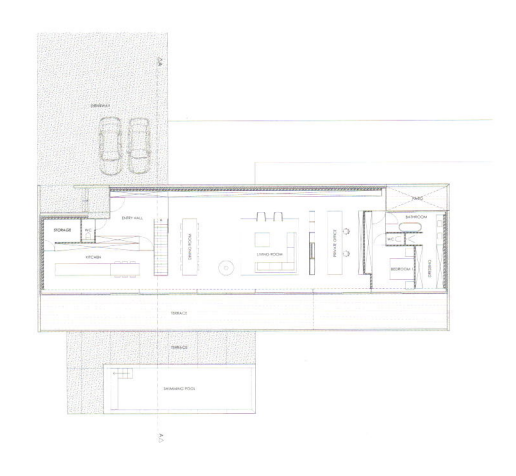

Residence FSD, Brussels, Belgium, 2020

The architects used the inclination of the steep plot to hide the lower level from the street view. On the other side, meandering walls, partly embedded in the terrain, create generous outdoor spaces. The roughness of the gigantic concrete volume is softened by the wooden cladding elements.

De architecten maken handig gebruik van de steile helling van het perceel om een extra benedenverdieping en een zwembad aan het oog te onttrekken. Aan de andere kant creëren meanderende, deels in het terrein ingebedde muren een riante openluchtruimte. De ruwheid van het enorme volume in beton wordt verzacht door grote vlakken in hout.

Les architectes se sont servis de la forte inclinaison du terrain pour dissimuler un niveau inférieur et une piscine. De l'autre côté, des murs sinueux, en partie enchâssés dans le sol, créent des espaces extérieurs généreux. La rugosité de l'imposant volume en béton est adoucie par des bardages en bois.

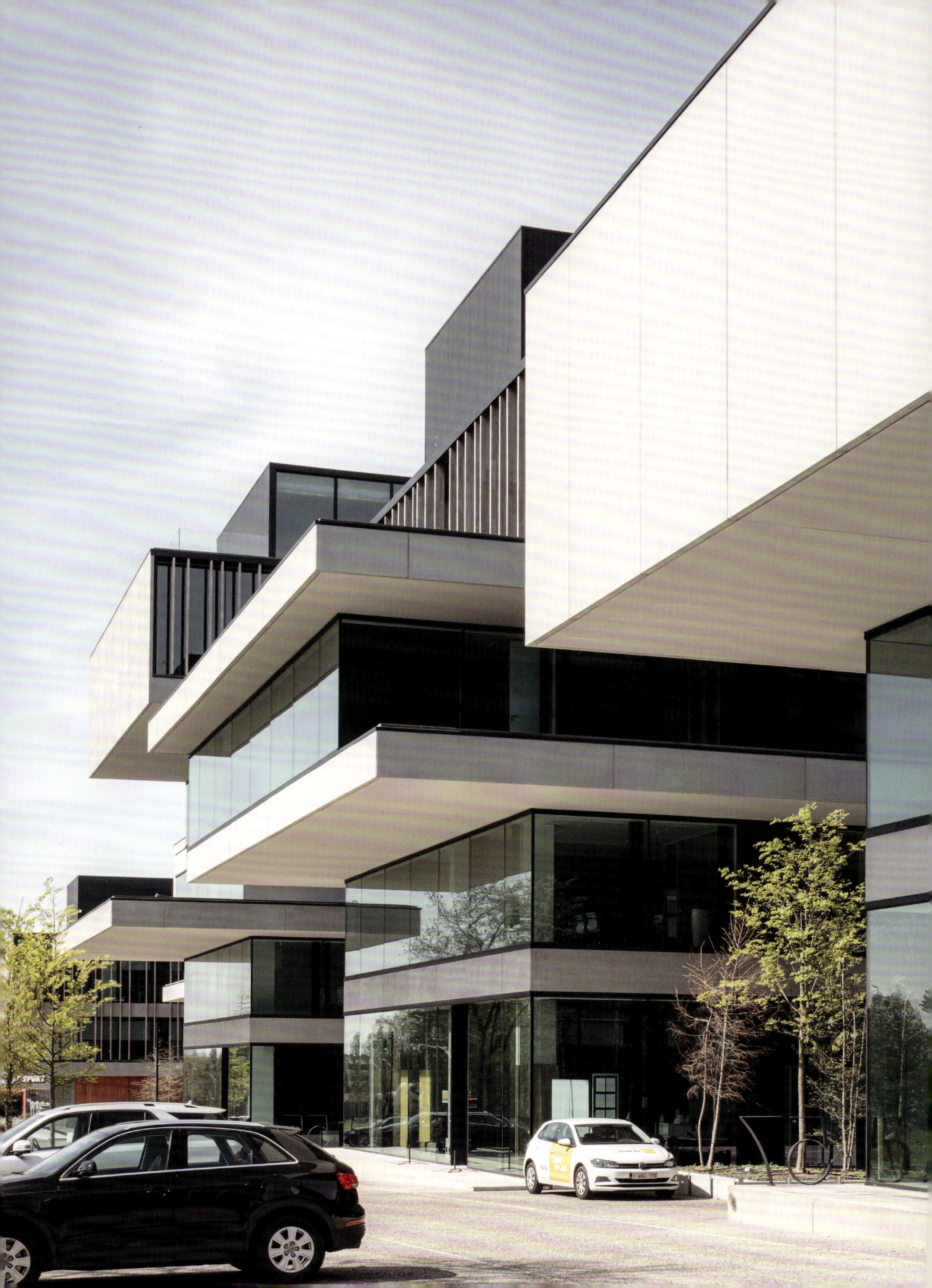

Waregem Business Park, Waregem, Belgium, 2020

Stacks of shifting volumes create a very dynamic and visually intriguing office building. It is said to be the first CO_2-neutral project in Belgium and has been realised using sustainable techniques. This building represents another successful combination of concrete, glass and wood.

Gestapelde, verspringende volumes vormen een dynamisch en visueel intrigerend geheel. Dit kantorencomplex, het eerste CO_2-neutrale bouwproject in België, is met duurzame technieken gerealiseerd. Alweer leveren de architecten een geslaagde combinatie af van beton, glas en hout.

Des empilements de volumes qui semblent en mouvement distinguent cet immeuble de bureaux très dynamique et visuellement intrigant. Il est considéré comme le premier projet neutre en CO_2 de Belgique, réalisé à l'aide de techniques durables. Le bâtiment constitue une autre combinaison réussie entre béton, verre et bois.

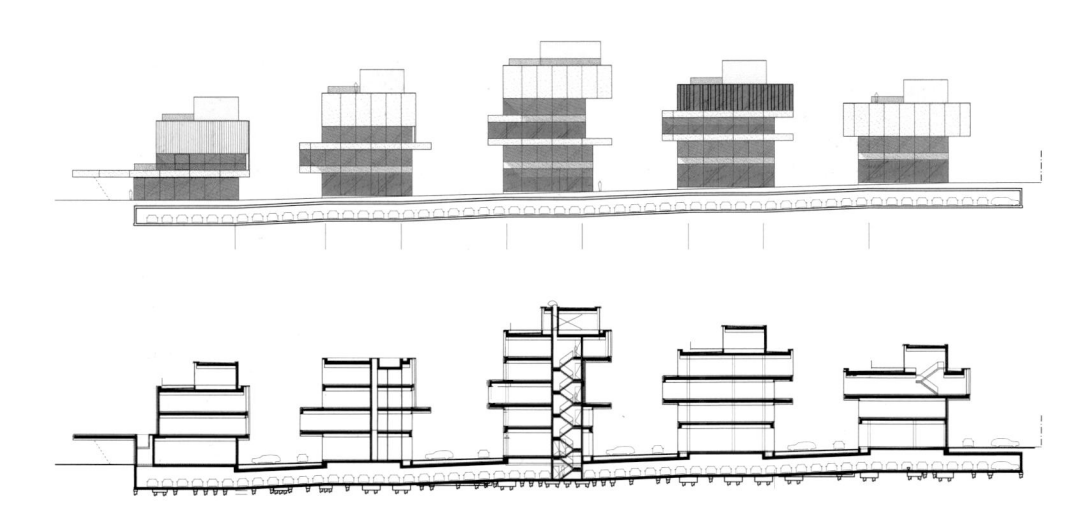

ATELIER VENS VANBELLE

Dries Vens and Maarten Vanbelle, both graduates of the Sint-Lucas School of Architecture in Ghent, decided to establish their common practice in 2006. The young duo demonstrates an original take on residential architecture and office spaces. Whether building new or renovating old, the architects propose outstanding solutions. They wish to create 'good' spaces that, among other elements, evoke feelings of comfort and ease, through certain proportions, implementation of light, or interconnections between spaces. The interplay of original forms and the selection of unusual materials leads to surprising effects; their realisations are distinctive yet timeless, sustainable yet eye-catching. The atelier's projects are quite varied as it approaches each one in a very individual manner.

Dries Vens en Maarten Vanbelle, beiden afgestudeerd aan de faculteit architectuur van de Gentse Sint-Lucascampus, besloten in 2006 samen een bureau op te richten. Woonhuis of kantoorruimte, nieuwbouw of renovatie: steeds komt het jonge duo met een originele en doordachte oplossing op de proppen. Bovenal willen ze 'goede' ruimtes creëren die comfort en gemak bieden door middel van welbepaalde proporties, lichteffecten of connecties tussen ruimtes. De wisselwerking tussen originele vormen en de keuze voor ongebruikelijke materialen leveren verrassende effecten op, karaktervol maar tijdloos, duurzaam en toch sprekend. Het bureau benadert ieder project op een heel eigen manier en zorgt zo voor variatie.

Dries Vens et Maarten Vanbelle, tous deux diplômés en architecture de l'école Sint-Lucas de Gand, ont décidé de créer leur studio en 2006. Le jeune duo présente un point de vue original sur l'architecture résidentielle et les espaces de bureaux. Pour une nouvelle construction comme pour une rénovation, les solutions de ces architectes se distinguent par leur qualité. Ils souhaitent créer de «bons» espaces qui donnent, entre autres, une impression de confort et d'aisance, grâce à leurs proportions, à l'utilisation de la lumière ou à la circulation entre les espaces. Le jeu original des formes et la sélection de matériaux inhabituels produisent des effets surprenants ; leurs réalisations sont à la fois singulières et intemporelles, durables et accrocheuses. Les projets du cabinet sont très variés car chacun d'entre eux est abordé de manière individuelle.

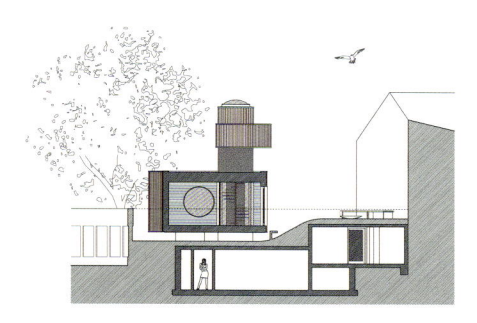

Alex Guesthouse, Berlare, Belgium, 2020

Clad in Corten steel, this unusual structure blends into the idyllic landscape, sitting between a scenic garden and a castle, with round windows opening to each view. This special guesthouse offers an intense spatial experience. The living space is cosily enveloped in laminated wood, while the underground level hides a bar and cinema space.

Deze ongewone structuur in een mantel van cortenstaal die met discrete ronde ramen uitkijkt over het omgevende groen, zit verscholen tussen een idyllische tuin en een kasteel. Het hoogst originele gastenverblijf biedt een intense ruimtelijke ervaring: de leefruimte is knus ingekapseld in gelamineerd hout, maar onder de grond gaan een bar en een bioscoop verborgen.

Revêtue d'acier Corten, cette structure inhabituelle s'inscrit dans un paysage idyllique, situé entre un jardin pittoresque et un château. Ses fenêtres rondes s'ouvrent sur chacune des vues. À l'intérieur, cette maison d'hôtes originale propose une véritable expérience spatiale : un revêtement en bois stratifié apporte une note confortable à l'espace de vie, tandis que le niveau souterrain abrite un bar et un home cinéma.

Heydays, Deinze, Belgium, 2021

This office building was designed for a company with a credo of 'standing out from the crowd', which has been perfectly translated into the architecture. The striking abstract black-and-white checkerboard façade faces a busy road, while a tiled passage leads to a river flowing at the rear of the plot.

Als een bedrijf 'Stand out from the crowd' als motto heeft, moet dat ook tot uiting komen in de architectuur. De opvallende zwart-witte dambordgevel van Heydays kijkt uit over een drukke weg, maar achteraan leidt een tegelpad naar de oever van de Leie.

Cet immeuble de bureaux a été conçu pour une entreprise dont le credo est de «sortir du lot», une idée parfaitement exprimée par l'architecture. La façade abstraite en damier noir et blanc se dresse au bord d'une route très fréquentée, tandis qu'un passage entièrement carrelé donne sur une rivière à l'arrière du terrain.

ATELIER VENS VANBELLE

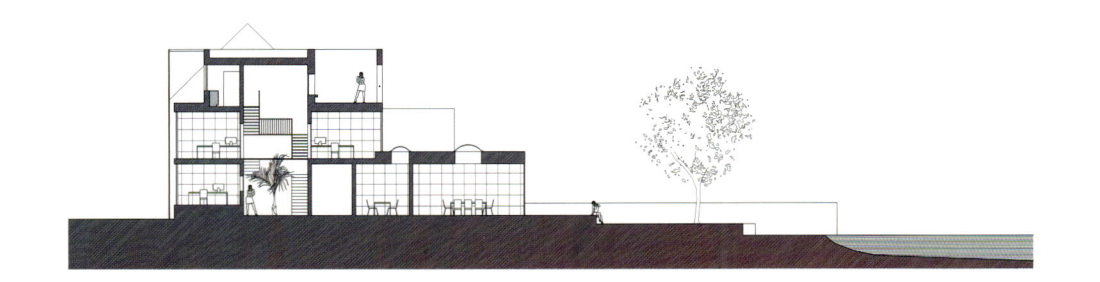

69

70

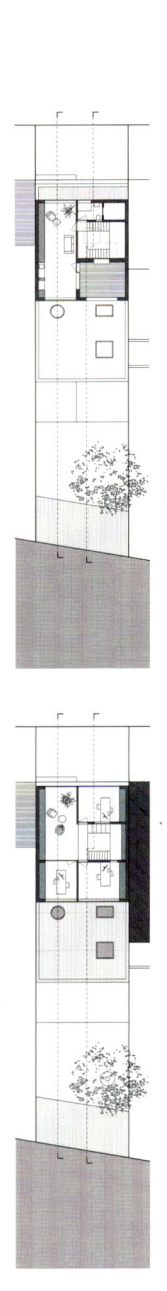

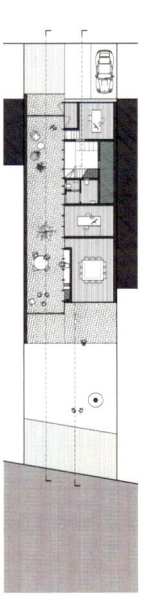

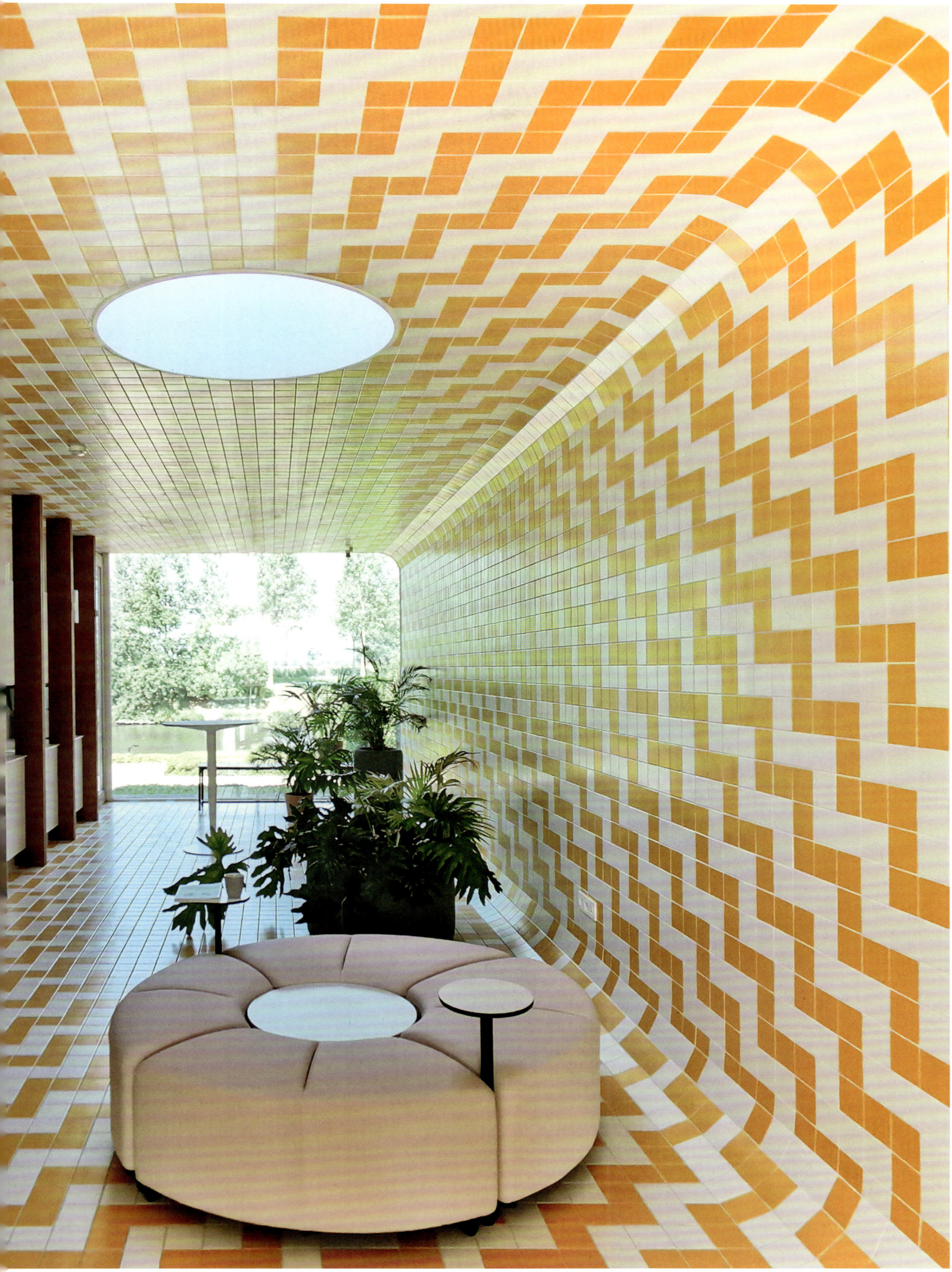

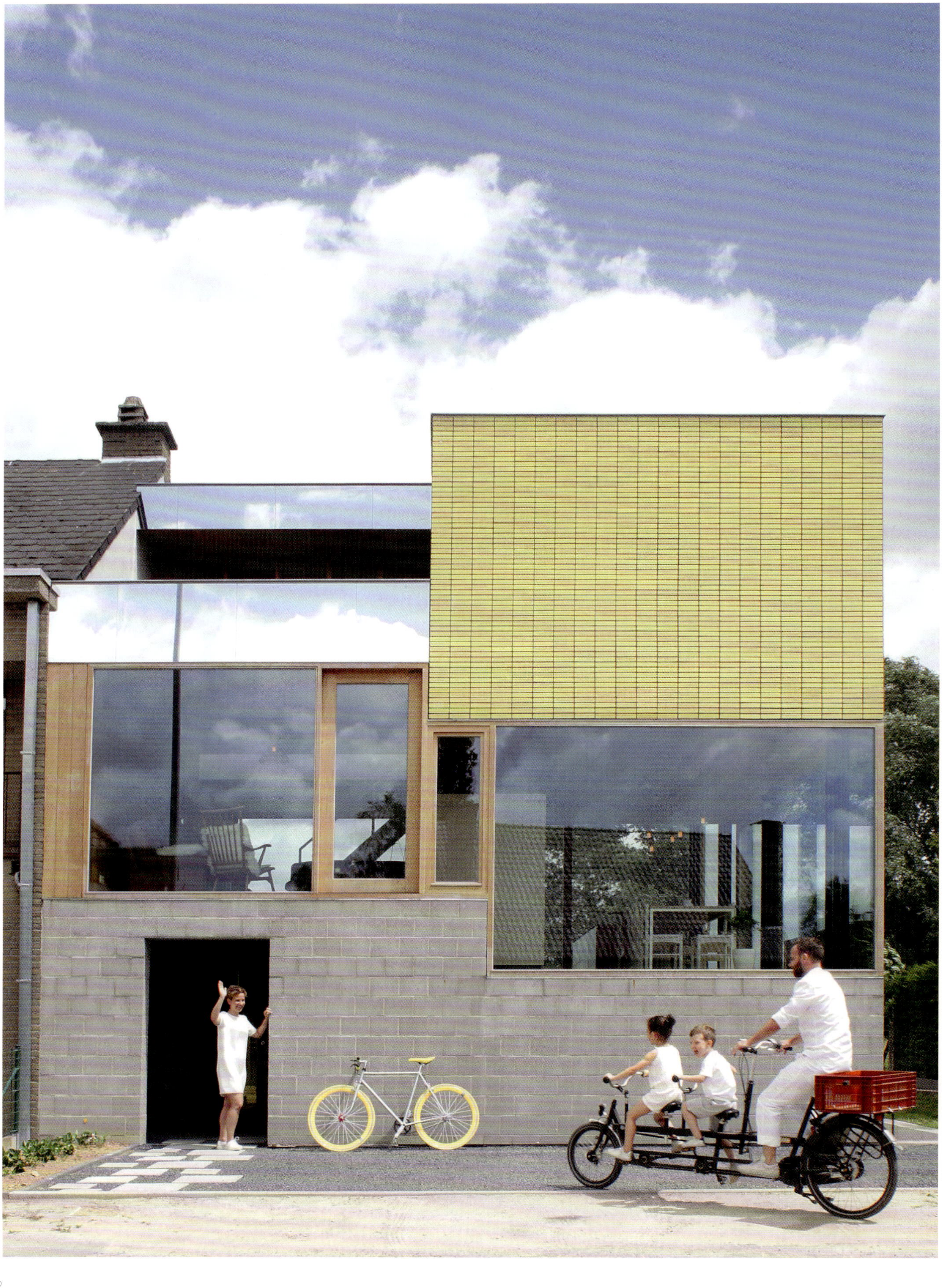

Stephanie & Kevin, Haaltert, Belgium, 2016

This unique family house was designed with a series of split levels to create intriguing relationships between the various spaces. The generous glazing, providing the spacious living space with light, is sandwiched between a solid base of exposed concrete and the tiled yellow top floor.

De halve verdiepingen van deze unieke gezinswoning creëren intrigerende verhoudingen tussen de verschillende ruimtes. Genereuze glaspartijen, gevat tussen de massieve basis in naakt beton en de gele tegels van de bovenverdieping, voorzien de grote leefruimte ruimschoots van licht.

Cette maison familiale unique est composée d'une succession de niveaux compartimentés pour créer des relations inattendues entre les différents espaces. Un vitrage généreux, qui apporte de la lumière au grand espace de vie, a été inséré entre le socle de béton apparent et l'étage supérieur carrelé de jaune.

BEEL ARCHITECTEN

BEEL Architecten is an international award-winning studio for sustainable architecture, urbanism, and interior design, founded by Stéphane Beel in 1983. The practice is led by Sophie Deheegher, Tom Ryckaert, Tom Cortoos and Stéphane Beel. With headquarters in Ghent, the studio has gained recognition for its impactful refurbishments of historical buildings realised with great respect to and knowledge of the existing architectural fabric. The practice's spectacular cultural buildings innovatively integrate old and contemporary architecture, while residential architecture is also a highlight of the diverse portfolio. Another strong focus is on visionary educational buildings, envisioned to offer flexible contemporary learning spaces.

BEEL Architecten is een internationaal bekroond bureau voor duurzame architectuur, stedenbouw en interieurontwerp, opgericht door Stéphane Beel in 1983. Het bureau wordt geleid door Sophie Deheegher, Tom Ryckaert, Tom Cortoos en Stéphane Beel. Zijn in Gent gevestigde bureau heeft vooral naam gemaakt met geslaagde renovaties van historische gebouwen, met veel respect voor het oorspronkelijke architectonische weefsel. Naast spectaculaire cultuurhuizen waarin oude en hedendaagse architectuur op vernieuwende wijze worden geïntegreerd, bevat zijn diverse portfolio ook knappe woon- en kantoor projecten en visionaire gebouwen voor onderwijs en gezondheidszorg.

BEEL Architecten est un studio international spécialisé dans l'architecture durable, l'urbanisme et le design d'intérieur, fondé par Stéphane Beel en 1983. Le studio est dirigé par Sophie Deheegher, Tom Ryckaert, Tom Cortoos et Stéphane Beel. BEEL Architecten, dont le siège se trouve à Gand, est particulièrement reconnu pour ses rénovations de bâtiments historiques, réalisées dans le plus grand respect du tissu architectural existant. Ses édifices culturels spectaculaires intègrent de manière innovante l'architecture ancienne et contemporaine. Son portfolio très varié contient également des constructions résidentielles, des bureaux et des bâtiments éducatifs visionnaires, conçus pour offrir des espaces contemporains et flexibles.

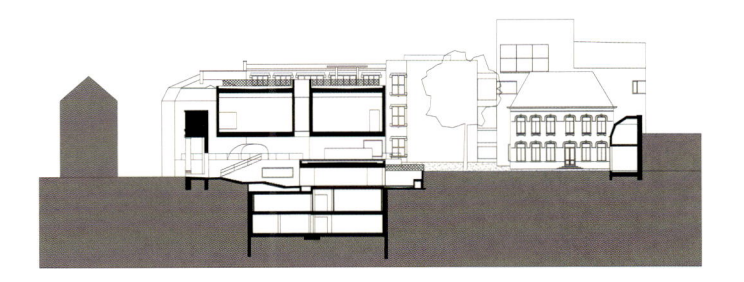

Museum M, Leuven, Belgium, 2009

The renovation and expansion of the Vander Kelen-Mertens Municipal Museum demonstrates the architects' masterful skill of initiating a dialogue between historical architecture and two new modern volumes. The well-balanced, though intriguing, spatial relation between the volumes allows them to coexist in harmony.

Met de renovatie en uitbreiding van het Stedelijk Museum Vander Kelen-Mertens brengen de architecten op meesterlijke wijze een dialoog op gang tussen de historische architectuur en twee nieuwe, moderne vleugels. Dankzij uitgebalanceerde, maar intrigerende ruimtelijke verhoudingen staan de verschillende volumes in harmonie met elkaar.

La rénovation et l'agrandissement du musée communal Vander Kelen-Mertens démontrent l'habileté de l'architecte à initier un dialogue entre le contexte historique du musée et deux nouveaux bâtiments modernes. La relation spatiale bien équilibrée, bien que surprenante, entre les volumes, leur permet de coexister en harmonie.

Post X office complex, Antwerp, Belgium, 2018

Realised in collaboration with Jaspers-Eyers Architects, Post X is said to be the largest passive office complex in Flanders. Nine identical cubic volumes are rooted in a common base and distributed along a central square. The proximity of the city's ring road required a façade with an effective noise barrier.

In samenwerking met Jaspers-Eyers Architects kwam Post X tot stand, het grootste passieve kantorencomplex in Vlaanderen. Negen identieke, kubusvormige volumes zijn gespreid over een gemeenschappelijke basis met een centraal plein. Om mogelijke overlast van de nabijgelegen Antwerpse ring te beperken, werd een geluidswerende gevel voorzien.

Réalisé en collaboration avec Jaspers-Eyers Architects, Post X est sans doute le plus grand complexe passif de bureaux de Flandre. Neuf volumes cubiques identiques sont implantés dans une base commune et répartis le long d'une place centrale. La proximité du périphérique de la ville exigeait aussi une façade dotée d'une barrière antibruit efficace.

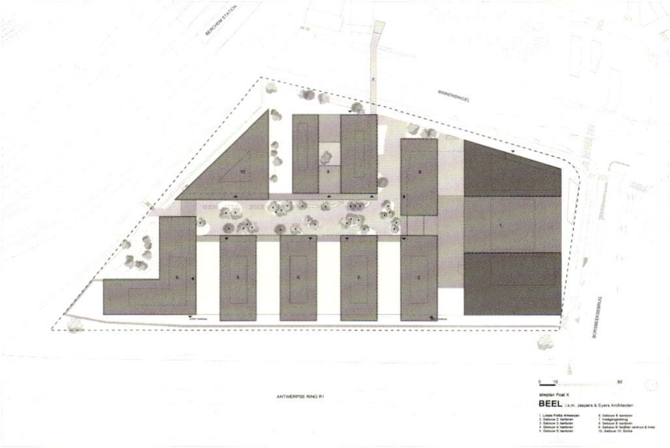

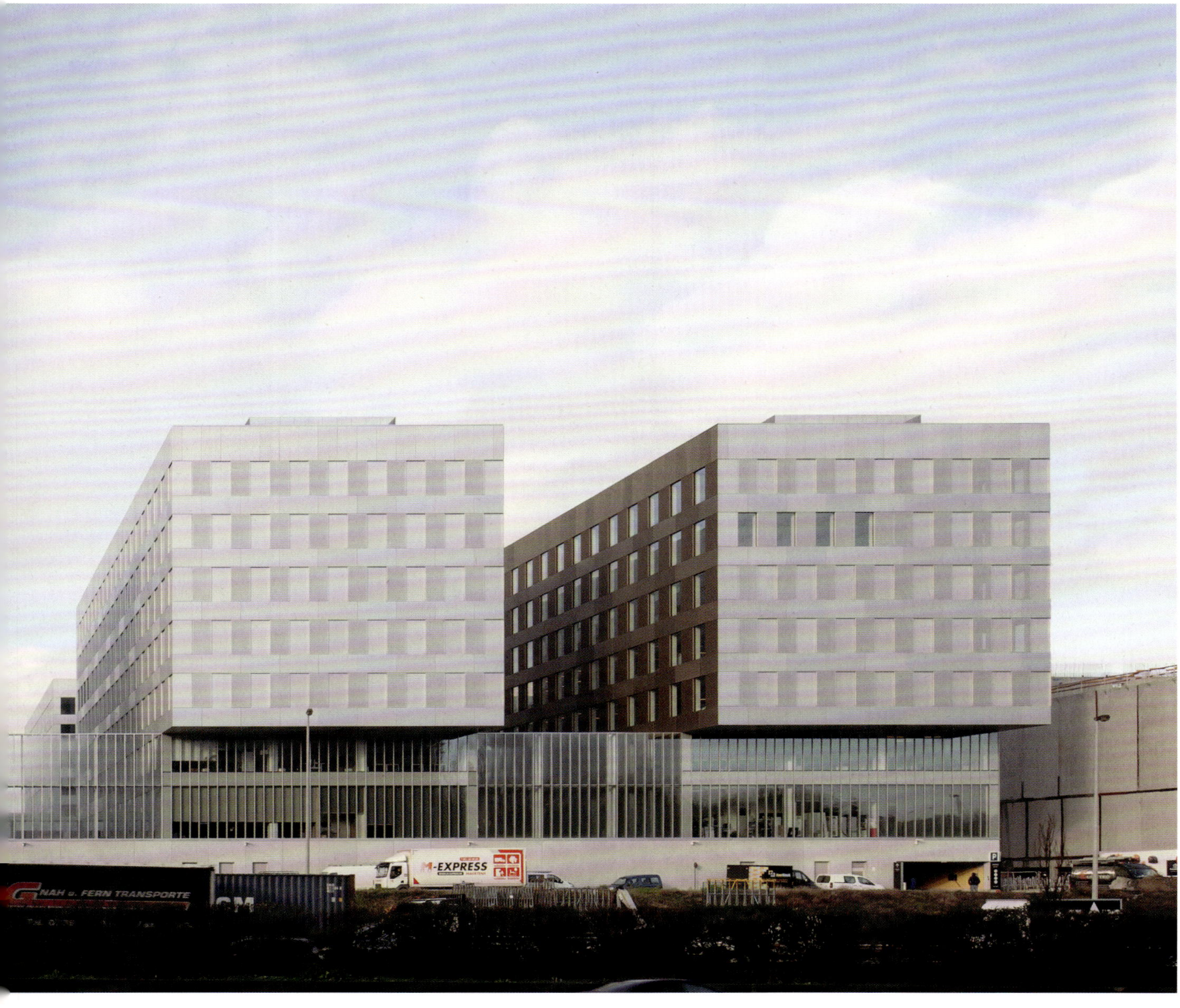

GITO/CVO secondary school, Tervuren, Belgium, 2017

On a plot at the edge of a park, this school building has four wings that have been planned around an inner courtyard. To allow for possible classroom rearrangements, only the façade walls and the walls between the corridor and the classrooms are load-bearing. The structure combines prefabricated concrete panels, wooden beams, and steel columns.

Deze school bevindt zich op een perceel aan de rand van een park. De vier vleugels zijn rond een centrale binnenplaats gerangschikt. Enkel de gevels en de muren tussen de gangen en de lokalen zijn dragend: zo kan iedere klas naar believen heringericht worden. De structuur is een combinatie van betonnen prefabpanelen, houten balken en stalen pijlers.

Ce bâtiment scolaire est situé sur un terrain en bordure d'un parc et ses quatre ailes ont été disposées autour d'une cour intérieure. Pour permettre d'éventuels réaménagements des espaces d'enseignement, seuls les murs de façade et ceux qui séparent couloirs et salles de classe sont porteurs. La structure combine des panneaux de béton préfabriqués, des poutres en bois et des colonnes en acier.

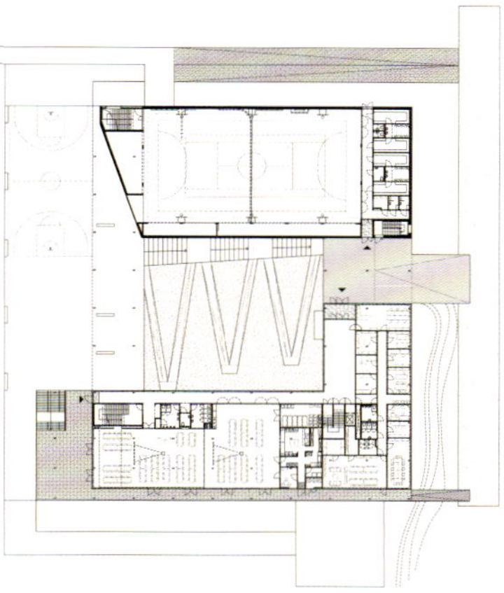

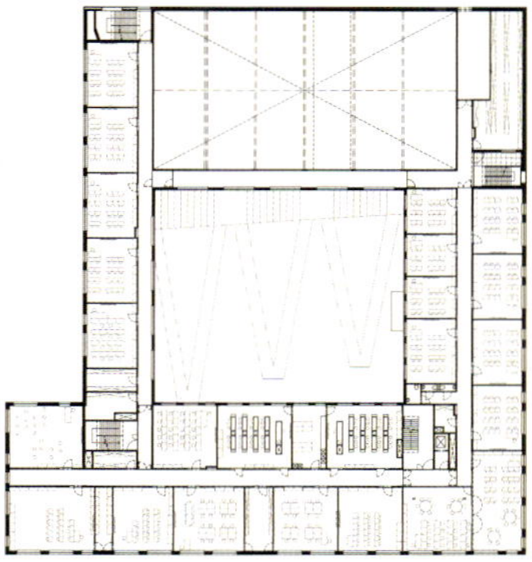

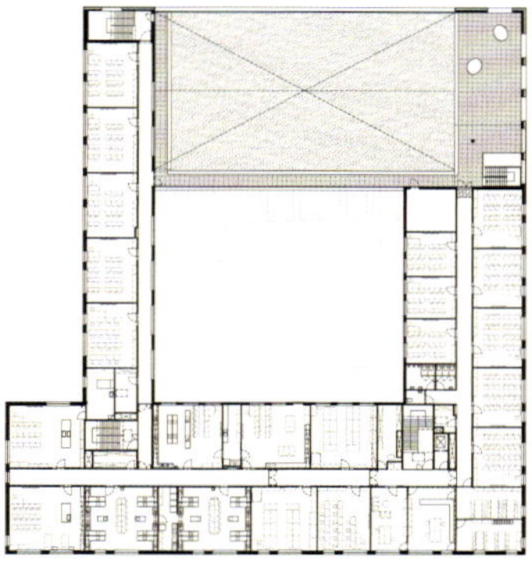

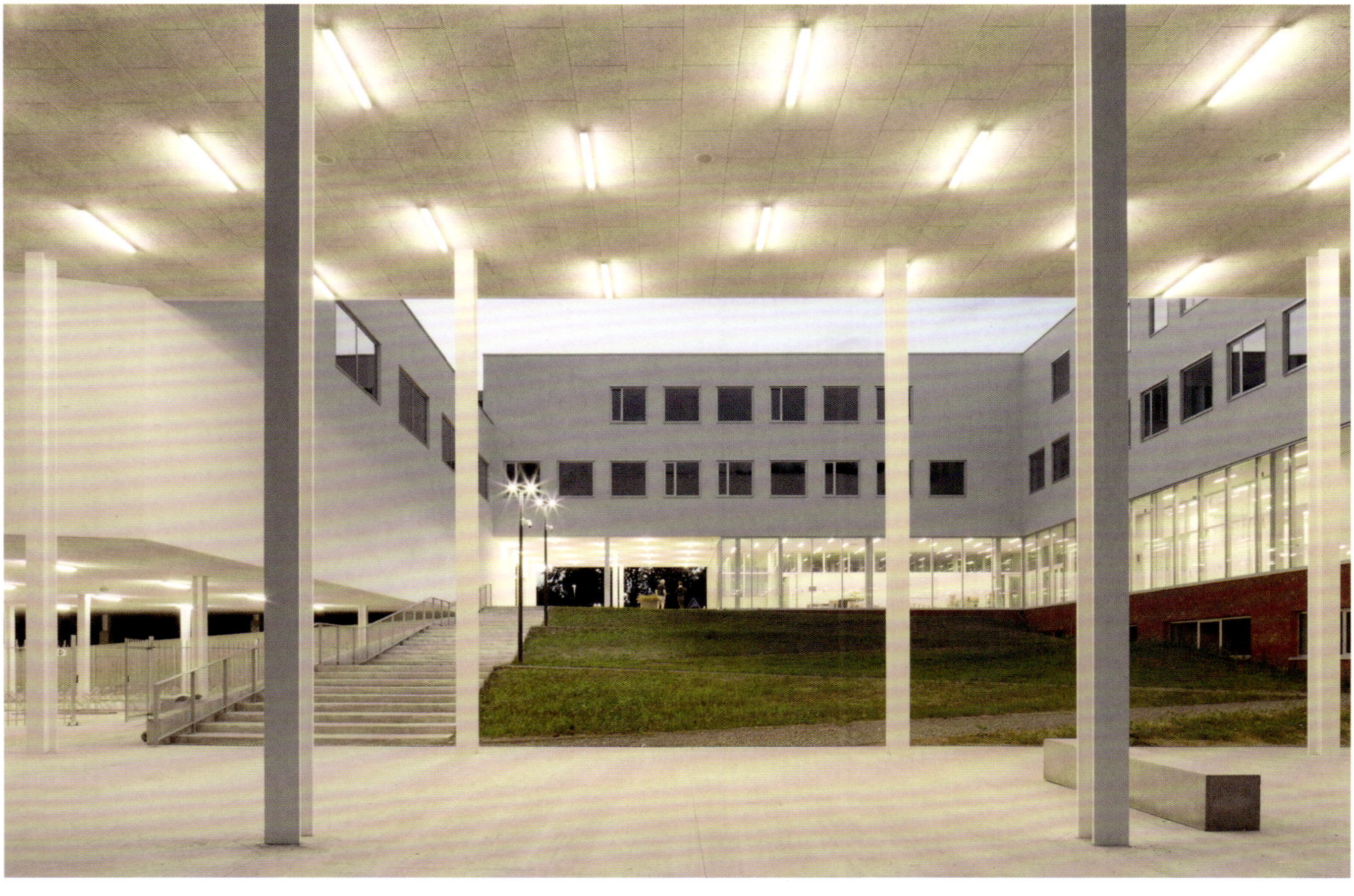

"A creative cross-pollination in the team reflects concepts that arise from a practice of intuitive observation and generosity of approach."

ERPICUM

Bruno Erpicum has been running his Kraainem (Brussels)-based practice for four decades. Many of the studio's pared-down projects are located in the natural environment without dominating it. 'Architecture must be able to receive nature as the foam that grows in its gaps,' comments the architect. Incorporating buildings into lush vegetation, Erpicum likes the contrast between a simple horizontal line and organic surroundings with proportions that create calm and serenity. A careful reading of the context is thus crucial in planning the perfect balance between nature and architecture. The studio's portfolio spans numerous private residences, office and commercial buildings as well as museums, both in Belgium and internationally.

Bruno Erpicum staat al bijna vier decennia aan het hoofd van zijn bureau in Kraainem, dat sobere projecten realiseert die hun natuurlijke omgeving niet overheersen. 'Architectuur moet de natuur in zich toelaten als het schuim dat in de spleten groeit,' zegt de architect. Erpicum integreert zijn gebouwen in weelderige vegetatie en houdt van het contrast tussen een eenvoudige horizontale lijn en een organische omgeving, met proporties die rust en sereniteit oproepen. Een zorgvuldige lezing van de context is dus cruciaal bij het plannen van de perfecte balans tussen natuur en architectuur. Het portfolio van het bureau omvat tal van privéwoningen, kantoor- en commerciële gebouwen en musea, zowel in België als internationaal.

Bruno Erpicum dirige son studio de Kraainem (Bruxelles) depuis près de quarante ans. Bon nombre de ses projets épurés cherchent à s'inscrire dans l'environnement naturel sans le dominer. « L'architecture doit être capable d'accueillir la nature telle la mousse qui pousse dans ses interstices », explique l'architecte. Insérant ses bâtiments dans une végétation luxuriante, Erpicum aime le contraste entre une simple ligne horizontale et un environnement organique, avec des proportions qui créent le calme et la sérénité. Une étude attentive des sites est donc cruciale pour assurer l'équilibre parfait entre nature et architecture. Le portfolio du studio comprend de nombreuses résidences privées, des immeubles de bureaux et de commerces ainsi que des musées, réalisés tant en Belgique qu'à l'étranger.

Godshuis, Belgium, 2012

The elegant glass and concrete silhouette sits gracefully on a corner plot. The minimalist volume is striking with its eight-metre-high living room and floor-to-ceiling glazing facing north covered with a sloping roof, all of which provides perfect acoustics, protecting the interiors from urban noise.

Een elegant silhouet van glas en beton verheft zich gracieus op dit hoekperceel. Het minimalistische volume springt in het oog met zijn acht meter hoge woonkamer en kamerhoge, noordgerichte beglazing onder een schuin dak, wat voor een perfecte akoestiek zorgt en het interieur afschermt tegen stadslawaai.

Cette silhouette élancée de verre et de béton se dresse avec élégance sur une parcelle d'angle. L'espace minimaliste est spectaculaire, avec son salon de huit mètres de haut et sa baie vitrée, orientée vers le nord, qui court jusqu'au toit mono-pente. Il bénéficie d'une parfaite isolation acoustique contre les bruits urbains.

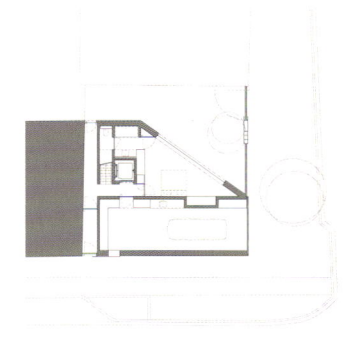

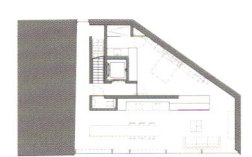

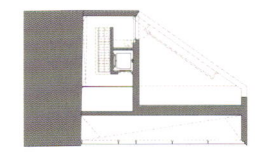

House HIFI, Bousval, Belgium, 2010

Incorporated into a hill, the volume wraps around a magnificent old oak. Looking for the harmony between architecture and nature, Erpicum plays with the solid/transparent opposition, where thick concrete walls inspired by the bark of the tree are juxtaposed with glass walls that blur the boundaries between the landscape and the interiors.

Een volume dat uit de heuvel lijkt op te rijzen wikkelt zich rond een majestueuze oude eik. Erpicum streeft naar harmonie tussen architectuur en natuur en speelt met de tegenstelling tussen massief en transparant: dikke betonnen muren geïnspireerd op de schors van een boom contrasteren met glaspartijen die de grenzen tussen landschap en interieur doen vervagen.

Inscrite dans un terrain en pente, cette construction s'enroule autour d'un vieux chêne. À la recherche de l'harmonie entre nature et architecture, Erpicum joue de l'opposition entre opacité et transparence, d'épais murs en béton inspirés par l'écorce de l'arbre jouxtant des parois vitrées qui brouillent la frontière séparant le paysage des espaces intérieurs.

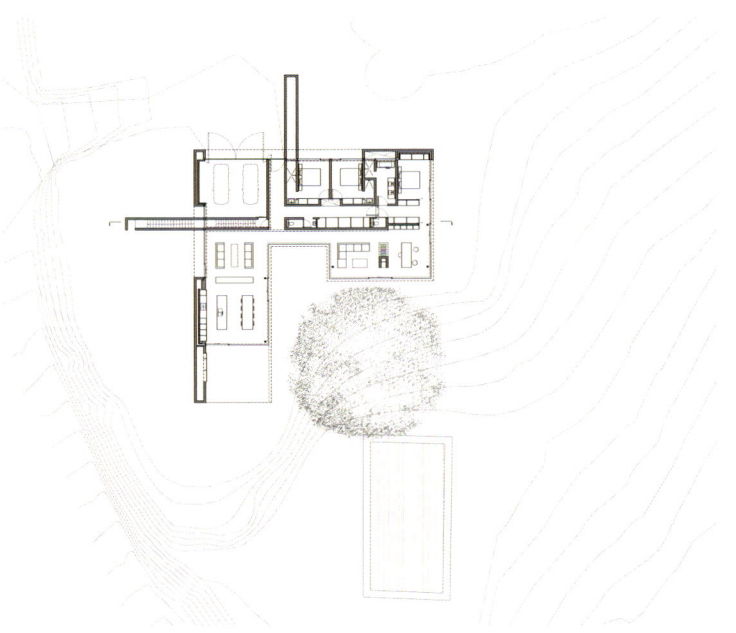

ERPICUM

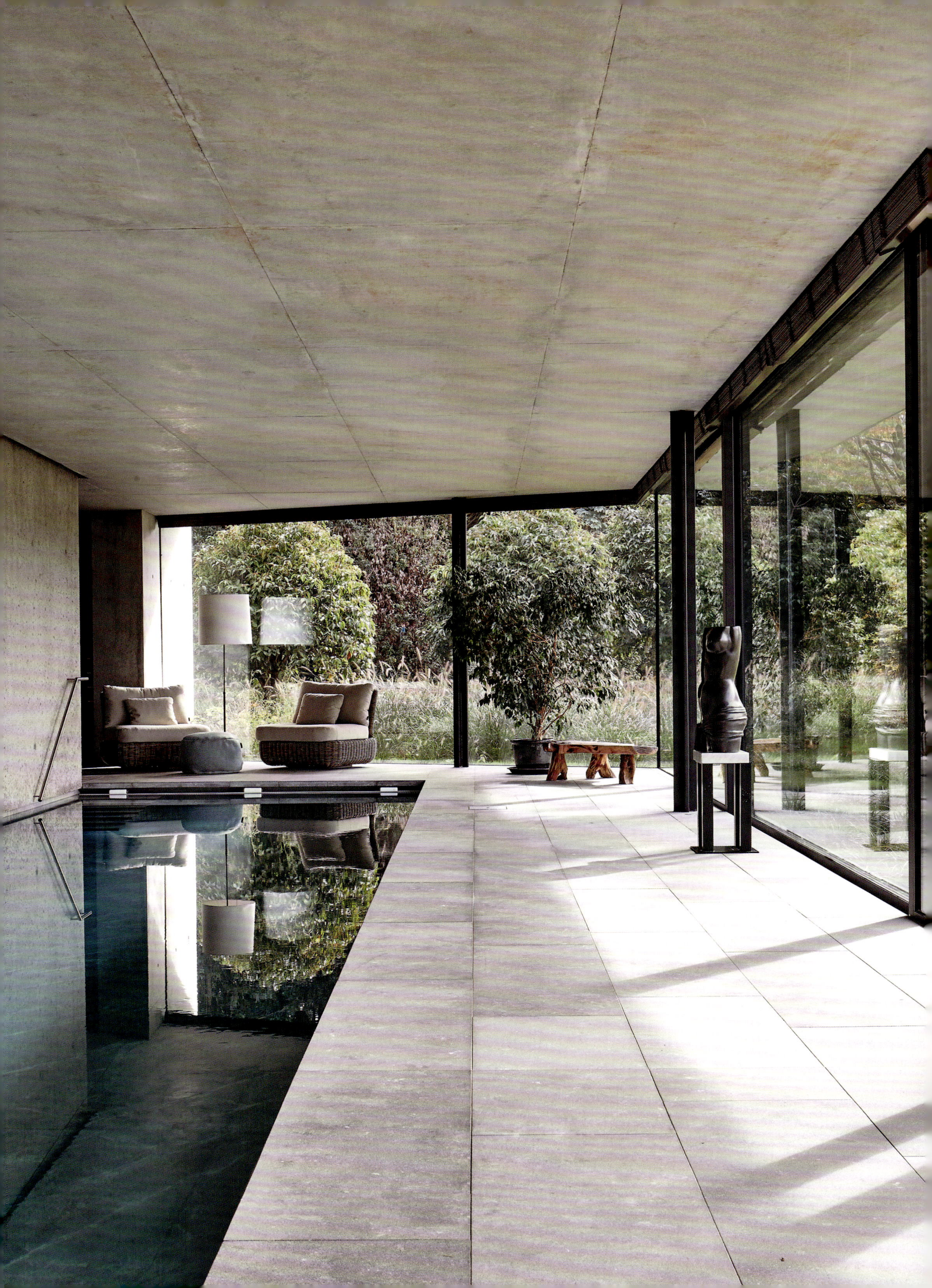

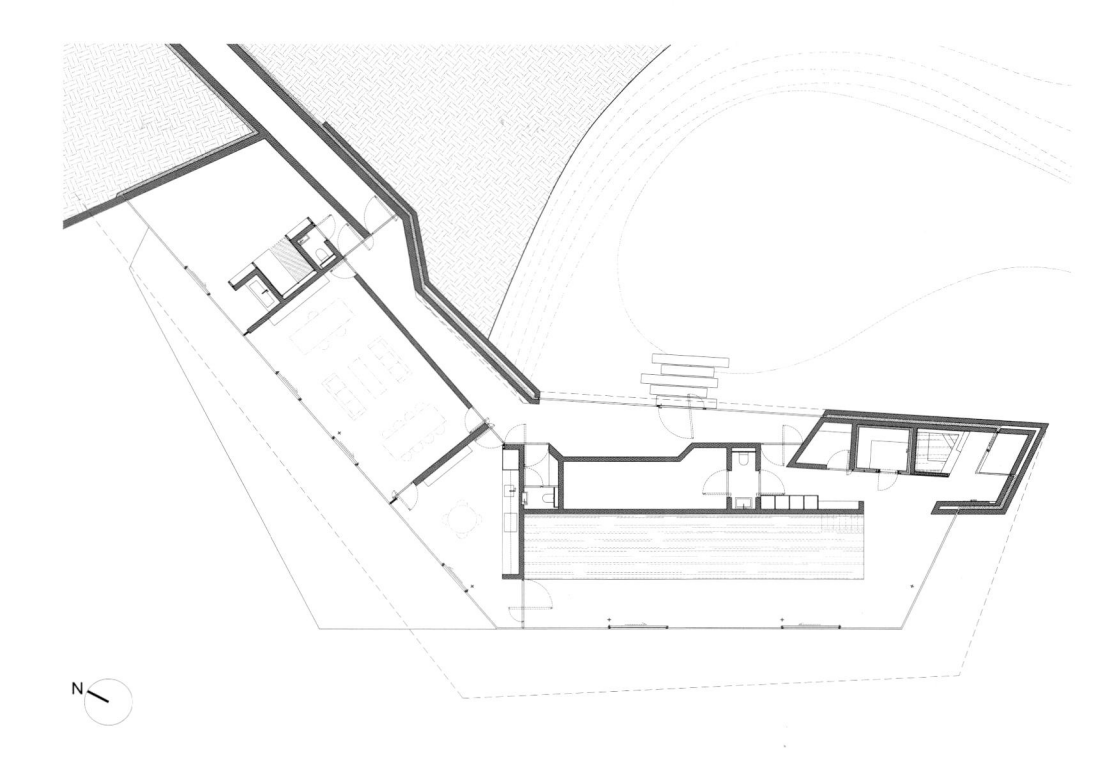

Golf, Belgium, 2017

This project's main goal was not to disturb the beautiful garden while adding a workshop, office, and swimming pool to the existing house. The architect integrated the building into the relief and allowed the vegetation to grow over the roof, camouflage-like.

Het hoofddoel van dit project was om het bestaande huis uit te breiden met een atelier, een kantoor en een zwembad zonder de prachtige tuin te verstoren. De architect heeft het gebouw in het landschap geïntegreerd en de planten als camouflage over het dak laten groeien.

Le principal objectif de ce projet était de respecter ce magnifique jardin tout en ajoutant un atelier, un bureau et une piscine à la maison existante. L'architecte a intégré sa construction dans l'environnement, en végétalisant le toit comme sur le principe du camouflage.

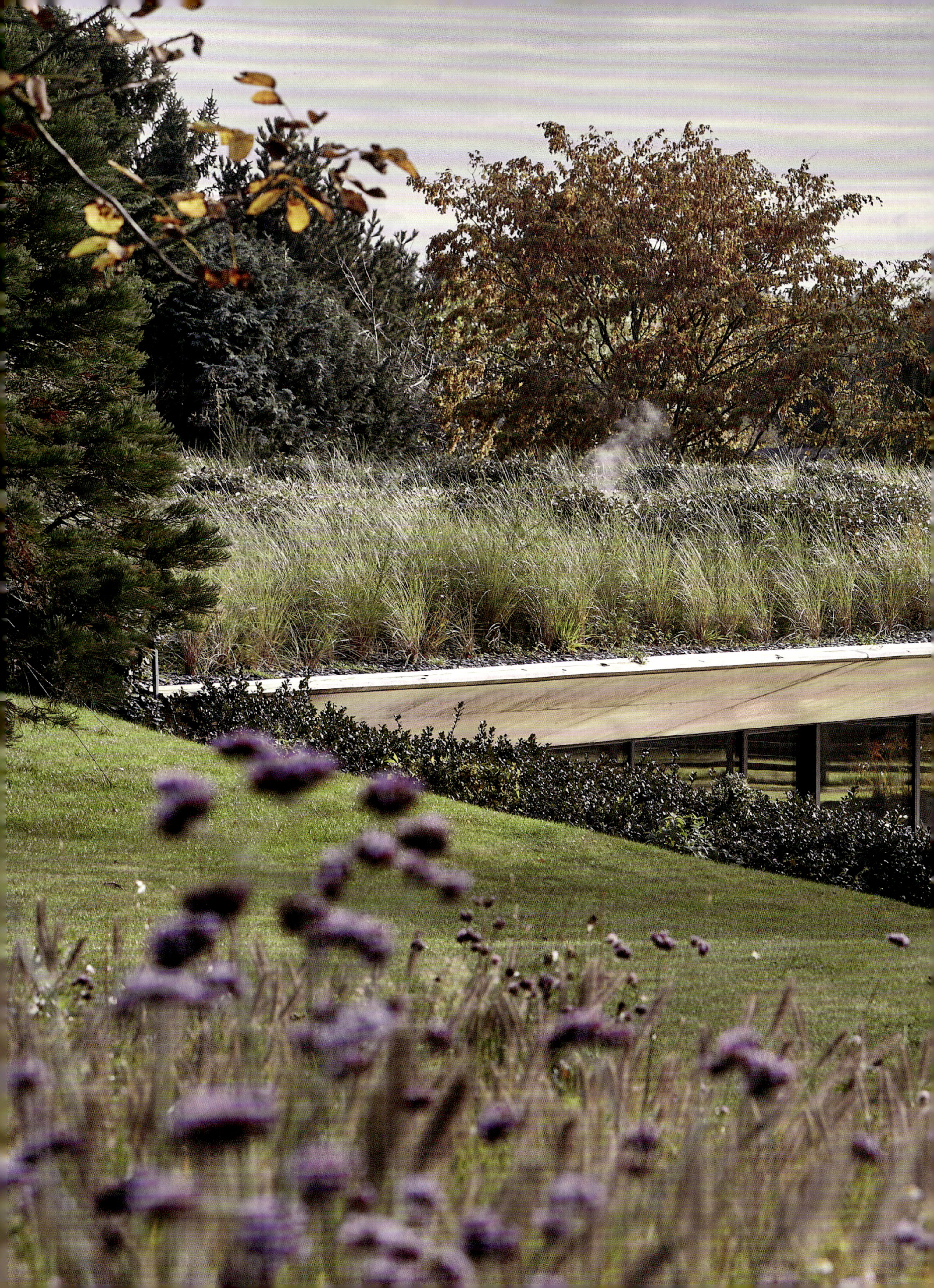

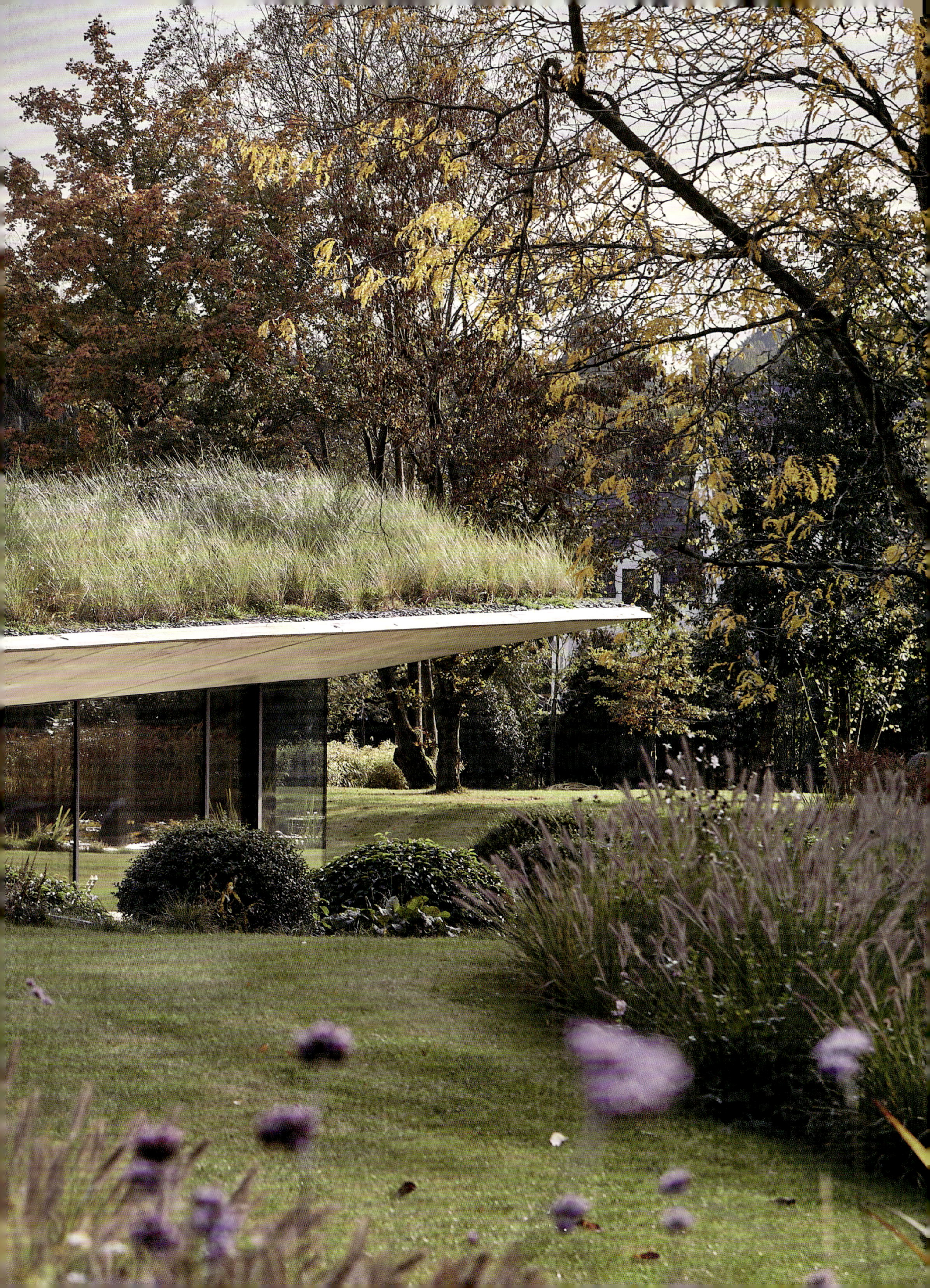

STAM ARCHITECTEN

Based in Antwerp, the team of STAM architecten specialises in contemporary single-family houses. With a strong emphasis on a personal approach and tailor-made solutions, their designs are driven by a pared-down yet warm aesthetic as well as a focus on comfortable living and respect for the surroundings. 'As a firm, we believe in compact design, where simple building volumes are pleasantly oriented in their context,' they state. Their energy-conscious projects are characterised by a logical arrangement of functions and spaces. The language of straight lines and sharp edges is minimalist yet intriguing, owing to the way the architects play with textures and openings.

Het team van STAM architecten, met vestigingen in Antwerpen, Mechelen en Herentals, is gespecialiseerd in hedendaagse eengezinswoningen. Met een sterke nadruk op een persoonlijke aanpak en oplossingen op maat worden hun ontwerpen gedreven door een sobere maar warme esthetiek, en een focus op wooncomfort en respect voor de omgeving. 'Als bureau geloven we in compact ontwerpen,' verklaren ze, 'waarbij eenvoudige bouwvolumes aangenaam georiënteerd worden in hun context.' Hun energiebewuste projecten worden gekenmerkt door een logische schakeling van functies en ruimtes. Hun taal van rechte lijnen en scherpe randen is minimalistisch maar intrigerend door het spel met texturen en openingen.

Établie à Anvers, Malines et Herentals, l'équipe de STAM architecten est spécialisée dans les maisons individuelles contemporaines. Privilégiant une approche personnalisée et des solutions sur mesure, elle recherche une esthétique à la fois épurée et chaleureuse et met l'accent sur le confort de vie et le respect de l'environnement. «En tant qu'entreprise, nous croyons en une conception compacte, où des volumes de construction simples sont orientés harmonieusement en fonction du site», expliquent les architectes. Leurs projets économes en énergie se caractérisent par un agencement logique des fonctions et des espaces. Le langage des lignes droites et des arêtes tranchantes est à la fois minimaliste et attrayant, grâce au jeu des matières et des ouvertures.

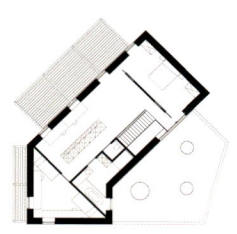

Woning GEST, Retie, Belgium, 2016

Compact and functional, this house comes with a flexible layout and has been built from eco-friendly materials, including the sustainable larch cladding. While the architects focused on preventing the volume from overheating, they shaped it with a sloping line to provide plenty of sunlight.

Dit compacte en functionele huis met flexibele indeling is opgetrokken uit milieuvriendelijke materialen, waaronder de gevelbekleding in larikshout. De architecten hebben veel aandacht besteed aan het voorkomen van oververhitting, maar laten het daglicht overvloedig binnenvallen door de schuine lijn in het volume.

Compacte et fonctionnelle, cette maison dotée d'un plan modulable a été construite en matériaux écologiques, dont un bardage durable en mélèze. Les architectes se sont efforcés de préserver ses espaces de la chaleur, mais ils l'ont conçue avec une inclinaison lui assurant un bon ensoleillement.

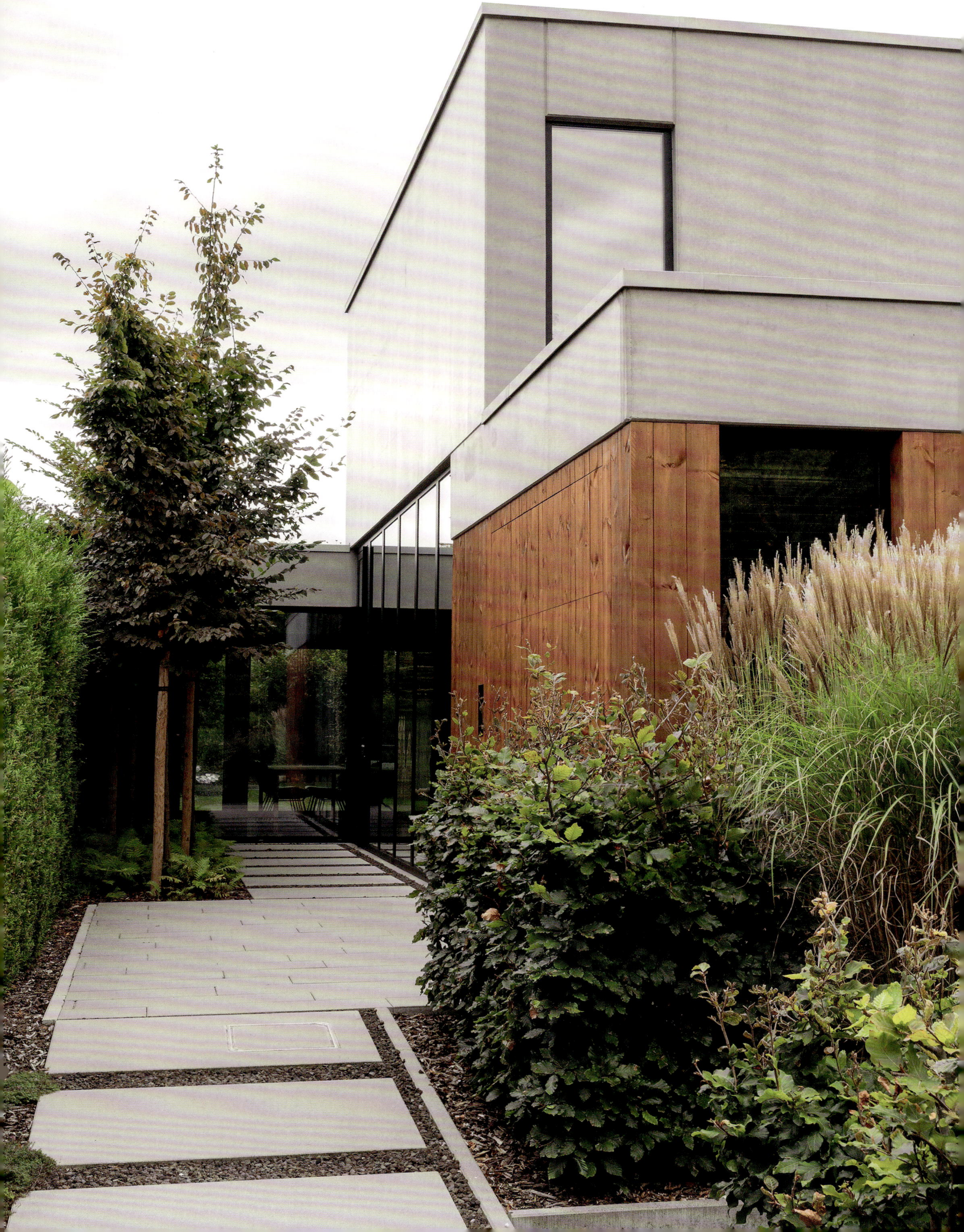

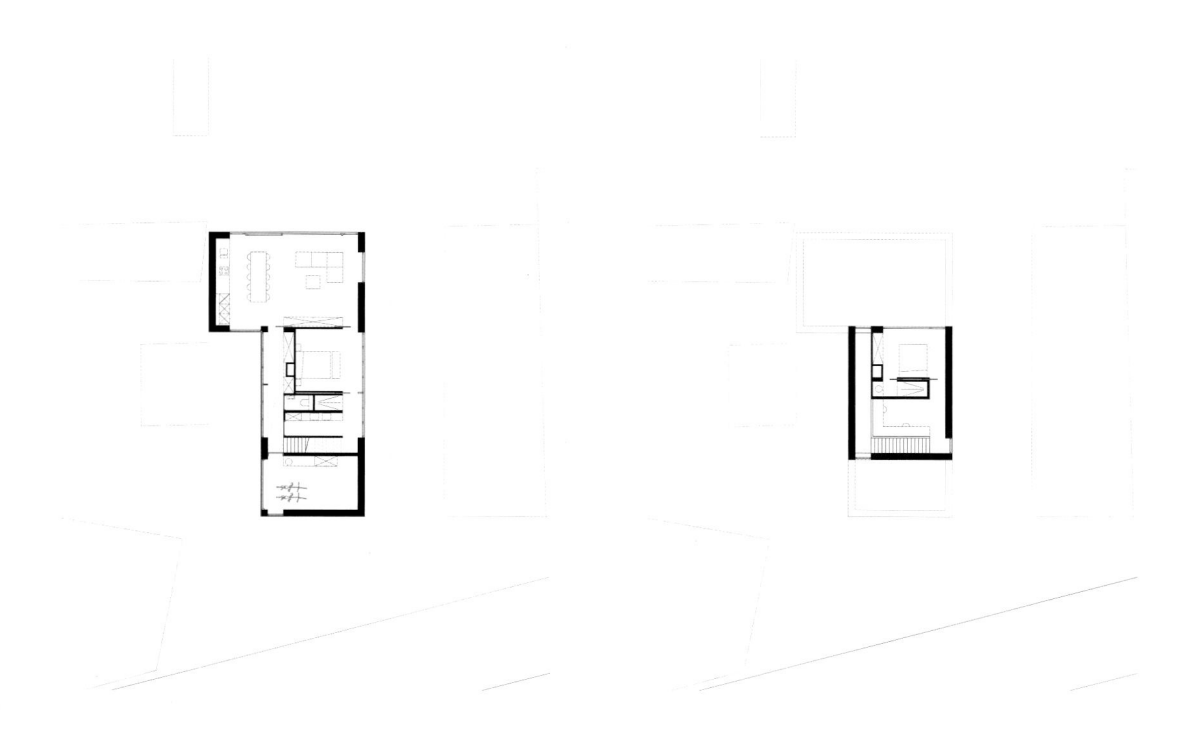

Woning HOEV, Wommelgem, Belgium, 2016

This intriguing stack of wood and concrete volumes creates a low-energy house with a high insulation value and an airtight structure positioned to maximise solar exposure. The protective entrance is counterbalanced by the glazed rear façade, smoothly connecting the open-plan living spaces and the garden.

Een intrigerende stapeling van volumes in hout en beton vormt een lage-energiewoning met een hoge isolatiewaarde en een luchtdichte constructie, gepositioneerd voor een maximale blootstelling aan de zon. De beschutte voorzijde contrasteert met de grote glaspartijen van de achtergevel, die een naadloze overgang vormen tussen de open leefruimtes en de tuin.

L'empilement inattendu de volumes en bois et en béton de cette maison lui garantit une faible consommation d'énergie avec une bonne isolation et sa structure hermétique orientée de manière à maximiser l'exposition au soleil. À l'entrée protégée répond la façade arrière vitrée, qui relie harmonieusement entre eux les espaces de vie ouverts et le jardin.

Woning MERT, Holsbeek, Belgium, 2019

This distinctive volume, whose geometry is highlighted with bright brickwork, is divided into a professional practice space accessible from the street and a hidden private residence opening on two levels onto the large garden in the back.

Dit karakteristieke volume, waarvan de geometrie wordt geaccentueerd door helderwit metselwerk, is opgedeeld in een praktijkruimte die toegankelijk is vanaf de straat en een verscholen privéwoning waarvan de twee verdiepingen uitgeven op de grote achtertuin.

Ces volumes remarquables, dont la géométrie est soulignée par des briques claires, sont divisés en un espace professionnel, accessible depuis la rue, et une résidence privée, dissimulée au regard, dont les deux niveaux donnent sur un grand jardin à l'arrière.

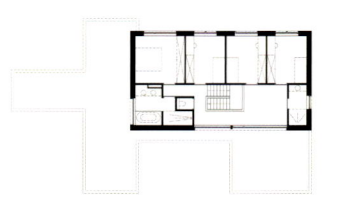

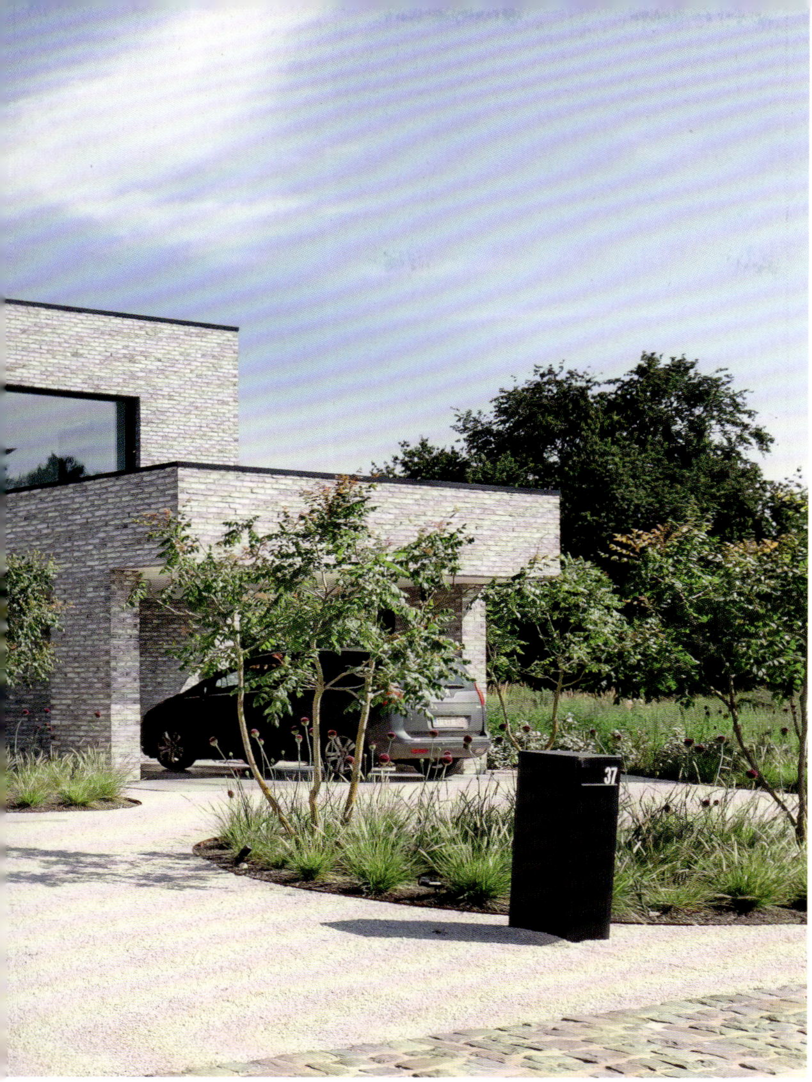
37

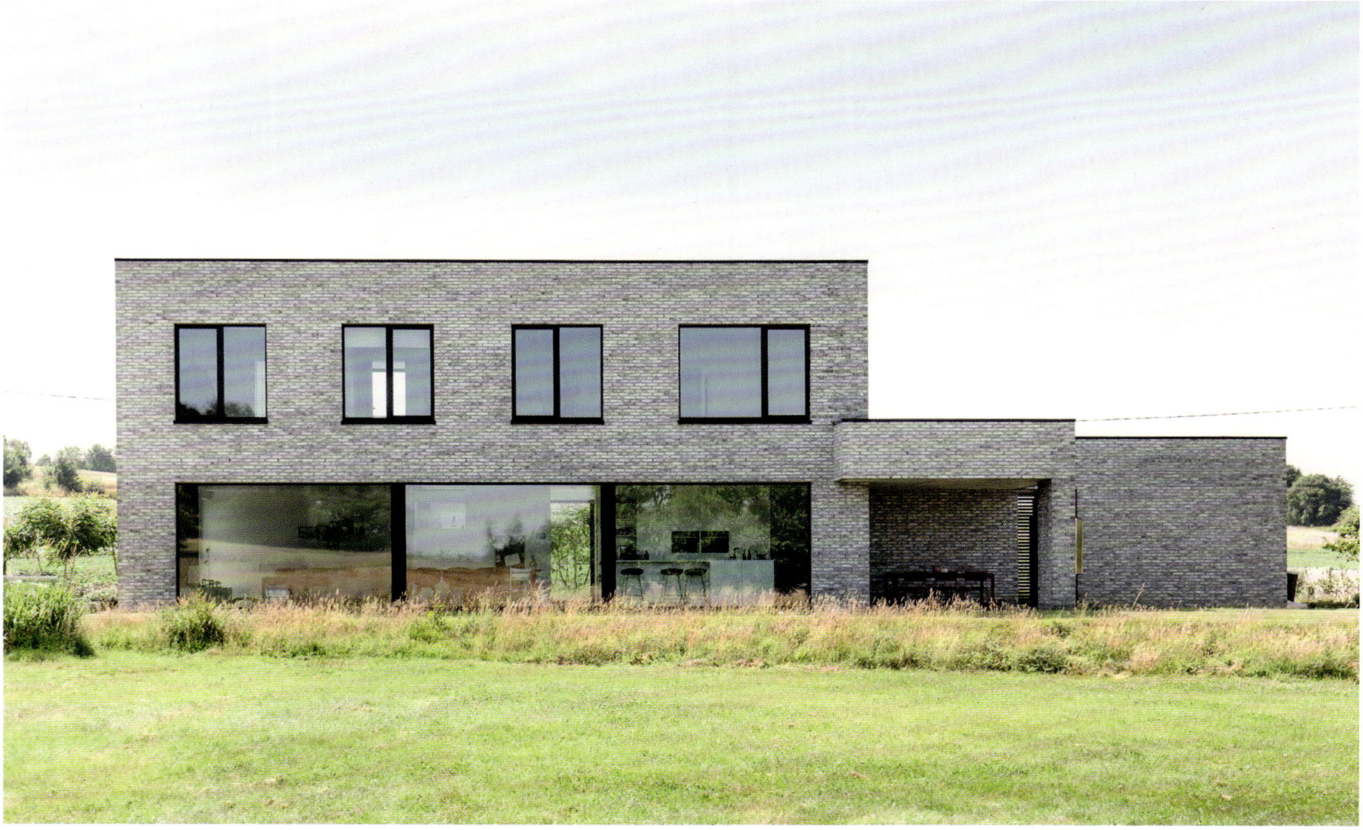

BLAF ARCHITECTEN

Although BLAF, a practice based in Lokeren, works on a wide range of projects, its architects find that individual single-family houses often offer the most interesting challenge as their scale allows the BLAF team to use a more experimental approach. In pursuit of a sustainable and circular way of building, the studio initiated research on high-performance, environmentally friendly houses. While looking for new ways of building, it tries to redefine the relationships between the material, construction, and context. 'Commitment leads to responsibility. Research leads to innovation. Intuition leads to signature,' state the architects, whose novel way of using brick allows for the effective reuse of material in addition to introducing new aesthetics with distinctive expressions.

De architecten van bureau BLAF uit Lokeren werken aan allerlei soorten projecten, maar vinden eengezinswoningen vaak de interessantste uitdaging omdat de kleinere schaal ruimte biedt voor een meer experimentele benadering. Het atelier streeft naar duurzame en circulaire technieken en investeert in onderzoek naar hoogwaardige, milieuvriendelijke woningen. In hun zoektocht naar nieuwe bouwvormen proberen de architecten de relatie tussen materiaal, constructie en context te herdefiniëren. Hun motto is: 'Engagement leidt tot verantwoordelijkheid. Onderzoek leidt tot innovatie. Intuïtie leidt tot architectuur.' Hun innovatieve gebruik van baksteen maakt een doelmatig hergebruik van materialen mogelijk en introduceert een nieuwe, uitgesproken expressieve esthetiek.

Bien que le cabinet BLAF, basé à Lokeren, réalise des projets très divers, ce sont les maisons individuelles que ses architectes estiment être souvent les défis les plus intéressants car leur taille permet une approche plus expérimentale. En quête d'un mode de construction associant durabilité et économie circulaire, ils ont entrepris des recherches sur des maisons à haute performance, respectueuses de l'environnement. Ils tentent ainsi de redéfinir les relations entre matériau, construction et contexte. « L'engagement mène à la responsabilité. La recherche mène à l'innovation. L'intuition mène à l'originalité », affirment-ils, et leur nouvelle façon de mettre en œuvre la brique permet une réutilisation efficace du matériau tout en introduisant une nouvelle esthétique aux accents personnels.

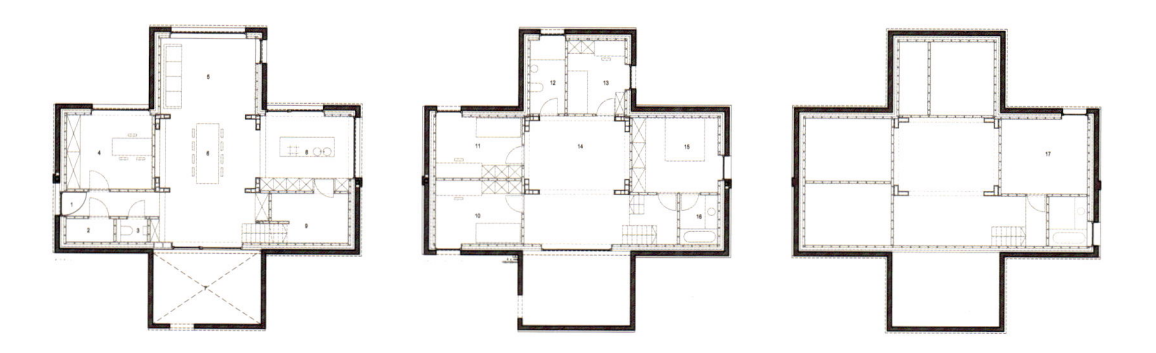

dnA House, Asse, Belgium, 2013

"Sustainability is more than making energy-efficient buildings," state the architects, who have used a combination of timber frame construction with durable outlines made from reused brick walls. The cross-shaped layout of the box-like volume is flexible and can be easily transformed over time.

'Duurzaamheid gaat om zoveel meer dan energiezuinige gebouwen,' lichten de architecten toe, die hier een combinatie hebben gebruikt van houtskeletbouw en een solide buitenzijde van gerecyclede baksteen. De kruisvormige indeling van de doosvormige volumes is flexibel en kan in de toekomst makkelijk worden getransformeerd.

«La durabilité va bien au-delà de la construction de bâtiments économes en énergie», expliquent les architectes de BLAF. Ils combinent ici une ossature en bois et des murs durables en briques recyclées. La disposition en croix de ces volumes en forme de boîtes est modulable, donc facilement modifiable dans le temps.

gjG House, Gentbrugge, Belgium, 2015

This house has been shaped to fit in between the plot's existing mature trees. The stunningly sculptural outer shell is structurally autonomous (its shape and brick bonding assure stability) while the striking interiors with exposed brick are based on a steel and timber frame.

Dit huis is zo gevormd dat het past tussen de volwassen bomen op het perceel. De verbluffend sculpturale buitenschil is structureel autonoom: de vorm en het baksteenverband zorgen voor stabiliteit. De markante interieurs met zichtbare bakstenen zijn gebaseerd op een frame in staal en hout.

Cette maison est conçue pour s'insérer entre les grands arbres du terrain. L'enveloppe extérieure, étonnamment sculpturale, constitue une structure autonome (sa forme et l'assemblage des briques en assurent la stabilité), tandis que les étonnants espaces intérieurs, aux briques apparentes, s'appuient sur une ossature en bois et en acier.

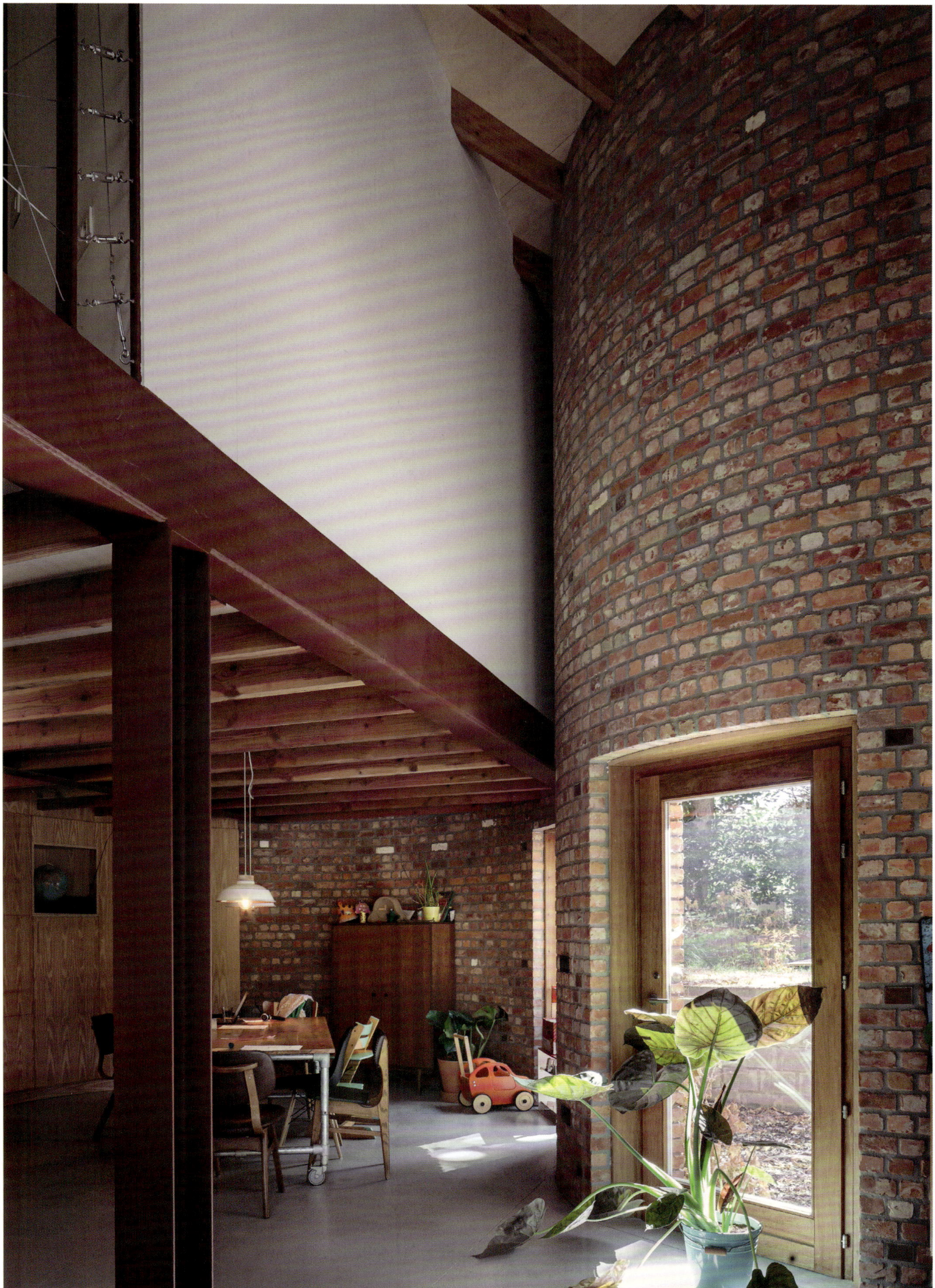

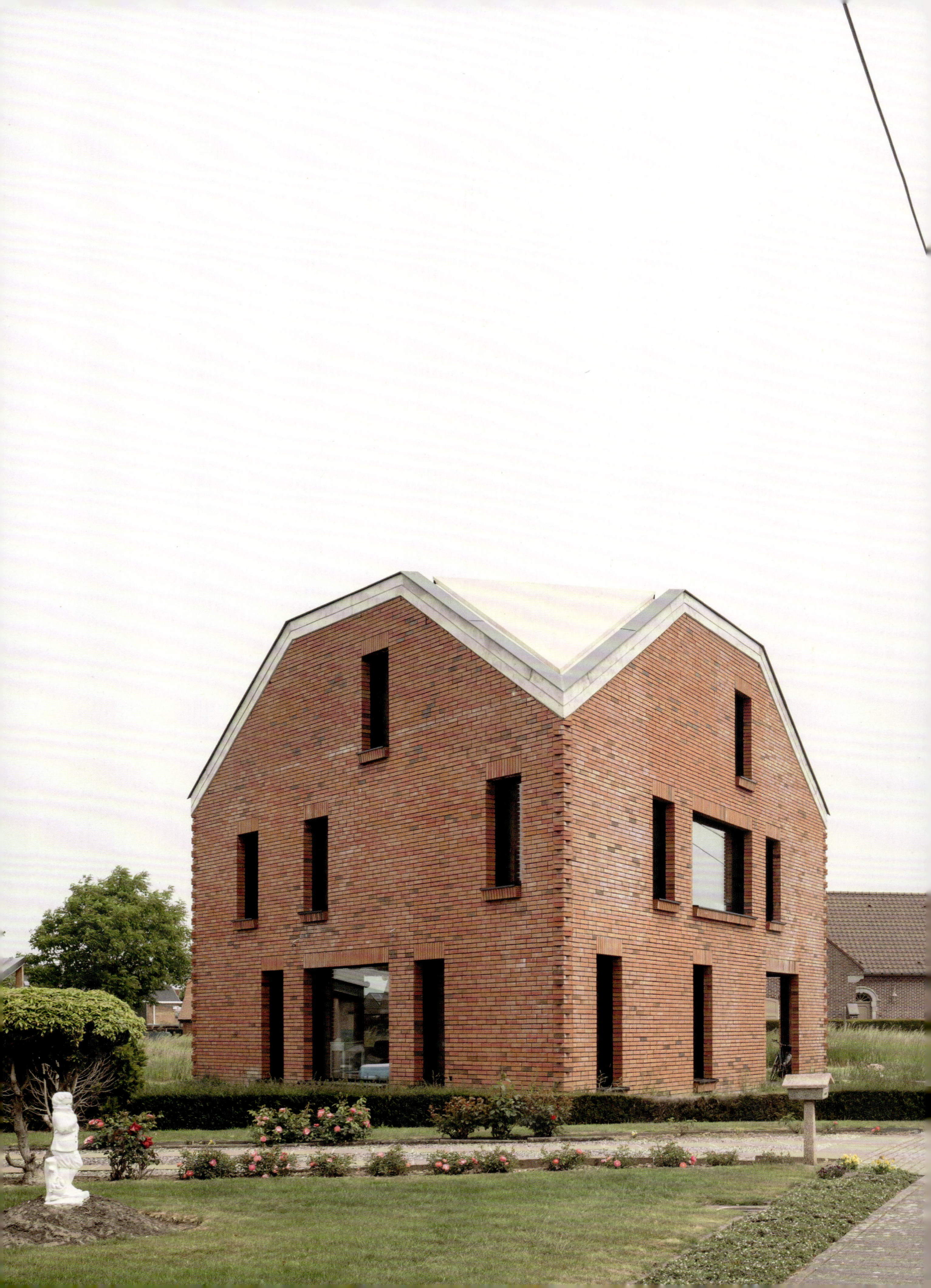

wsT House, Sint-Katherina-Lombeek, Belgium, 2020

With three storeys and three façades, a triangular floorplan, and an original sloping roof, this compact volume fits perfectly in its environment. Self-supporting brick is combined here with a prefab wooden structure of columns and beams that uses mortise and tenon joints to make the building energy efficient.

Met zijn drie verdiepingen en drie gevels, een driehoekig grondplan en een origineel schuin dak past dit compacte volume perfect in zijn omgeving. Zelfdragende baksteen is gecombineerd met een houten prefabconstructie van verticale en horizontale balken die door hun pen-en-gatverbindingen het gebouw energiezuinig maken.

Avec ses trois étages, ses trois façades, son plan triangulaire et sa toiture à plusieurs pentes, ce volume compact s'intègre parfaitement dans son environnement. La brique autoportante est combinée à une structure préfabriquée de colonnes et de poutres en bois à tenons et mortaises, afin de rendre la construction économe en énergie.

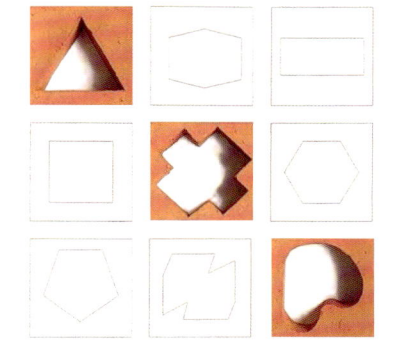

AST 77 ARCHITECTEN

The work of AST 77, a studio based in Tienen, is driven by the language of pure geometric forms and the power of a clean plan, which is in large part inspired by the work of architects Dom Hans van der Laan (1904-1991) and Juliaan Lampens (1926-2019). For the team, led by Peter Van Impe, sustainability results in buildings that will fit into their environment for several generations. Looking for an optimal interplay between the context, the choice of resources and the impact on the climate, the architects are keen to work with traditional bricks. However, in seeking out sustainable solutions, the studio also uses bamboo, earth, wood, and concrete in their innovative projects.

De drijvende kracht achter het werk van bureau AST 77 in Tienen is de pure taal van geometrische vormen en de kracht van een zuiver grondplan, grotendeels geïnspireerd door het werk van de architecten Dom Hans van der Laan (1904-1991) en Juliaan Lampens (1926-2019). Voor het team onder leiding van Peter Van Impe staat duurzaamheid voor gebouwen die nog generaties lang in hun omgeving zullen passen. Om de optimale wisselwerking tot stand te brengen tussen de context, de gekozen middelen en de impact op het klimaat werken de architecten graag met traditionele baksteen. Maar ook bamboe, aarde, hout en beton worden als duurzame oplossingen ingeschakeld in hun innovatieve projecten.

Le travail d'AST 77, cabinet établi à Tirlemont, privilégie un répertoire de formes géométriques simples et des plans puissants et épurés. Il s'inspire en grande partie de l'œuvre de deux architectes : Dom Hans van der Laan (1904-1991) et Julian Lampens (1926-2019). Pour l'équipe, dirigée par Peter Van Impe, la durabilité suppose des bâtiments qui s'intégreront à leur environnement pendant plusieurs générations. Recherchant une combinaison optimale entre contexte, choix des ressources et impact sur le climat, les architectes préconisent l'emploi de briques traditionnelles. En quête de solutions durables, ils utilisent toutefois aussi le bambou, la terre, le bois et le béton pour leurs projets innovants.

Vissenaken Heidestraat, Tienen, Belgium, 2017

The wooden gable roof volume projects out to create a sheltered entrance at the front. In contrast, the rear façade opens entirely to the extensive garden, offering a view of the field thanks to enormous openings that add a contemporary twist to the traditional typology.

Het houten zadeldakvolume steekt aan de voorzijde uit om een beschutte entree te creëren. De achtergevel daarentegen opent zich volledig naar de grote tuin, waar immense openingen zicht bieden op het veld en een eigentijdse draai geven aan de traditionele typologie.

La construction et sa toiture en bois à double pente s'avancent en encorbellement pour abriter l'entrée. L'arrière est quant à lui ouvert sur le jardin, ses larges baies offrant une vue dégagée et ajoutant une touche contemporaine à la typologie traditionnelle de la maison.

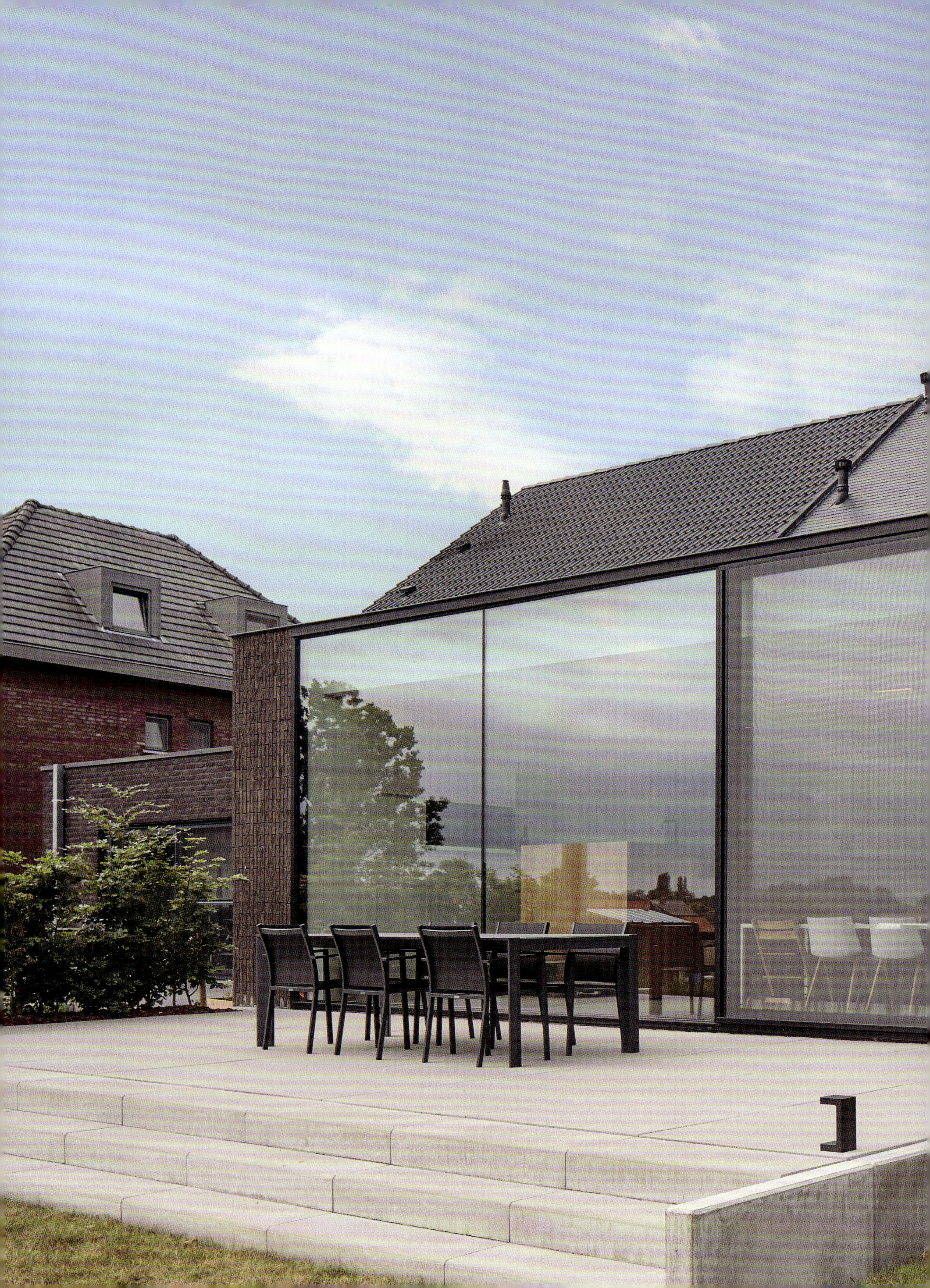

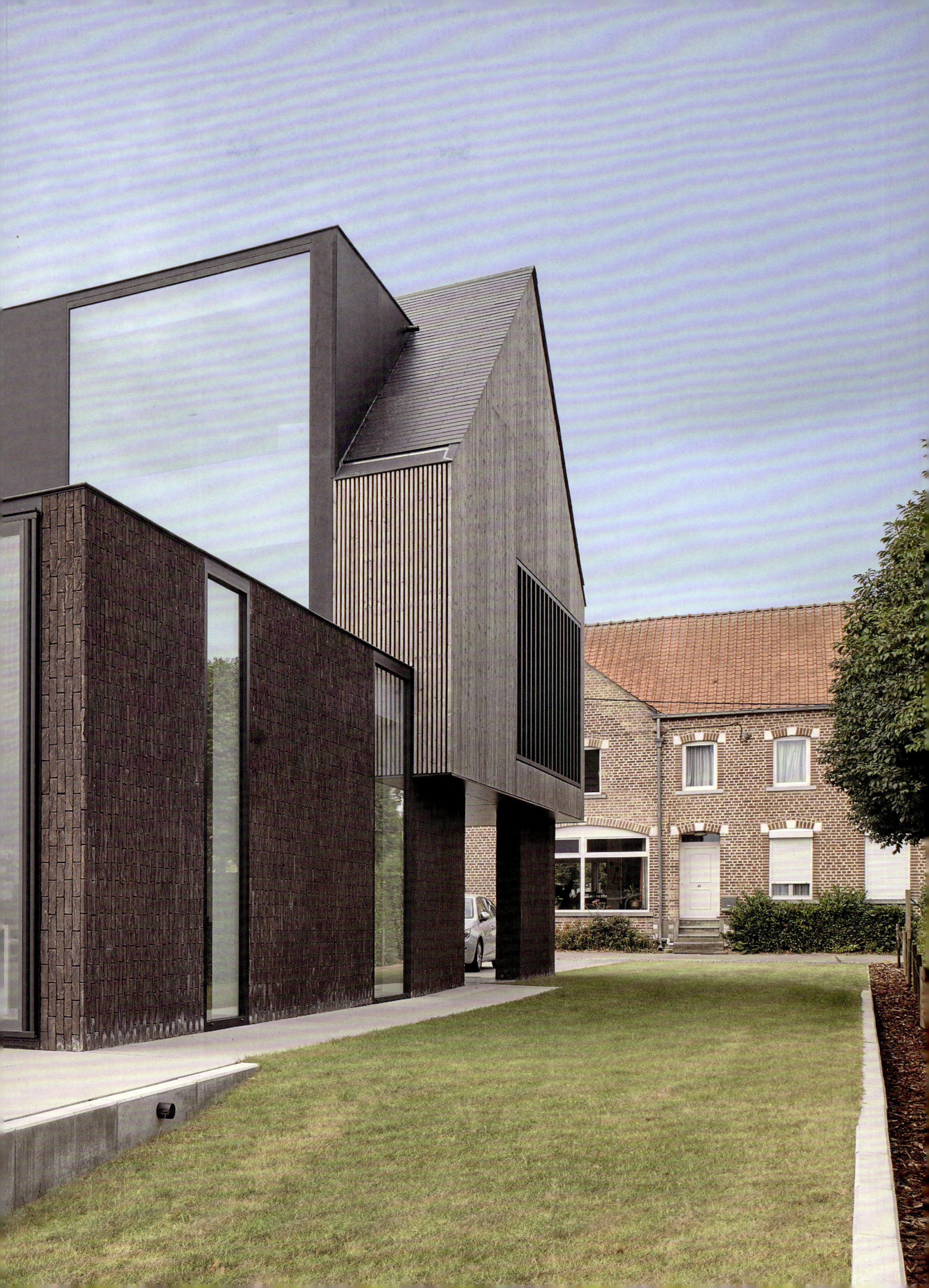

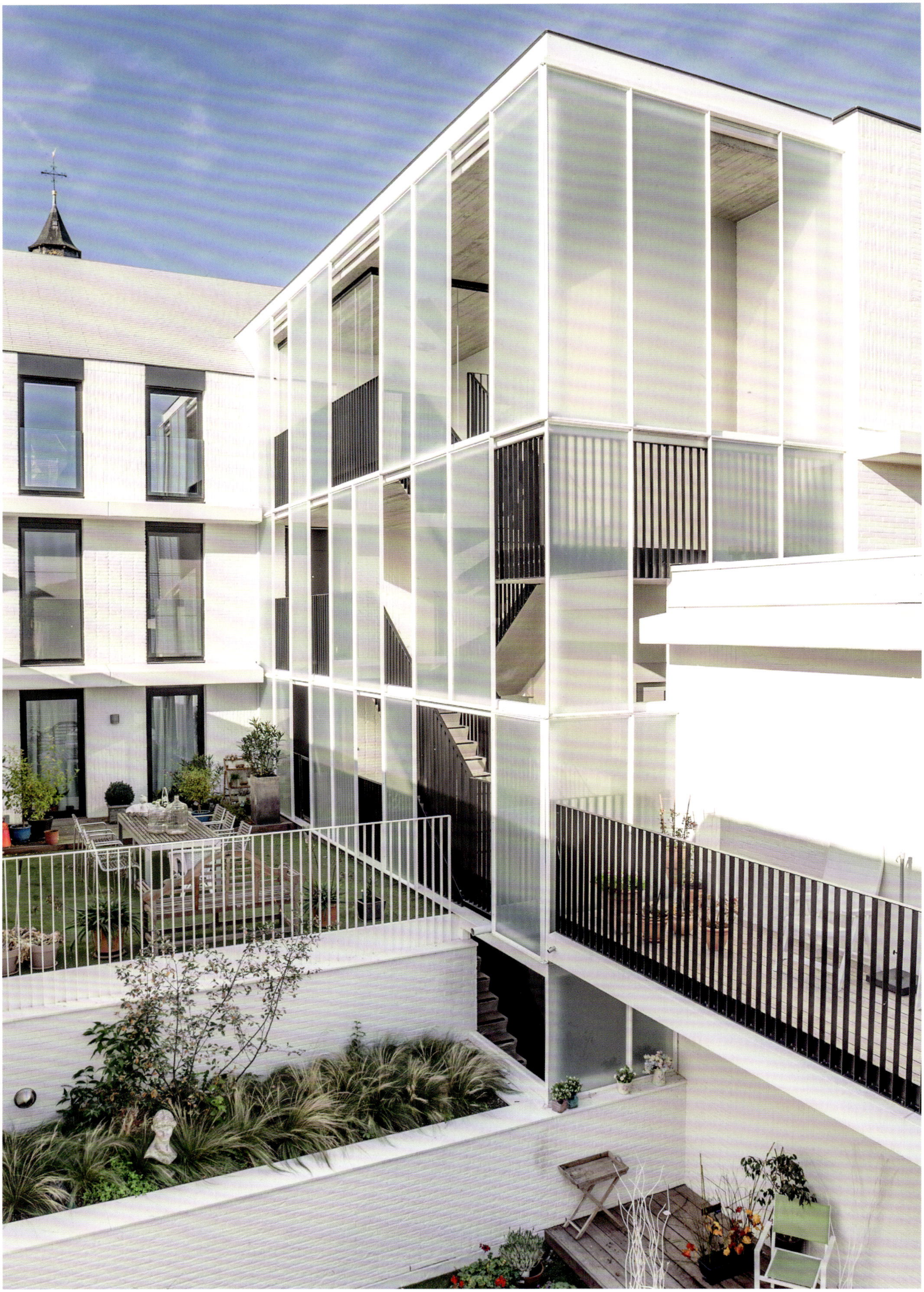

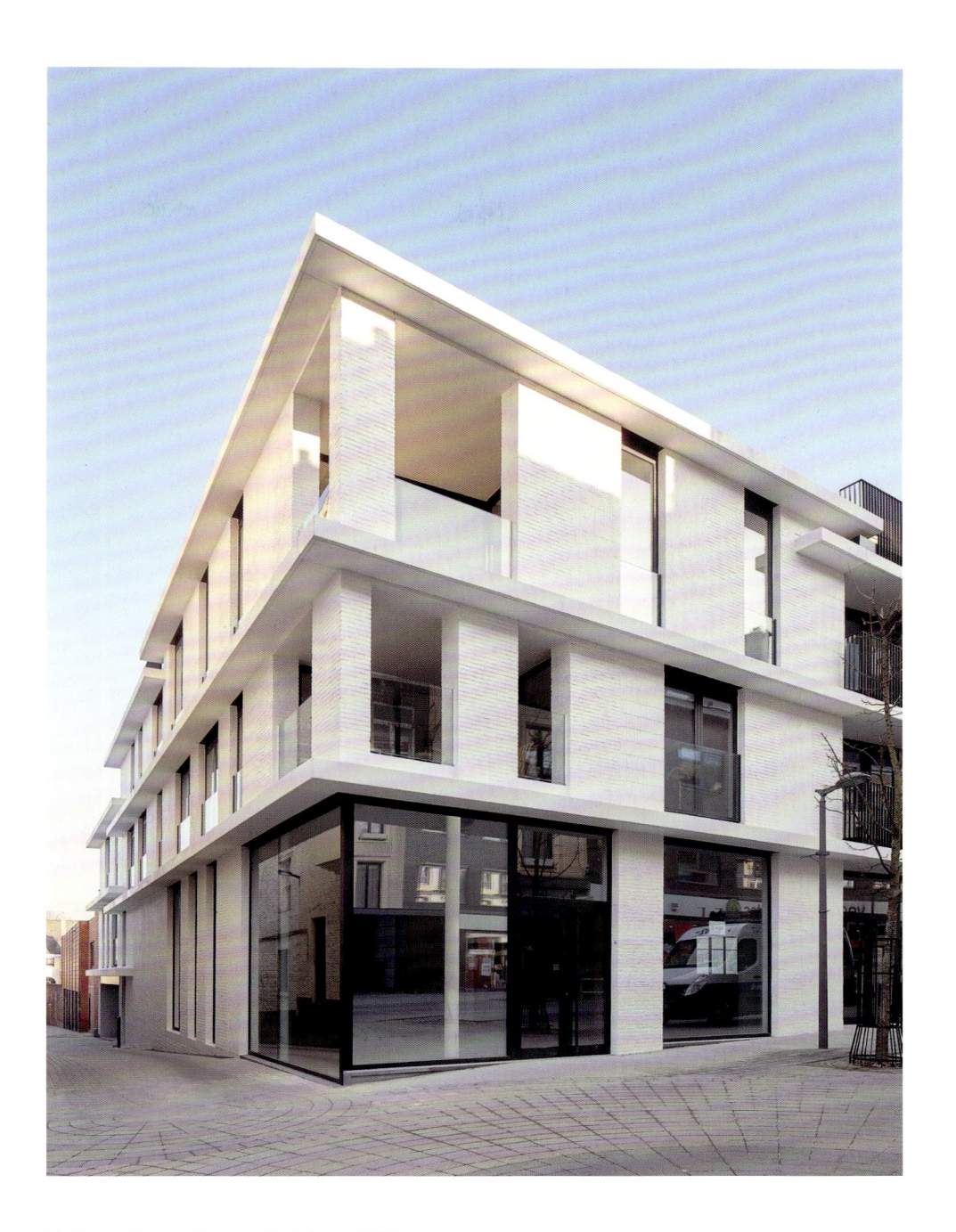

Hof van Rome, Tienen, Belgium, 2016

A combination of commercial spaces, eight flats, and a penthouse equipped with underground parking occupies a corner plot in Tienen's historical city centre. The rhythmic volume is accentuated by numerous balconies, loggias and outdoor passages, which add lightness to the bright structure.

In het historische stadscentrum van Tienen bevindt zich dit hoekperceel met een combinatie van commerciële ruimtes, acht appartementen en een penthouse, plus een ondergrondse parkeergarage. Het ritmische volume wordt geaccentueerd door talrijke balkons, loggia's en buitenpassages, die bijdragen tot de lichtheid van de helderwitte structuur.

Cet ensemble associant des espaces commerciaux, huit appartements, un penthouse et un parking souterrain occupe une parcelle d'angle dans le centre historique de Tirlemont. Son volume rythmé est souligné par de nombreux balcons, loggias et passages extérieurs, qui ajoutent de la légèreté à sa structure lumineuse.

A Brick Giant on Clay Feet, Tienen, Belgium, 2020

This experimental five-storey house is made of rammed earth, partly reusing the soil excavated from the site. Designed in collaboration with numerous specialists, the innovative structure contains three detached brick walls that are connected to an earth wall, which forms the central core of the house, with steel plate floors.

Deze experimentele woning met vijf verdiepingen is gemaakt van gestampte aarde, waarvoor deels gebruikgemaakt werd van de uitgegraven grond. Tal van specialisten werkten mee aan het ontwerp van de innovatieve structuur. Drie vrijstaande bakstenen muren zijn via stalen vloerplaten verbonden met een aarden wand die de kern van het huis vormt.

Cette maison expérimentale de cinq étages, dont l'axe central est en pisé, réutilise en partie la terre extraite du site. Conçue en collaboration avec de nombreux spécialistes, sa structure innovante comprend trois murs extérieurs en briques, solidarisés à un haut mur en pisé, noyau de la maison, et des planchers en tôle d'acier.

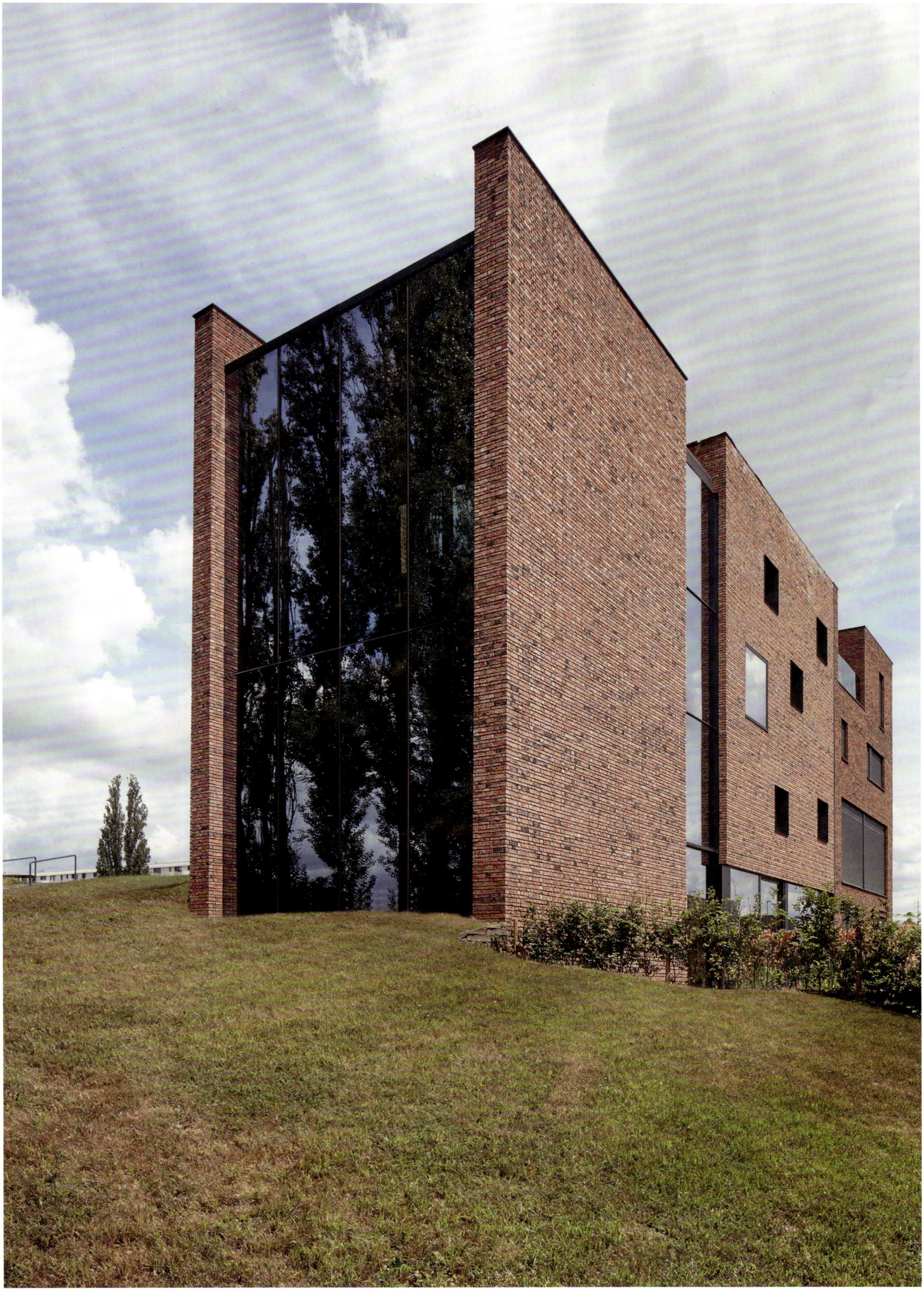

CAAN ARCHITECTEN

Located in Ghent, the practice has grown dynamically from working on private housing to large-scale projects such as offices, multi-apartment residences, and commercial spaces. Single-family homes remain the main focus, however, and each project is approached in a very individual way. The studio's projects are far from banal; its unexpected solutions, inventive shapes, and interesting material juxtapositions all offer a contemporary twist. Another signature aspect of its work is the way the language of clean geometry is emphasised through original openings independent of the typology. Asked about their inspirations, the architects point to a range of design, 'from the antiquity to the Renaissance to modernist homes,' and explain that they 'strive for sobriety with elegant proportions.'

Dit Gentse bureau ontwierp aanvankelijk vooral privéwoningen, maar is dynamisch gegroeid en werkt nu ook aan grootschalige projecten als kantoren, meergezinswoningen en commerciële ruimtes. Eengezinswoningen blijven echter een belangrijke focus, en elk project wordt op een uiterst persoonlijke manier benaderd. Het resultaat is allerminst banaal te noemen; onverwachte oplossingen, inventieve schakelingen en interessante materiaalcombinaties geven ieder ontwerp een eigentijdse draai. Kenmerkend is ook hoe de zuiver geometrische taal wordt geaccentueerd door originele openingen die losstaan van de typologie. Gevraagd naar hun inspiratiebronnen wijzen de architecten op een brede designtraditie, 'van de oudheid tot de renaissance tot modernistische woningen', en leggen ze uit dat ze 'streven naar soberheid met elegante proporties'.

Situé à Gand, ce cabinet a connu un fort développement, passant de la construction de logements privés à des projets à plus grande échelle comme des bureaux, des immeubles d'habitat collectif et des espaces commerciaux. Les maisons individuelles restent toutefois au cœur de son activité, chaque projet étant abordé de manière unique. Tout sauf banales, ces habitations allient solutions surprenantes, formes inventives et mélanges de matériaux, ce qui leur donne un caractère contemporain. Le travail du cabinet se distingue aussi par un vocabulaire géométrique épuré, souligné par des ouvertures affranchies de la typologie habituelle. Interrogés sur leurs inspirations, les architectes évoquent un large éventail de références, «de l'Antiquité à la Renaissance, en passant par les maisons modernistes», et ajoutent qu'ils «recherchent la sobriété et l'élégance des proportions».

Apartments Theo van Doesburg, Koksijde, Belgium, 2020

Named after the Dutch avant-garde artist and De Stijl founder, this 12-apartment complex, commissioned by Rietveld Projects, is striking thanks to its sculptural and rhythmic body. The surfaces of all the structural elements are enhanced by a variety of materials and textures. The columns give the volume the necessary tranquility and elegance.

Dit complex met 12 appartementen in opdracht van Rietveld Projects en vernoemd naar de Nederlandse avant-gardekunstenaar en oprichter van De Stijl, valt op door zijn sculpturale en ritmische hoofdvolume. Een verscheidenheid aan materialen en texturen doet elk van de structurele elementen mooi uitkomen. De kolommen geven het volume de nodige rust en elegantie.

Portant le nom de l'artiste néerlandais d'avant-garde et fondateur du groupe De Stijl, cet ensemble de 12 appartements commandé par Rietveld Projects se distingue par ses volumes rythmés et sculpturaux dont les structures sont rehaussées par une grande variété de textures et de matériaux.

Villa S, Oosterzele, Belgium, 2022

The timelessly elegant horizontal block protects the inhabitants' privacy from the perspective of the street, despite the inclusion of some openings. In contrast, the dynamically curved garden façade fills the interiors with natural light and opens the living spaces to the green garden with a pool.

De bovenverdieping heeft verticale ramen om inkijk bij de buren en omgekeerd te verhinderen. Daarmee contrasteert de dynamisch gebogen tuingevel, die het interieur vult met natuurlijk licht en de woonruimtes opent naar de groene tuin met zwembad.

Ce bloc horizontal d'une élégance intemporelle protège l'intimité des habitants du côté rue, malgré la présence de quelques ouvertures. La façade arrière, aux courbes dynamiques permet en revanche aux intérieurs d'être inondés de lumière et ouvre les espaces de vie sur le jardin verdoyant agrémenté d'une piscine.

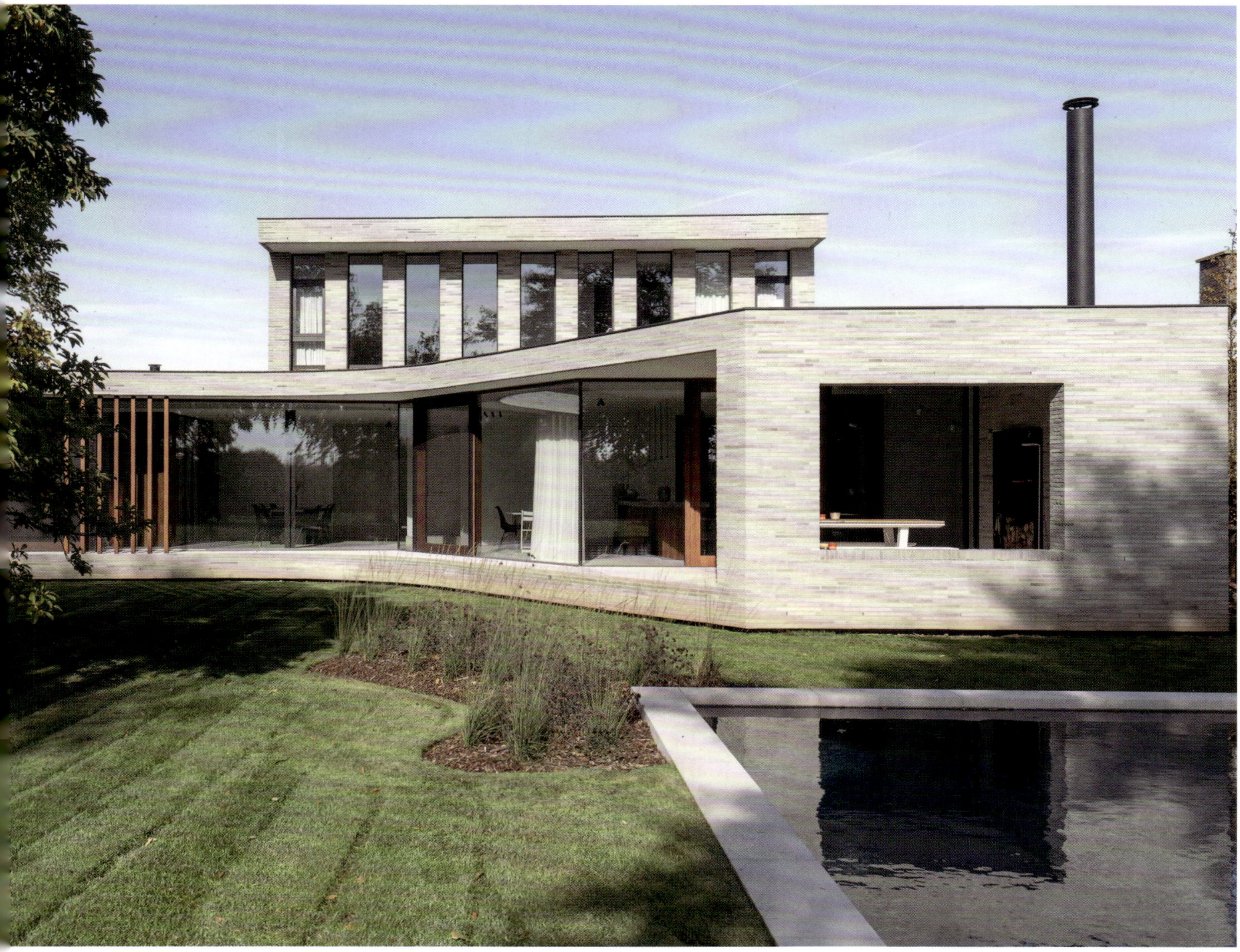

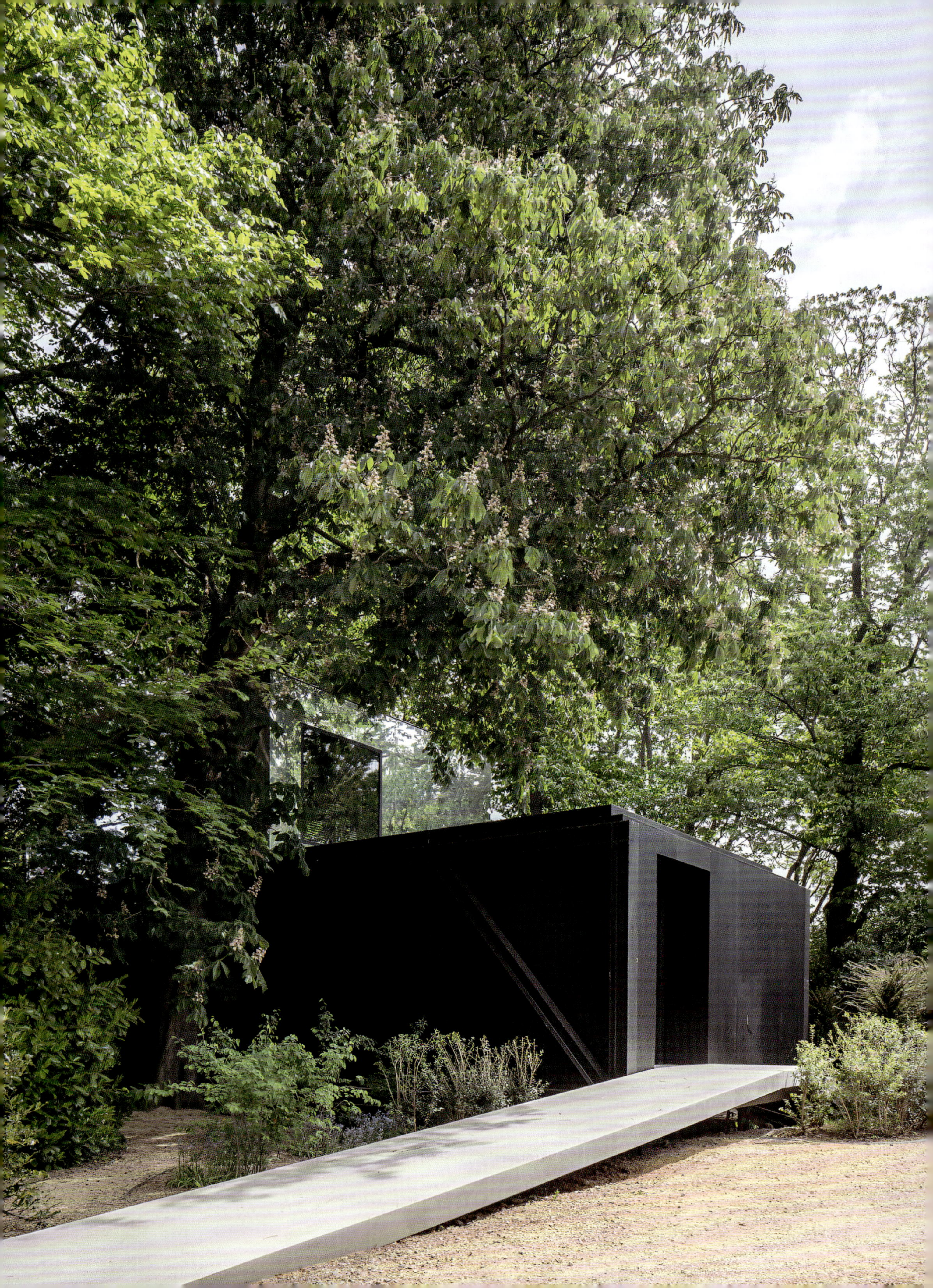

House L, Sint-Amandsberg, Belgium, 2022

The low, elongated pavilion is so tightly surrounded by lush vegetation that it is nearly invisible, as is the top cubic volume with a reflective outer shell. The exposed steel structure acts as a bridge to protect the existing roots of the trees.

Dit lage, langgerekte paviljoen is zo nauw omringd door weelderige vegetatie dat het bijna onzichtbaar is, net als het bovenste kubieke volume met zijn reflecterende buitenschil. De zichtbare staalconstructie fungeert als een brugconstructie en beschermt de aanwezige wortels van de bomen.

Ce pavillon en longueur est enchâssé dans la végétation au point d'être presque invisible, même avec son volume cubique supérieur et son revêtement réfléchissant. La structure métallique apparente fonctionne comme un pont et protège les racines existantes des arbres.

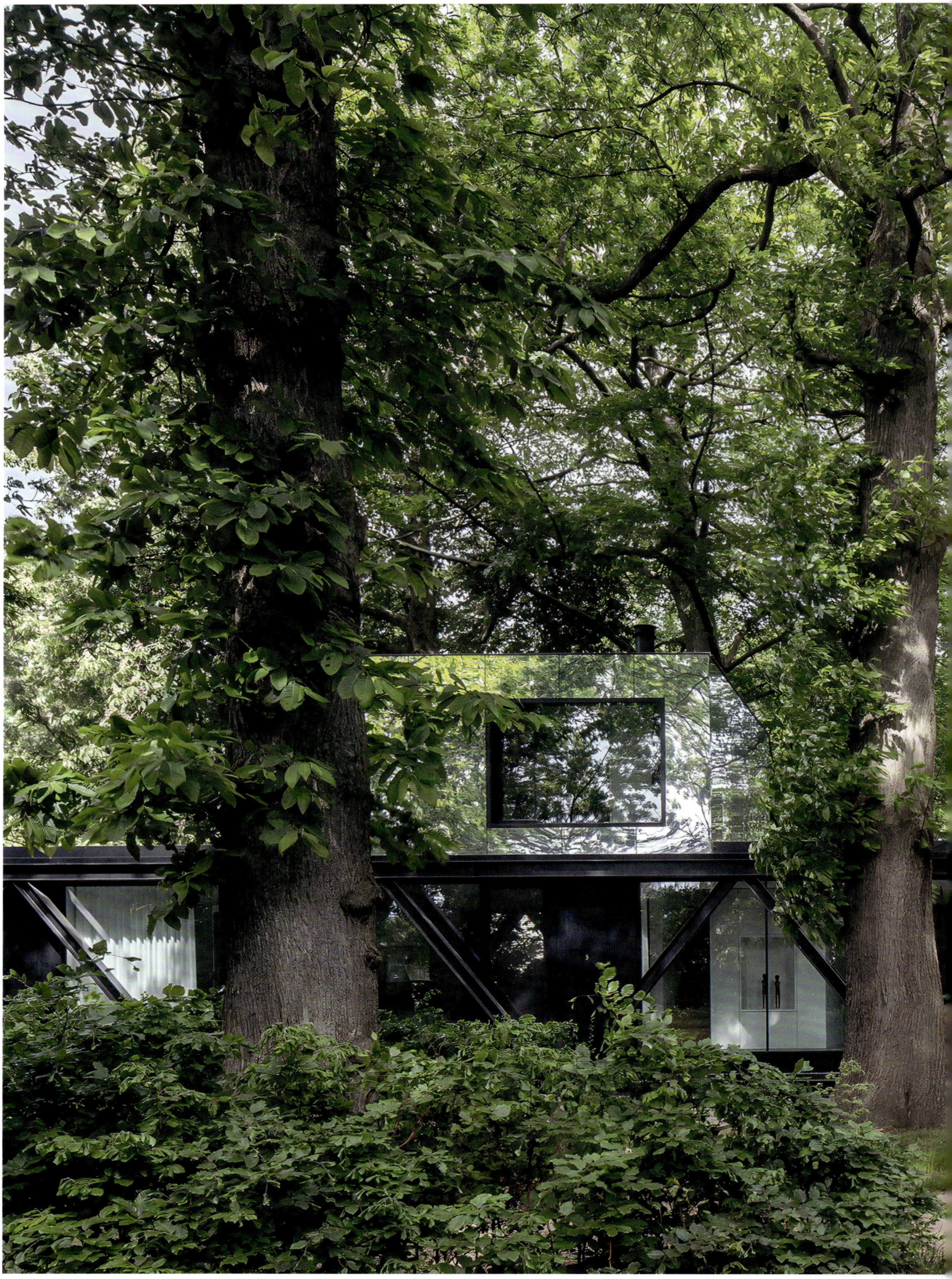

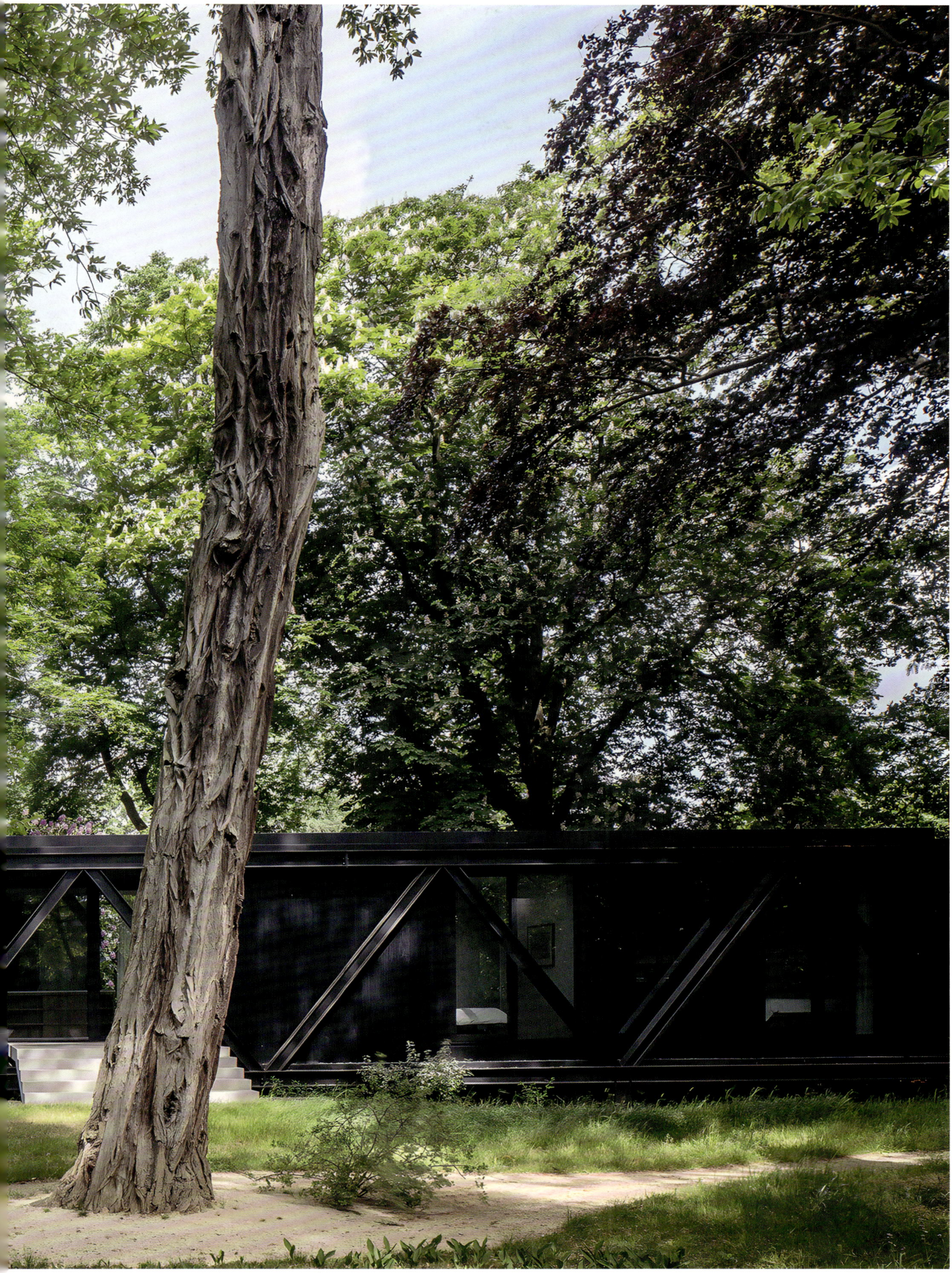

ATELIER TOM VANHEE

"We stand for durable and flexible architecture," states Tom Vanhee, founder of the eponymous Brussels-based atelier. "Durability begins with making buildings which do not need big changes in the future." Aiming to stimulate people with good architecture but also envision buildings with a social conscience that will bring added value to both spaces and people, the studio realises a diverse range of projects, including renovations that require an architectural philosophy tailored to the historical building. For the architects it is very important to choose the right balance between materials, textures and colours to create a suitable atmosphere and poetic yet functional spaces.

'Wij staan voor duurzame en flexibele architectuur,' zegt Tom Vanhee, oprichter van het Brusselse atelier dat zijn naam draagt. 'En duurzaamheid begint bij gebouwen die in de toekomst geen grote aanpassingen meer behoeven.' Het bureau wil niet alleen inspireren met goede architectuur, maar ook gebouwen neerzetten met een sociaal geweten, die een meerwaarde bieden aan ruimtes en mensen. Naast uiteenlopende bouwprojecten voeren de architecten ook renovaties uit, waarbij de filosofie telkens moet worden afgestemd op het historische gebouw. Ze hechten veel belang aan de juiste balans tussen materialen, texturen en kleuren om een passende sfeer te creëren in poëtische, maar functionele ruimtes.

« Nous défendons une architecture durable et flexible », déclare Tom Vanhee, fondateur de ce bureau bruxellois. « La durabilité débute par des constructions qui ne nécessiteront pas de modifications d'ampleur à l'avenir. » Voulant stimuler ses clients par une bonne architecture, mais aussi concevoir des bâtiments à caractère social, qui apportent une valeur ajoutée aux espaces et à leurs occupants, le studio réalise des projets variés, dont des rénovations nécessitant une vision de l'architecture adaptée aux édifices historiques. Les architectes jugent que le bon équilibre entre matériaux, textures et couleurs est essentiel pour obtenir l'atmosphère adaptée et des espaces à la fois poétiques et fonctionnels.

House with writing shed, Ghent, Belgium, 2020

Following the staggered arrangement of buildings on the street, the house is made of three gable-roofed volumes, each one pushed back in relation to the previous. The layout of the interiors is equally dynamic and spans across all three parts.

In navolging van de verspringende opstelling van de andere huizen in de straat bestaat deze woning uit drie zadeldakvolumes die telkens naar achteren verschoven zijn. De indeling van de interieurs is al even dynamisch, met grote raampartijen die uitzicht bieden op de tuin en de schrijfschuur - die ook een eigen zadeldak heeft.

Suivant la disposition en quinconce des bâtiments de la rue, la maison se compose de trois volumes à toit en pignon, chacun décalé par rapport à l'autre. L'agencement des intérieurs est tout aussi dynamique et s'étend sur les trois parties.

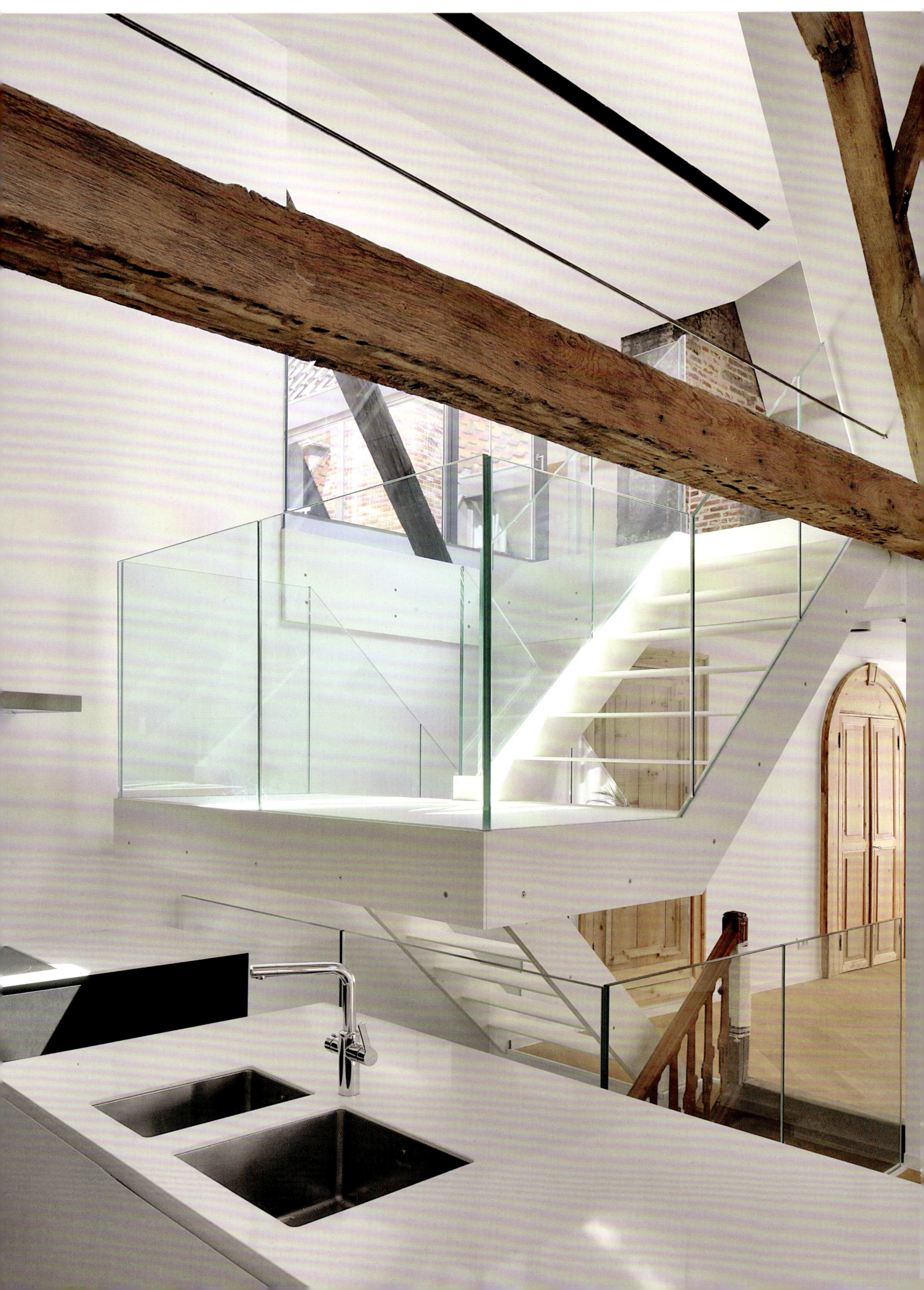

17th-century residence, Bruges, Belgium, 2017

The architects have succeeded in preserving the precious character of the existing building while adding a contemporary twist in the form of a square opening. The original wooden structural beams become decorative elements while a modern metal staircase leads to previously unused attics and a newly created roof terrace.

De architecten zijn erin geslaagd het waardevolle karakter van het bestaande gebouw te behouden en er tegelijkertijd een eigentijdse wending aan te geven in de vorm van een vierkante opening. De originele houten structurele balken zijn decoratieve elementen geworden, terwijl een moderne metalen trap leidt naar voorheen ongebruikte zolderruimtes en een nieuw dakterras.

Les architectes ont réussi à préserver les qualités de l'ancien bâtiment tout en y ajoutant une touche contemporaine avec une ouverture carrée. Les poutres de la structure d'origine en bois sont devenues des éléments décoratifs, alors qu'un escalier contemporain en métal mène aux greniers auparavant inusités et à une nouvelle terrasse sur le toit.

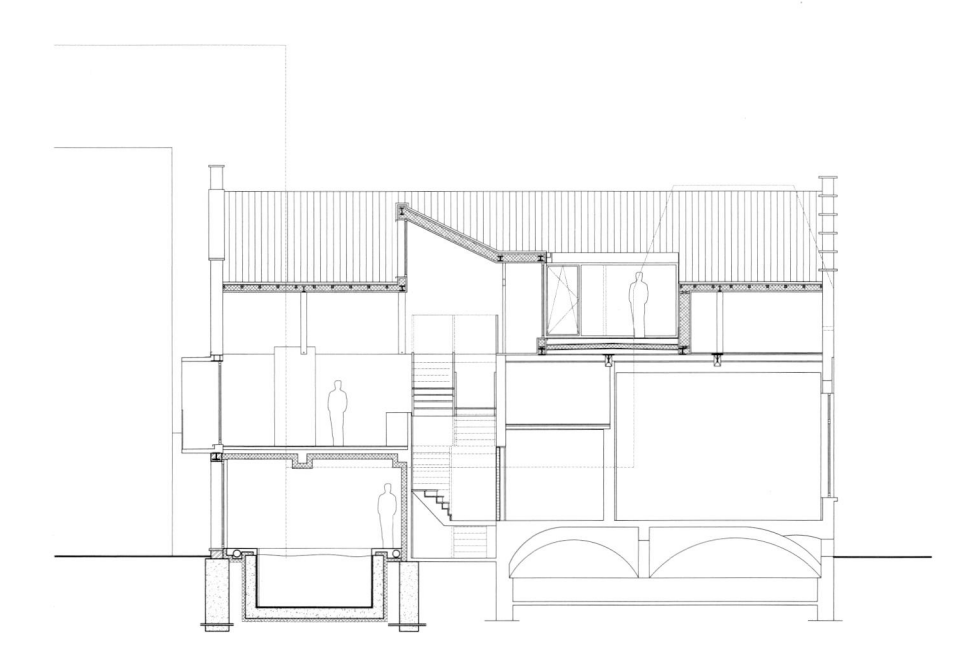

Community Centre, Westvleteren, Belgium, 2012

The impressive patchwork of different types of bricks reveals the long history of the building, which combines community facilities with a library as well as rooms for a youth club. The architects covered the volume with a new roof to enhance the sense of space.

Een indrukwekkende lappendeken van verschillende soorten bakstenen verraadt de lange geschiedenis van het gebouw, dat gemeenschapsvoorzieningen combineert met een bibliotheek en ruimtes voor een jeugdclub. De architecten voorzagen het volume van een nieuw dak om het gevoel van ruimte te versterken.

Le remarquable assemblage de briques de tous types témoigne du passé de ce bâtiment abritant des lieux collectifs, dont une bibliothèque et les salles d'un club pour jeunes. Les architectes ont doté l'ensemble d'un nouveau toit pour renforcer l'impression d'espace.

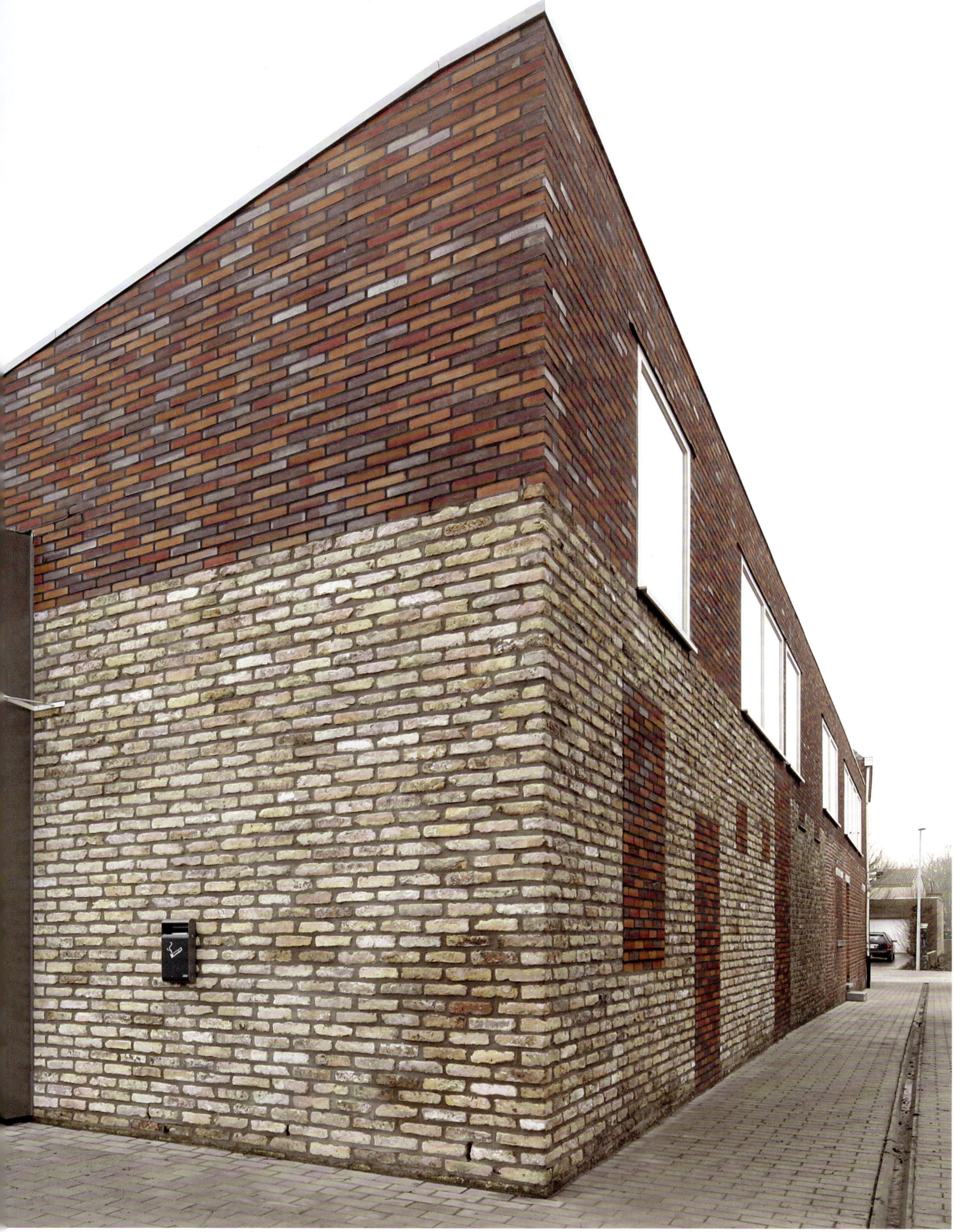

CALLEBAUT ARCHITECTEN

Established by Wouter Callebaut, the studio is based in Drongen, Ghent, and specialises in renovations and restorations of historical buildings. The architects' portfolio is filled with ambitious projects that demonstrate their sensitive approach to centuries-old heritage. While their meticulous work brings glamour to listed architecture, their conversions introduce numerous contemporary elements. In a perfect balance between old and new, the original fabric is strikingly restored and modern interventions seamlessly realised. The studio describes its philosophy as 'dynamic preservation', where all superfluous elements are removed, an authentic atmosphere restored, and buildings adjusted to new functions and modern standards. Sustainability and quality are always at the core of each project.

Dit door Wouter Callebaut opgerichte bureau in het Gentse Drongen is gespecialiseerd in renovaties en restauraties van historische gebouwen. Het kan bogen op een rijk portfolio aan ambitieuze projecten die blijk geven van een gevoelige benadering van eeuwenoud erfgoed. Met nauwgezette ingrepen geven de architecten weer cachet aan beschermde architectuur, waarbij ook tal van hedendaagse elementen worden toegevoegd. Zo wordt de originele constructie knap hersteld en worden moderne ingrepen naadloos verweven in een perfecte balans tussen oud en nieuw. Het bureau omschrijft die filosofie als 'dynamisch behoud', waarbij alle overbodige elementen worden weggehaald, de authentieke sfeer wordt hersteld en gebouwen worden aangepast aan nieuwe functies en moderne maatstaven. Duurzaamheid en kwaliteit staan bij ieder project centraal.

Fondé par Wouter Callebaut, ce studio établi à Gand, quartier de Drongen, rénove et restaure des bâtiments historiques. Son catalogue aligne les projets prestigieux témoignant de son sens du patrimoine. Son travail méticuleux redonne de l'éclat à l'architecture classée alors que ses transformations introduisent nombre d'éléments contemporains. Dans un équilibre parfait entre ancien et nouveau, la construction d'origine est restaurée avec soin et les ajouts modernes sont réalisés en toute transparence. Le bureau préconise une «préservation dynamique» qui élimine tous les éléments superflus, redonne une atmosphère authentique et adapte les bâtiments à de nouvelles fonctions et aux normes actuelles. Durabilité et qualité sont toujours au cœur du projet.

Jachtopzienerswoning, Sint-Denijs-Westrem, Belgium, 2010

In order to celebrate the charm of this 250-year-old gamekeeper's cottage, the architects have preserved its original features, including beams and shutters, and added only subtle interventions and minimalist furnishing to the existing building.

Om de charme van dit 250 jaar oude jachtopzienershuisje in ere te houden, hebben de architecten originele elementen als balken en luiken behouden, en de bestaande constructie enkel aangevuld met subtiele ingrepen en minimalistische meubels.

Afin de célébrer le charme de cette maison de garde-chasse vieille de 250 ans, les architectes ont préservé ses caractéristiques d'origine, entre autres ses poutres et ses volets, ne procédant qu'à des ajouts subtils et la dotant d'un ameublement minimaliste.

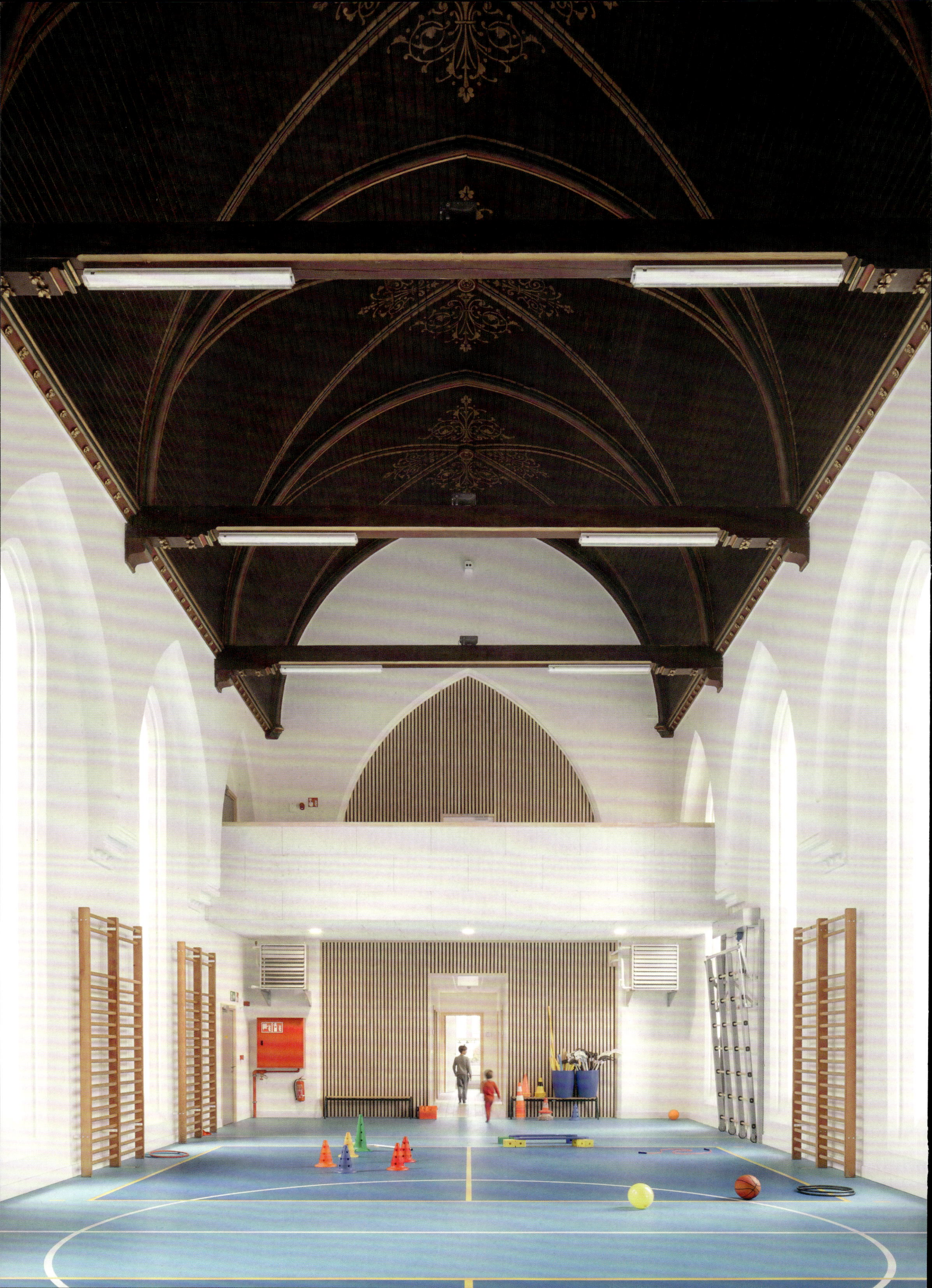

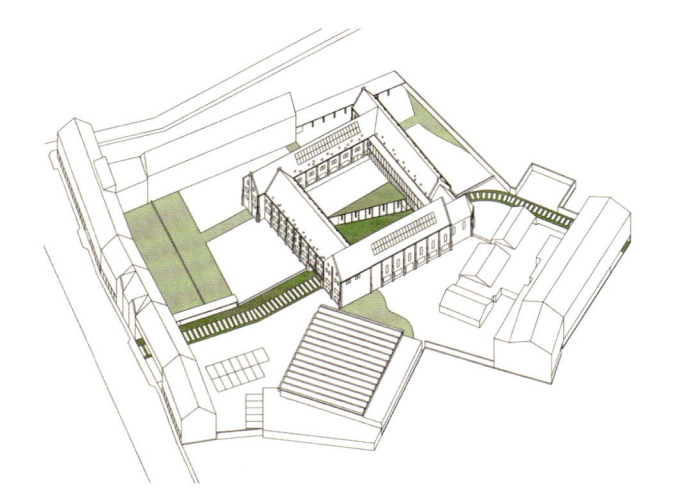

Sint-Lievenspoort, Ghent, Belgium, 2016

The complex of the former Convent of the Sisters of Charity of Jesus and Mary, built in 1877, has been transformed into a nursery and primary school. The renovation, in collaboration with EVR-Architects, gave the neo-Gothic buildings a subtle modern twist adapted to contemporary requirements.

Een complex van het voormalige klooster van de Zusters van Liefde van Jezus en Maria uit 1877 is omgevormd tot een kleuter- en lagere school. Bij de renovatie, in samenwerking met EVR-Architects, werden de neogotische gebouwen met een subtiele moderne toets aangepast aan de noden van deze tijd.

Le complexe de l'ancien couvent des Sœurs de la Charité de Jésus et de Marie, construit en 1877, a été transformé en école maternelle et primaire. La rénovation, en collaboration avec EVR-Architects, a donné aux bâtiments néo-gothiques une subtile touche moderne adaptée aux exigences contemporaines.

Woning Roelants, Sint-Martens-Lennik, Belgium, 2017

A thorough renovation of the modernist house originally belonging to writer and curator Maurice Roelants, and designed in the early 1960s by esteemed Willy Van Der Meeren, preserved the beauty of the original concrete structure and solved any problematic issues that had arisen across the decades.

Dit modernistische huis behoorde oorspronkelijk toe aan schrijver en curator Maurice Roelants en werd begin jaren zestig ontworpen door de gewaardeerde architect Willy Van Der Meeren. Enkele problemen die in de loop van de decennia waren opgedoken werden bij de grondige renovatie opgelost, maar de schoonheid van de oorspronkelijke betonnen structuur bleef bewaard.

La rénovation complète de cette maison moderniste, conçue au début des années 1960 par Willy Van Der Meeren pour l'écrivain et conservateur de musée Maurice Roelants, a permis de préserver la beauté de la structure d'origine en béton et de résoudre tous les problèmes qui s'étaient accumulés au fil des décennies.

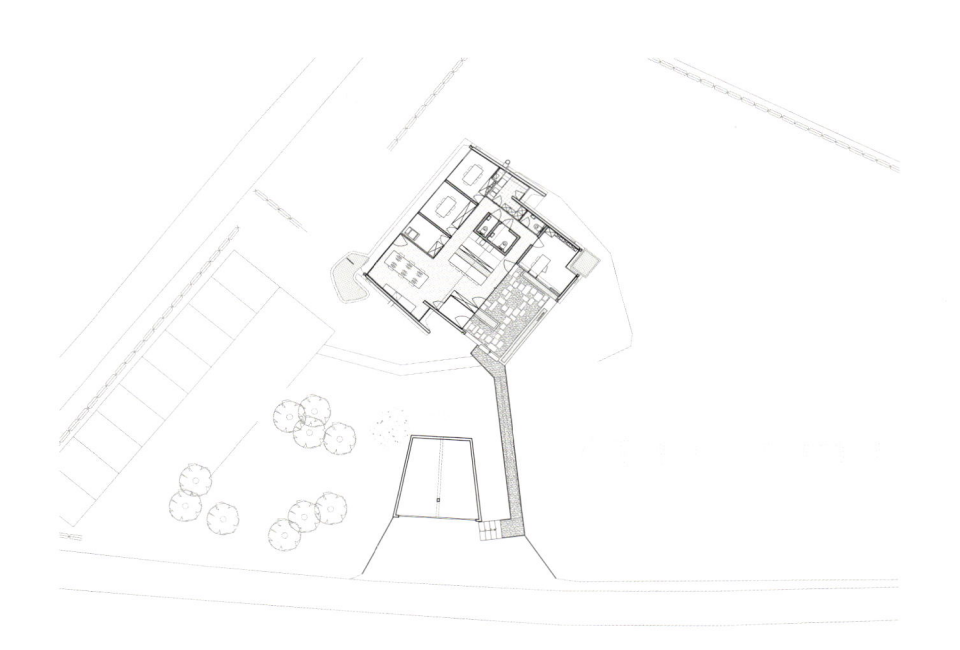

CALLEBAUT ARCHITECTEN

129

DDS+

Founded in 2006, this studio with offices in Brussels and Antwerp puts emphasis on creative teamwork. Its portfolio is dominated by challenging architectural and urban planning projects that require truly innovative and inventive treatment. With a focus on sustainability, the architects work on a range of products at various scales and with mixed programmes. For both renovation projects and new construction, the goal is diversification and harmony, with each realisation informed by the context and adapted to new ways of living and working. The DDS+ architects says they "promote and defend an ethical approach to architecture and an inspiring urban environment."

Dit in 2006 opgerichte bureau met kantoren in Brussel en Antwerpen legt de nadruk op creatief teamwerk. Het is gespecialiseerd in uitdagende architectonische en stedenbouwkundige opdrachten die een werkelijk innovatieve en inventieve aanpak vereisen. De architecten dragen duurzaamheid hoog in het vaandel en werken aan uiteenlopende projecten, op grote en kleine schaal en met verschillende bestemmingen. Bij renovaties zowel als bij nieuwbouw streven ze naar diversifiëring en harmonie, waarbij telkens rekening wordt gehouden met de context en ruimte wordt gemaakt voor nieuwe vormen van wonen en werken. De architecten van DDS+ 'streven naar ethisch verantwoorde architectuur en geïnspireerd stedelijk wonen'.

Fondé en 2006, ce cabinet établi à Bruxelles et Anvers prône un travail d'équipe créatif. Son portfolio présente nombre de projets architecturaux et urbanistiques ambitieux nécessitant une approche innovante et inventive. En mettant en avant la durabilité, les architectes travaillent à différentes échelles avec toute une gamme de matériaux sur des programmes mixtes. Qu'il s'agisse de rénovations ou de nouvelles réalisations, l'objectif est la diversification dans l'harmonie, chaque projet tenant compte des lieux et s'adaptant aux nouveaux modes de vie et de travail. Les architectes de DDS+ promeuvent une approche éthique de l'architecture et un environnement urbain motivant.

The Mint, Brussels, Belgium, 2017

The renovation and redevelopment of the city's iconic Centre Monnaie resulted in an innovative mix of shops and a metro station entrance. The dynamic volume, with great vistas towards the city and facing out on open public space, has regained its glamour.

De renovatie en herontwikkeling van het iconische Brusselse Muntcentrum resulteerde in een innovatieve mix van winkels en de ingang van een metrostation. Het dynamische volume, dat een prachtig uitzicht biedt op de stad en uitgeeft op openbare ruimte, heeft zijn glamour teruggekregen.

La rénovation et le réaménagement du célèbre Centre Monnaie ont abouti à un ensemble innovant de boutiques avec une entrée de station de métro. Ce bâtiment en courbes, offrant des vues panoramiques et donnant sur une place ouverte, a retrouvé tout son éclat.

Site Van Oost, Brussels, Belgium, 2018

Part of a sustainable development plan for the municipality of Schaerbeek, the project swiftly incorporates contemporary volumes into the district's 19th-century fabric. Two school buildings with a sports hall and 11 apartments become a playful yet harmonious element of the residential neighbourhood.

Als deel van een duurzaam ontwikkelingsplan voor de gemeente Schaarbeek integreert dit project hedendaagse volumes in het 19de-eeuwse architecturale erfgoed van de gemeente. Twee schoolgebouwen, een sporthal en elf appartementen worden een speels maar harmoniërend onderdeel van de woonwijk.

Lié à un plan de développement durable de la commune de Schaerbeek, ce projet a soudainement introduit des lignes contemporaines dans ce quartier datant du XIXe siècle. Deux bâtiments scolaires avec une salle de sport et onze appartements sont devenus un élément ludique et harmonieux de ce quartier résidentiel.

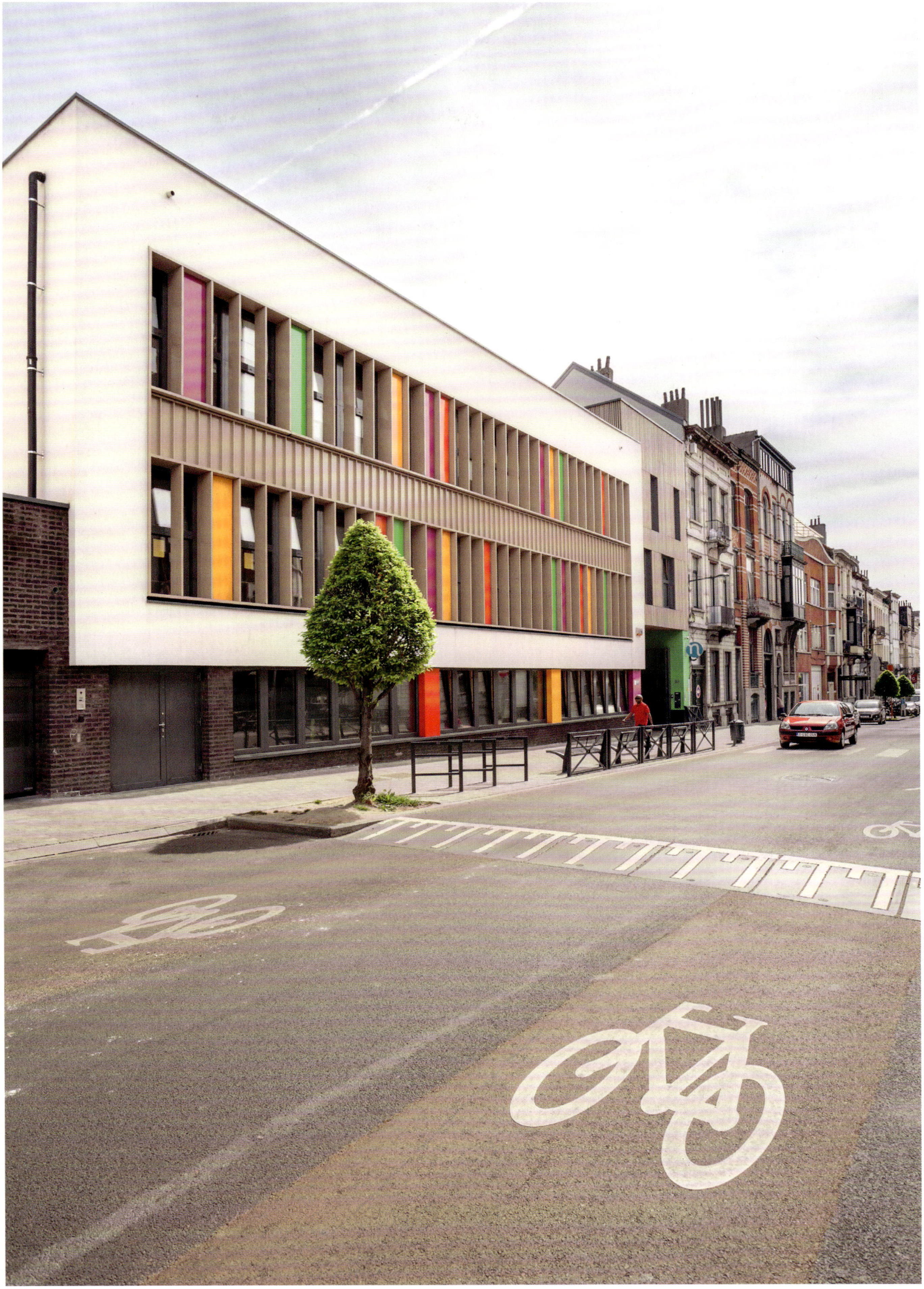

Palatium, Brussels, Belgium, 2018

The Palatium represents an interesting combination of the renovation and conversion of two office buildings into a complex including more than 100 apartments and three office units. The wavy balconies and roof terraces allow residents to enjoy the historical neighbourhood in the heart of Brussels.

Het Palatium is een interessante combinatie van renovatie en herbestemming. Twee kantoorgebouwen zijn omgevormd tot een complex met ruim honderd appartementen en drie kantooreenheden. De golvende balkons en dakterrassen laten de bewoners genieten van de historische buurt in hartje Brussel.

Le Palatium représente une combinaison intéressante de rénovation et de reconversion de deux immeubles de bureaux en un complexe comprenant plus de cent appartements et trois unités de bureaux. Les balcons en courbes et les toits-terrasses permettent aux résidents de profiter de ce quartier historique au cœur de Bruxelles.

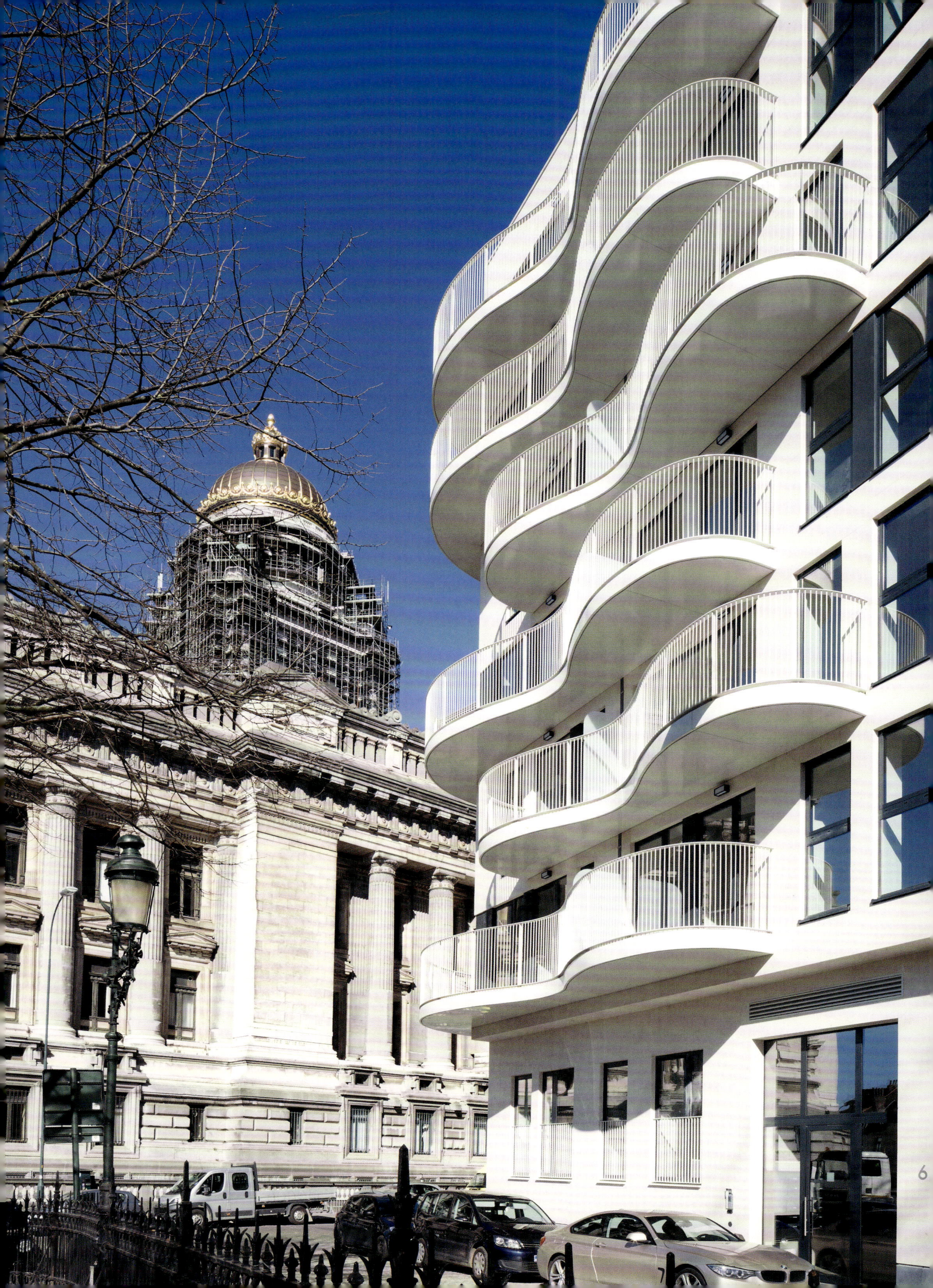
6

DELMULLE DELMULLE ARCHITECTEN

Established by Frank Delmulle and Seger Delmulle, the practice is based in Petegem-aan-de-Schelde, East Flanders. The multidisciplinary studio focuses on environments and the effects that buildings have on their surroundings. Beyond working within one particular style, the architects aim to achieve a perfect balance between historical architecture and contemporary interventions, as their visions bridge the then and now. Through their thoughtful design, they wish to upgrade the existing context, not only aesthetically but also functionally. 'Exploring and developing current possibilities and creating new perspectives on our realised projects is how we see sustainability,' they state.

Dit multidisciplinaire architectenkantoor in het Oost-Vlaamse Petegem-aan-de-Schelde is opgericht door vader en zoon Frank en Seger Delmulle. Hun visie is gericht op omgevingen en de effecten van gebouwen op hun omgeving. Ze werken niet binnen één bepaalde stijl maar streven naar een perfecte balans tussen historische architectuur en hedendaagse ingrepen en willen een brug slaan tussen toen en nu. Met doordachte ontwerpen willen ze een meerwaarde creëren voor de bestaande context, zowel esthetisch als functioneel. Duurzaamheid betekent voor hen 'onderzoek naar en het ontwikkelen van daadwerkelijke mogelijkheden en het creëren van nieuwe perspectieven in de dagelijkse (gerealiseerde) projecten'. Ook het gebruik van milieuvriendelijke materialen is een belangrijk aspect van hun werk.

Ce cabinet fondé par Frank et Seger Delmulle, est établi à Peteghem-sur-l'Escaut, en Flandre orientale. Multidisciplinaire, il se concentre sur les environnements urbains et les effets que les bâtiments exercent sur eux. Au-delà d'un style particulier, les architectes visent l'équilibre parfait entre tissu historique et interventions contemporaines, avec pour objet de relier passé et présent. Leurs plans pensés avec soin ont pour but d'améliorer l'existant d'un point de vue esthétique, mais aussi fonctionnel. «Explorer et développer les possibilités actuelles et créer de nouvelles perspectives pour les projets que nous réalisons, c'est ainsi que nous concevons la durabilité», expliquent-ils. Le recours à des matériaux respectueux de l'environnement est une autre facette essentielle de leur travail.

Shutterflats, Waregem, Belgium, 2016

Defined by the rhythmic order of the semi-transparent sliding shutters, which subtly provide privacy and act as sunscreens, the façade always looks a bit different. The light structure made of natural materials creates a harmonious relationship with the historical context.

Door het ritme van de halfdoorzichtige schuifpanelen, die de bewoners privacy en schaduw bieden, ziet de gevel van dit appartementsgebouw er altijd weer een beetje anders uit. De lichte structuur van natuurlijke materialen is in harmonie met de historische context.

Rythmée par des volets coulissants et filtrants qui assurent l'intimité des occupants et font office de pare-soleils, la façade apparaît toujours légèrement différente. La structure légère en matériaux naturels dialogue harmonieusement avec l'environnement historique.

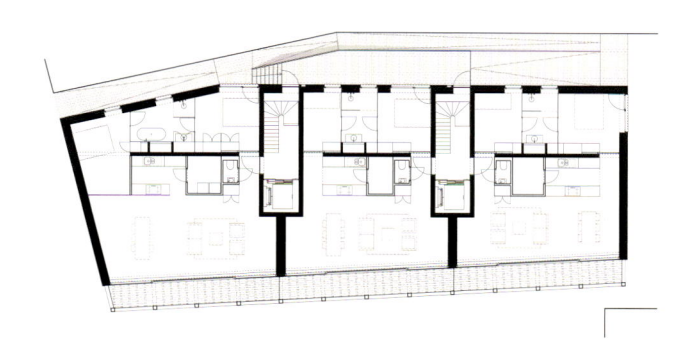

Rag Doll Cottage, Knokke-Heist, Belgium, 2020

Sitting on a dune in an old coastal district, this listed house has been literally cut horizontally. The architects allowed the historical top floors to float on steel posts and replaced the ground floor with a transparent structure surrounded by a circular terrace.

Deze beschermde woning op een duin in een oude wijk van de kustgemeente werd letterlijk horizontaal doorgesneden. De architecten lieten de historische bovenverdiepingen op stalen palen zweven en vervingen de begane grond door een transparante structuur omgeven door een rond terras.

Située sur une dune, cette maison classée d'un ancien quartier littoral a été comme coupée à l'horizontale. Les anciens étages supérieurs flottent désormais sur des piliers en acier, une structure transparente entourée d'une terrasse ayant remplacé le rez-de-chaussée.

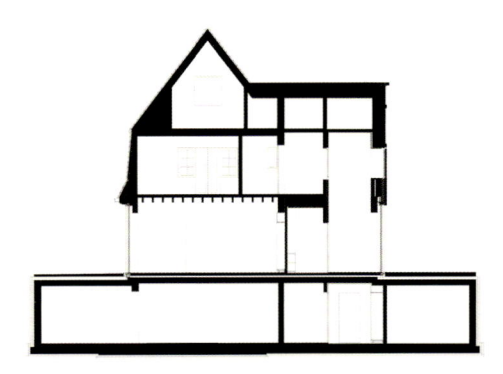

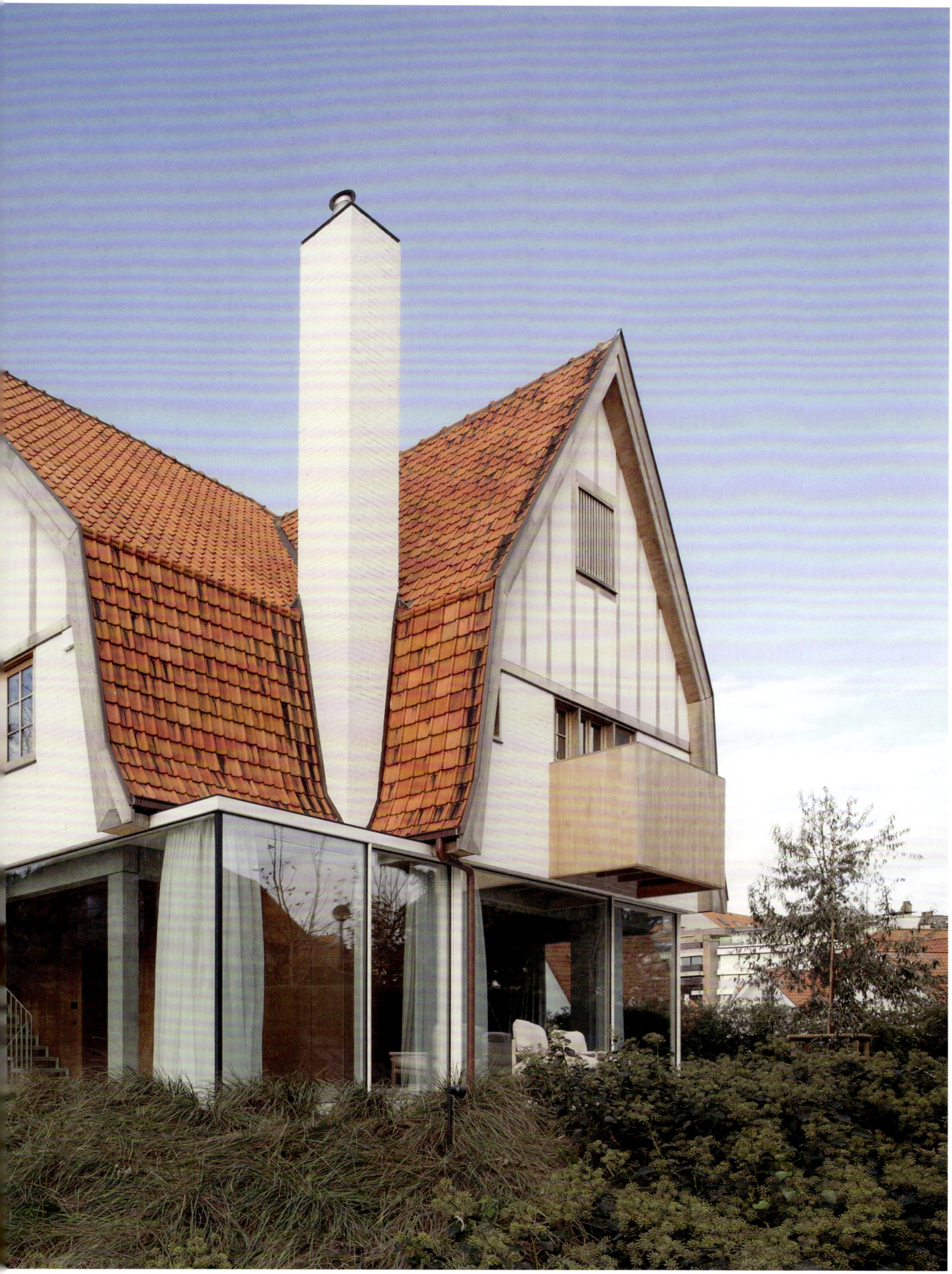

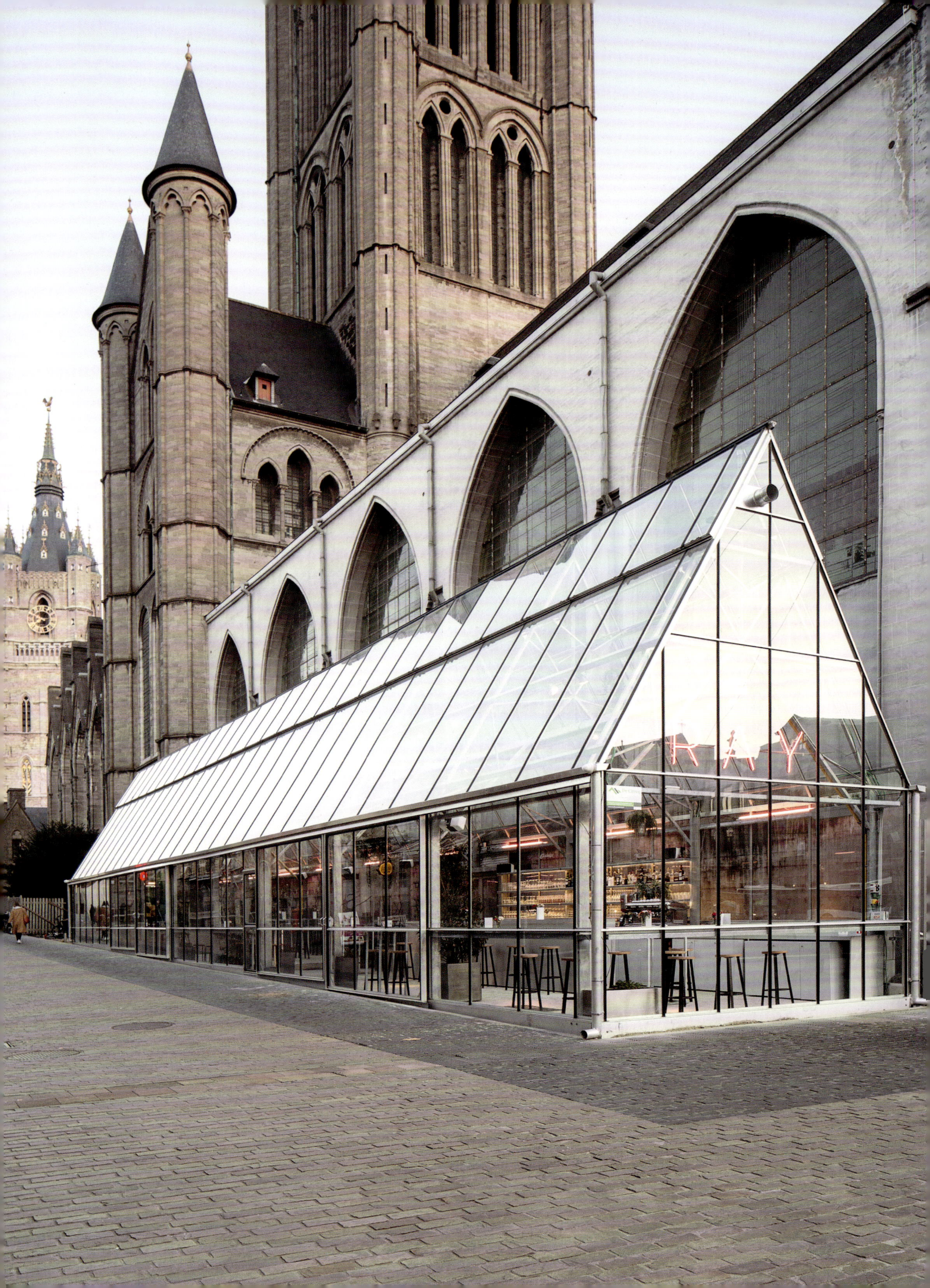

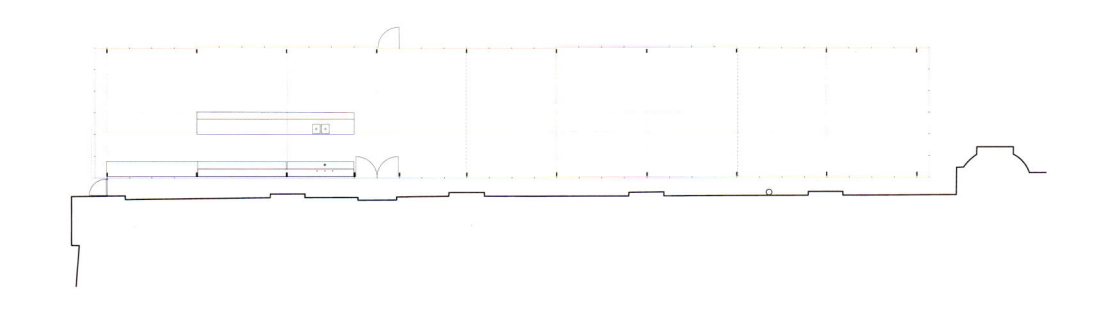

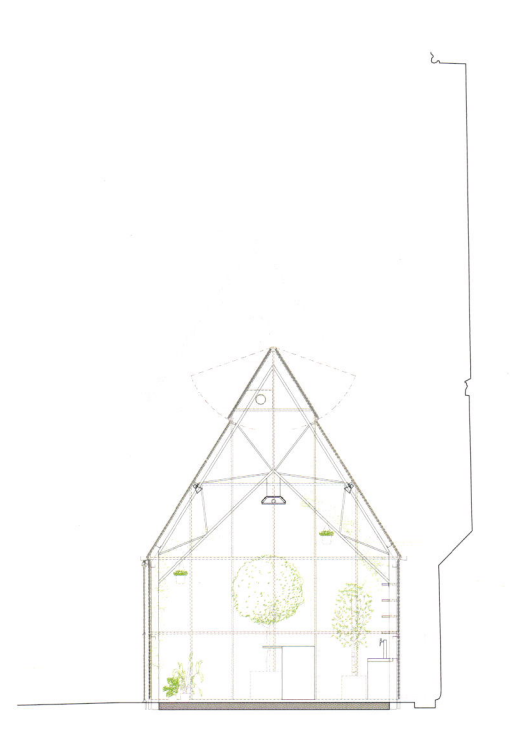

Ray Urban Greenhouse, Ghent, Belgium, 2017

Built using a typical greenhouse structure, Ray remains entirely transparent, which creates a visual symbiosis with its neighbouring Sint-Niklaas church. The architects based the slope of the roof of the glass construction on the sacristy of the church.

Ray is opgetrokken als een typische serreconstructie en is dan ook volledig transparant, waardoor een visuele symbiose ontstaat met de aanpalende Sint-Niklaaskerk. De helling van het dak van het glazen paviljoen is gebaseerd op die van de sacristie van de kerk.

Dotée d'une structure typique de serre, cette construction baptisée Ray est entièrement transparente et en symbiose visuelle avec l'église Saint-Nicolas voisine. La pente de son toit en verre reproduit celle de la toiture de la sacristie.

DMVA ARCHITECTEN

David Driesen and Tom Verschueren established dmvA – the name stands for 'door middel van Architectuur', which translates to 'by means of Architecture' – over two decades ago and their work ranges from public buildings and large-scale residential projects to private houses. They focus on complex urban design challenges in a historical context, always searching for cross-pollination between the old and new. Their main goal is to reuse some of the remaining elements from the past and put them in dialogue with the new, envisioned with respect for the existing architecture, yet innovatively. Aiming at achieving maximalism through minimalism, the studio does not have a defined style but instead a wide range of them.

Architectenkantoor dmvA – de naam staat voor 'door middel van Architectuur' – werd meer dan twee decennia geleden opgericht door David Driesen en Tom Verschueren. Hun werk gaat van openbare gebouwen en grootschalige woonprojecten tot privéwoningen. Ze houden van complexe stedelijke uitdagingen in een historische context en zijn steeds op zoek naar kruisbestuiving tussen oud en nieuw. Hun voornaamste ambitie is om elementen uit het verleden opnieuw te gebruiken en in dialoog te brengen met het nieuwe, dat met respect voor de bestaande architectuur, maar altijd op innovatieve wijze wordt geconcipieerd. Het bureau streeft naar maximalisme door middel van minimalisme en heeft niet één bepaalde stijl, maar een heel gamma aan stijlen.

Il y a plus de vingt ans, David Driesen et Tom Verschueren ont créé dmvA («door middel van Architectuur», c'est-à-dire «au moyen de l'architecture»). Leur travail va des bâtiments publics aux maisons privées, en passant par les projets résidentiels d'envergure. Ils se consacrent surtout aux défis complexes que posent les réalisations urbaines dans un contexte historique et recherchent toujours une interaction féconde entre l'ancien et le nouveau. Leur premier objectif est de réutiliser certains éléments anciens pour les faire dialoguer avec le nouveau, lequel est conçu dans le respect de l'architecture existante, tout en restant innovant. La quête d'effet maximum au travers du minimalisme conduit le studio à ne pas adopter de style défini mais à utiliser plutôt une large palette à sa disposition.

Nona Arts Centre, Mechelen, Belgium, 2020

This challenging location in a tightly planned urban fabric, with a medieval alley dividing the block, inspired innovative solutions for gaining more space. The renovation and extension of the arts centre unfolds in a series of patios and outdoor spaces, as well as in a new hall envisioned as a multifunctional concrete box.

Ook hier inspireerde een uitdagende locatie in een hecht stedelijk weefsel, met een middeleeuwse brandsteeg die het bouwblok in twee verdeelt, tot innovatieve oplossingen om ruimte te winnen. De renovatie en uitbreiding van het kunstencentrum kreeg vorm in een reeks patio's en openluchtruimtes en een nieuwe zaal die uitgevoerd is als een multifunctionele betonnen doos.

Cette localisation difficile dans un tissu urbain très dense, avec une ruelle médiévale divisant le bloc d'immeubles, a inspiré des solutions innovantes pour gagner de l'espace. La rénovation et l'extension du centre artistique se déploient à travers une série de patios et d'espaces extérieurs, ainsi que dans un nouveau hall conçu comme une boîte en béton multifonctionnelle.

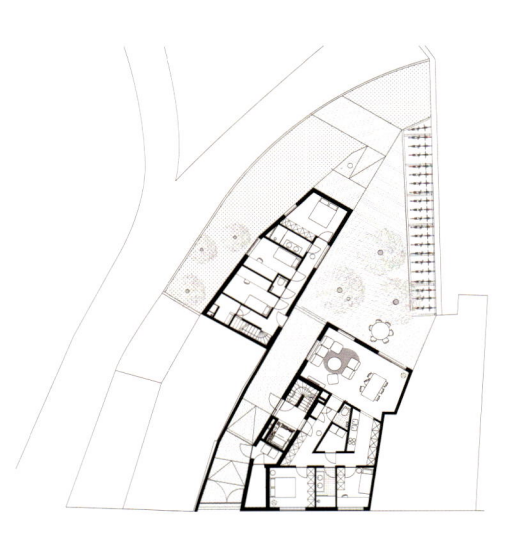

In De Stad, Mechelen, Belgium, 2021

The elegant six-apartment building fits perfectly into the narrow and irregular plot in the historic city centre. The contemporary infill structure - despite the white colour and very modern look that highlights the irregular placement of openings - is also in tune with the neighbouring 19th-century houses.

Een elegant gebouw met zes appartementen past perfect in het smalle en grillige perceel in het historische stadscentrum. De hedendaagse structuur, waarvan de volledig witte kleur de onregelmatige plaatsing van de openingen accentueert, harmonieert ondanks die moderne uitstraling met de aanpalende 19de-eeuwse huizen.

L'élégant bâtiment de six appartements s'intègre parfaitement à cette parcelle étroite et irrégulière du centre historique de la ville. Malgré sa couleur blanche et son apparence très moderne, qui souligne la disposition irrégulière des ouvertures, la structure contemporaine insérée ici dialogue harmonieusement avec les maisons voisines du XIXe siècle.

DMVA ARCHITECTEN

"The first principle of sustainability is
the preservation and reuse of valuable
historical buildings and the historical context."

Site Apostolinnen, Mechelen, Belgium, 2018

For this design, the architects converted the site of an old convent into a residential complex organised around a semi-public space connected by inner streets. The project involved the planning of a new building as well as restoration and renovation work, all based on extensive historical research to achieve a village-in-the-city feeling.

De site van een oud klooster werd omgebouwd tot een complex van wooneenheden rond een semipublieke ruimte, verbonden door binnenstraatjes. Op basis van uitgebreid historisch onderzoek werd nieuwbouw gecombineerd met renovatie en restauratie om het gevoel van een dorp in de stad te creëren.

Les architectes ont transformé le site d'un ancien couvent en un complexe résidentiel autour d'un espace semi-public relié par des rues intérieures. Ils ont associé un nouveau bâtiment à des travaux de restauration et de rénovation, en s'appuyant sur des recherches historiques approfondies afin de donner à l'ensemble l'aspect d'un village dans la ville.

- Guest house
  ~ worker's house, 20th century, neoclassicism
- Private house
  ~ Somerhuys, 17th century
- 8 student studios
  ~ warehouse, was part of the convent of the Apostolins, 18th century
- Triplex house
  ~ new building
- Triplex house
  ~ new building
- Triplex house
  ~ restored bay window house, 18th century
- Duplex (+2 & +3)
  ~ ground floor: commercial retail spaces, 19th century building building with modernist facade 1950's
- Duplex (+2 & +3)
  ~ ground floor: commercial spaces, 19th century building

"We believe Originality
Yields Opportunity.
This is the OYO way."

OYO ARCHITECTS

Ghent- and Barcelona-based OYO aims to design spaces that will have a positive impact and help their users thrive. While exploring and shaping new ways of living and working, the studio does not just wish to create aesthetic designs but also long-lasting structures able to foster community and a sense of belonging. The six key principles of the architects' process are: Creative Curiosity, Atmosphere Design, Inspiring Collectivity, Intense Collaboration, Positive Attitude, and Ecosystem Thinking. The last of these involves a holistic way of keeping all elements – including spatial, behavioural, economic and environmental – in perfect balance. "We consider livability, material life-cycle, carbon footprint, biodiversity and building performance in every step we take, ensuring a long-lasting positive outcome," states the studio founded by Eddy Soete and Nigel Jooren.

Het in Gent en Barcelona gevestigde OYO wil ruimtes met een positieve impact ontwerpen waar mensen goed kunnen leven. Door het verkennen en vormgeven van nieuwe manieren van leven en werken wil het bureau niet alleen esthetische ontwerpen creëren, maar ook duurzame structuren die het gevoel van gemeenschap en verbondenheid versterken. Daarbij huldigen de architecten zes principes: creatieve nieuwsgierigheid, sfeervol ontwerpen, inspirerende collectiviteit, intense samenwerking, een positieve houding en denken vanuit ecosystemen. Dat laatste is het holistische streven om alle elementen – ruimte, gedrag, economie, ecologie – perfect in balans te houden. In hun eigen woorden: 'We houden bij iedere stap rekening met leefbaarheid, de levenscyclus van materialen, de ecologische voetafdruk, biodiversiteit en de goede werking van het gebouw, om zo een langdurig positief resultaat te garanderen.'

Établie à Gand et Barcelone, l'agence OYO veut concevoir des espaces ayant un effet positif et épanouissant sur les usagers. Il s'agit d'explorer et façonner de nouveaux modes de vie et de travail, au profit de projets esthétiques, mais aussi de structures durables, favorisant communauté et sentiment d'appartenance. Les six principes de l'agence sont : curiosité créative, réflexion sur l'atmosphère, promotion du collectif, étroite collaboration, attitude positive et préservation des écosystèmes. Ce dernier implique une approche holistique pour un équilibre parfait entre les éléments spatiaux, comportementaux, économiques ou environnementaux. « À chaque étape, nous prenons garde à l'habitabilité, au cycle de vie des matériaux, à l'empreinte carbone, à la biodiversité et aux performances du bâtiment, pour assurer un résultat positif à long terme », déclarent les architectes.

Dune House, Oostduinkerke, Belgium, 2022

To create this sustainable coastal retreat embedded in the dunes, the architects re-imagined a historical building, preserving the unique atmosphere of the original timber-lined interiors. To enhance the inhabitants' experience, eco-friendly technologies such as solar panels were also installed.

Voor dit duurzame kustverblijf, ingebed in de duinen, werd een historisch gebouw helemaal herdacht. De unieke uitstraling van het originele met hout omzoomde interieur werd behouden. Milieuvriendelijke technologieën, waaronder zonnepanelen, verhogen het wooncomfort voor de bewoners.

Pour cette retraite côtière durable intégrée dans les dunes, les architectes ont repensé une ancienne construction en préservant l'atmosphère particulière de ses intérieurs en bois. Pour améliorer le quotidien des habitants, des dispositifs écologiques, parmi lesquels des panneaux solaires, ont aussi été installés.

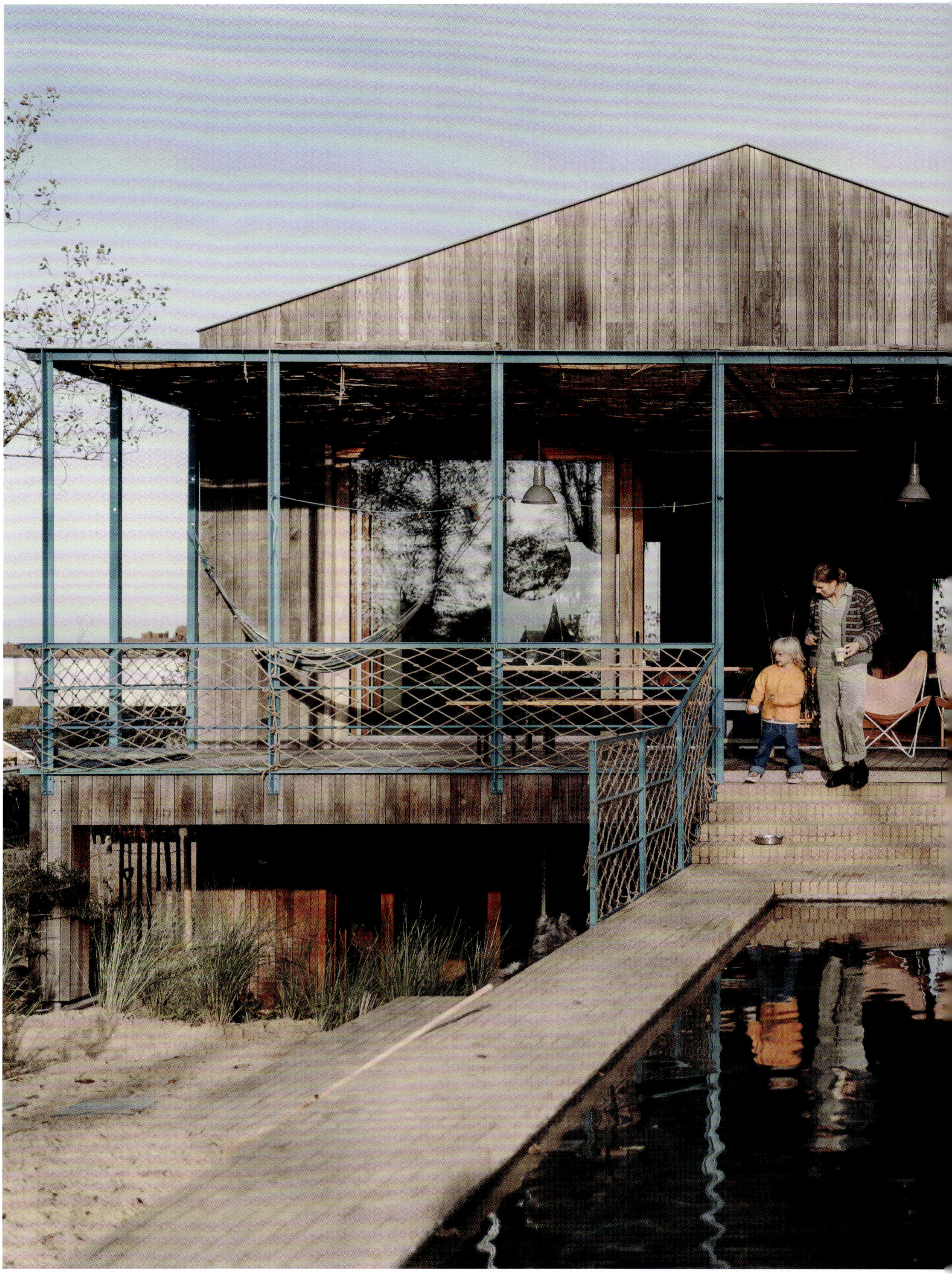

OYO ARCHITECTS

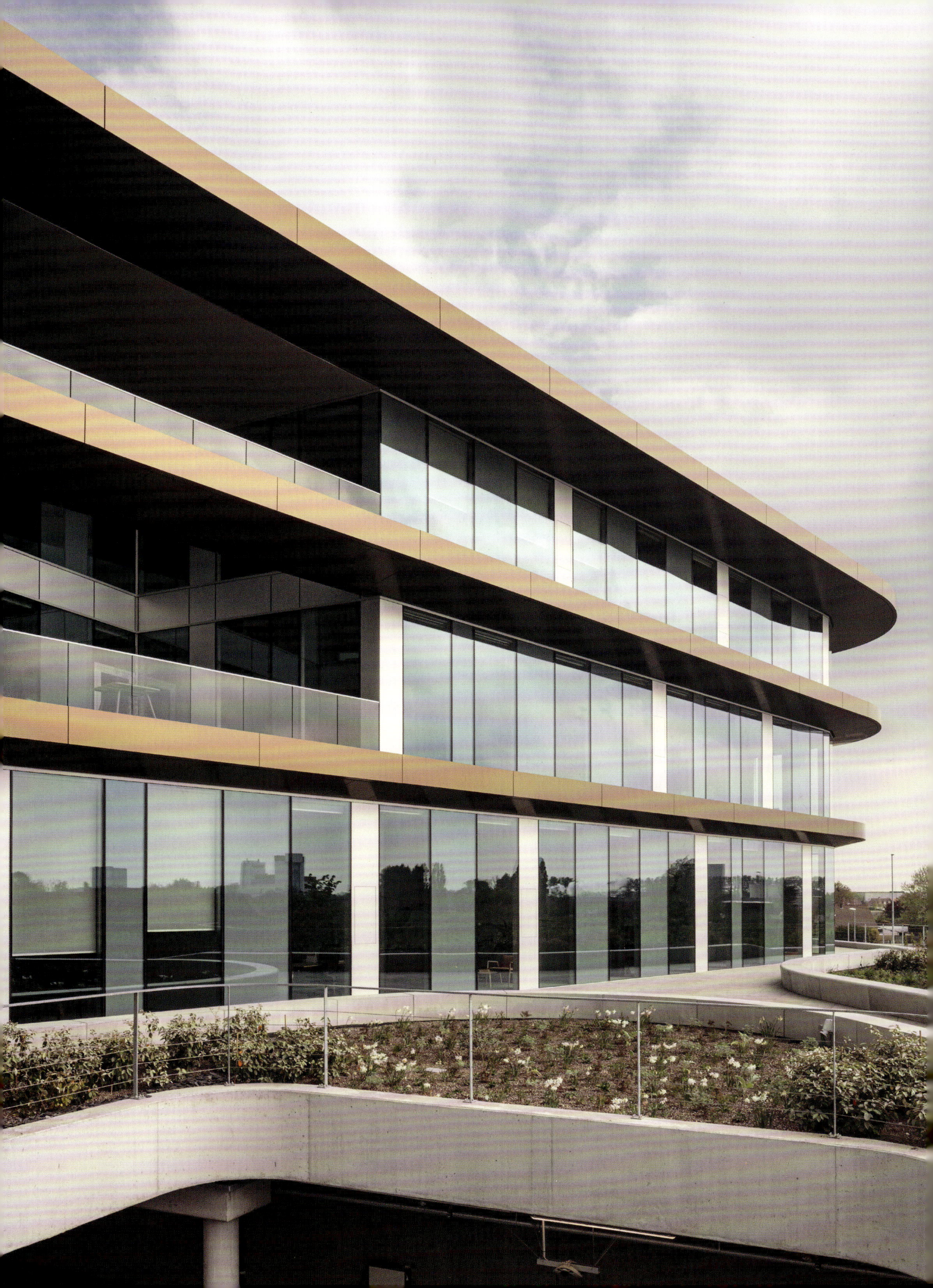

Agristo offices, Wielsbeke, Belgium, 2022

The architects made the best of a modest plot by combining a large office space with a car park, as well as impressive green terraces, encouraging biodiversity. The organic shape of the complex has been envisioned to follow the sunlight throughout the day.

De architecten maakten optimaal gebruik van een bescheiden perceel door een grote kantoorruimte met parking te voorzien van een indrukwekkende reeks tuinterrassen om de biodiversiteit te bevorderen, en een centraal atrium met veel licht en groen. De organische vorm van het complex volgt het zonlicht in de loop van de dag.

Les architectes ont tiré le meilleur parti de ce terrain aux dimensions modestes en associant un vaste espace de bureaux à un parking et à une série de terrasses spectaculaires favorisant la biodiversité. La forme organique de l'ensemble a été conçue pour bénéficier d'un ensoleillement optimal tout au long de la journée.

Football Stadium, Knokke, Belgium, 2020

The Knokke Olivier Stadion Masterplan included designing new buildings: a gym hall, soccer building, and hockey club with a unified outer steel grid. The architects left the park entirely open to engage a wide audience and made use of the existing concrete grandstand.

Het Masterplan Stadion Olivier in Knokke voorzag de creatie van een aantal nieuwe gebouwen: een gymzaal, een voetbalgebouw en een hockeyclub, elk met een herkenbare stalen raamconstructie. De architecten behielden ook de betonnen tribune en lieten het park volledig open om een zo breed mogelijk publiek te verwelkomen.

Le plan directeur de l'Olivier Stadion de Knokke supposait de concevoir de nouveaux espaces : une salle de gymnastique, un bâtiment dédié au football et un club de hockey avec une structure extérieure homogène en acier. Les architectes ont rénové l'ancienne tribune en béton et supprimé les barrières et clôtures existantes, laissant le parc entièrement ouvert afin d'attirer un large public.

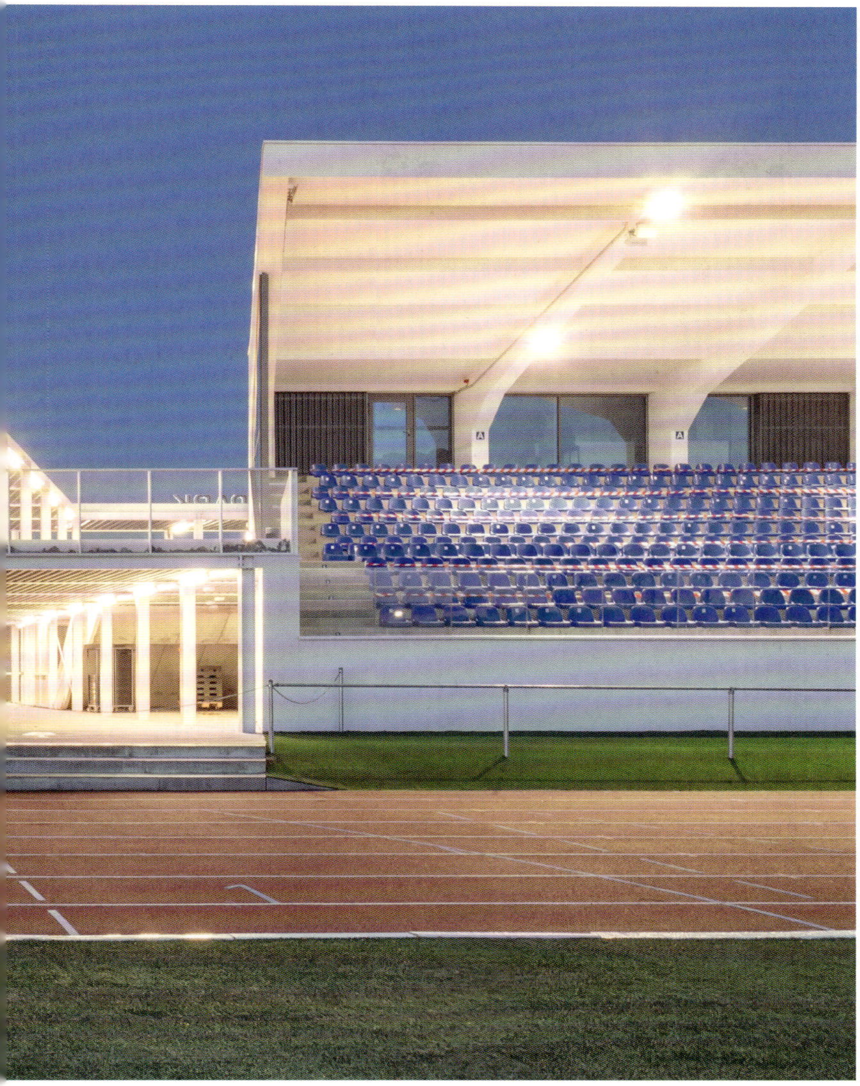

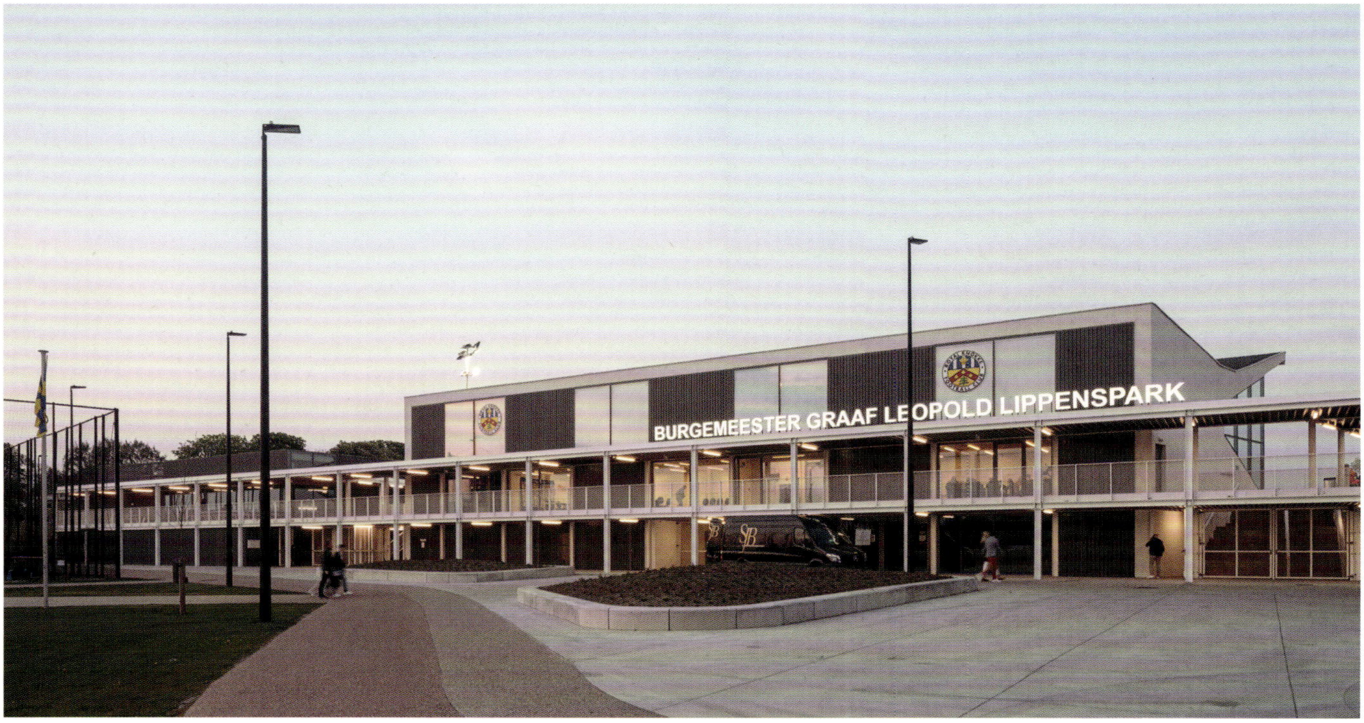
BURGEMEESTER GRAAF LEOPOLD LIPPENSPARK

ALT ARCHITECTUUR

The Ghent-based practice (formerly known as Architettura 97-07) is run by Thierry Lagrange, who for over 20 years has been dividing his time between designing, research, and teaching (first at the University of Ghent and now at the Faculty of Architecture at KU Leuven). 'I regularly wonder if people are not creating too quickly and should not look more closely and precisely,' says the architect. Observation is an essential element of both his pedagogical and architectural work. It definitely helps with understanding the context, so different for each project, and with finding a valuable architectural language, one that intrigues and provides an appropriate response to a situation.

Dit Gentse bureau, voorheen bekend als Architettura 97-07, wordt geleid door Thierry Lagrange, die al meer dan twintig jaar zijn tijd verdeelt tussen ontwerpen, onderzoeken en lesgeven (eerst aan de Universiteit Gent en nu aan de Faculteit Architectuur van de KU Leuven). 'Ik vraag me geregeld af of mensen niet te snel creëren, en of we niet beter en preciezer moeten kijken,' zegt de architect. Aandachtig waarnemen is een essentieel element van zijn pedagogische én zijn architecturale werk. Het helpt om de context te begrijpen, die zo sterk verschilt van project tot project, en om een waardevolle architecturale taal te ontwikkelen die weet te intrigeren en een passend antwoord biedt op een bestaande situatie.

Ce studio gantois (anciennement Architettura 97-07) est dirigé par Thierry Lagrange, qui partage depuis plus de 20 ans son temps entre la conception, la recherche et l'enseignement (d'abord à l'université de Gand et aujourd'hui à la faculté d'architecture de la KU Leuven). «Je me demande régulièrement si les gens qui créent ne le font pas trop vite, et s'ils ne devraient pas regarder chaque projet plus minutieusement», déclare l'architecte. L'observation est un élément essentiel de son travail pédagogique et architectural. Elle l'aide en effet à comprendre le contexte, si différent pour chaque projet, et à trouver un langage architectural pertinent, stimulant et répondant de façon appropriée à une situation donnée.

House L&D2, Ghent, Belgium, 2004

The architect's family house and studio comes with a striking dynamic form and generous openings that fill the spacious interiors with light. Red bricks in combination with red tiles give it a monolithic feel, enhancing the zigzagging volume. The adjacent garden follows permaculture principles.

De gezinswoning van de architect met bijbehorend atelier heeft een dynamische vorm en grote openingen die overvloedig licht binnenlaten in de ruime interieurs. De combinatie van rode baksteen en rode tegels creëert een monolithische indruk en accentueert het zigzaggende volume. De aangrenzende tuin is aangelegd volgens de principes van de permacultuur.

Cette maison familiale d'architecte avec son atelier frappe par le dynamisme de ses formes et ses ouvertures généreuses qui inondent de lumière de spacieux intérieurs. Les briques rouges associées aux tuiles de même couleur lui donnent un aspect monolithique qui met en valeur ses volumes en zigzag. Le jardin attenant obéit aux principes de la permaculture.

Work Environment Tweeperenboom, Herent, Belgium, 2018

Drawing from typical rural architecture, Lagrange envisioned this addition to an old house in three dynamically arranged tiled volumes. In contrast to the medieval church opposite, the structure is a complex mélange of old and new.

Lagrange liet zich inspireren door de typische landelijke architectuur voor deze uitbreiding van een oud huis in drie dynamisch gerangschikte volumes met tegelbekleding. De complexe mix van oud en nieuw contrasteert met de middeleeuwse kerk aan de overkant.

S'inspirant de l'architecture rurale typique, Lagrange a imaginé l'extension d'une ancienne maison en la flanquant de trois volumes dynamiques revêtus de tuiles. Contrastant avec l'église médiévale située en face, la structure est un subtil mélange d'ancien et de nouveau.

ALT ARCHITECTUUR

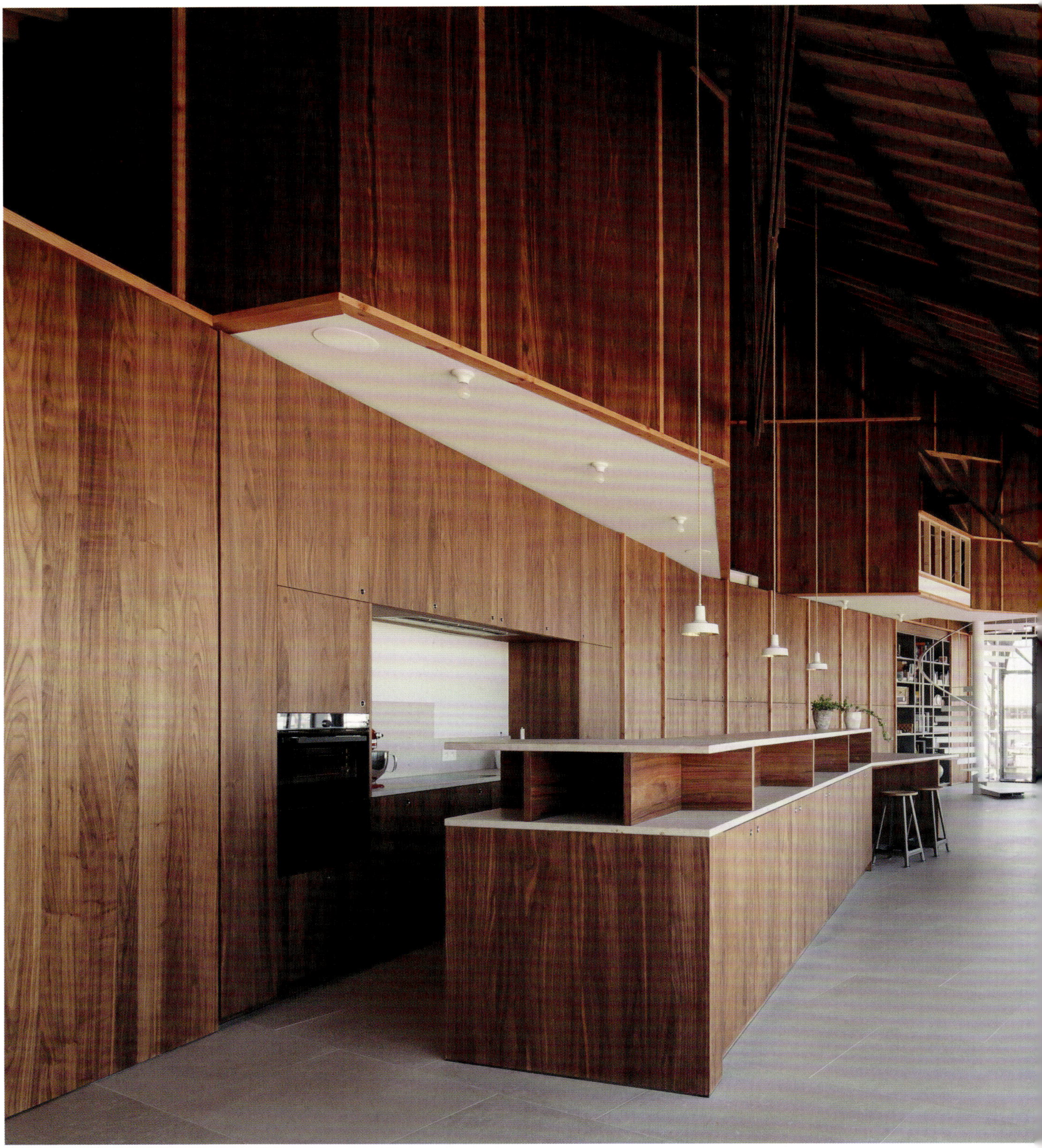

House E&L2, Ghent, Belgium, 2020

In this vast corner loft, the architect wraps space in a sculptural way, employing a distinctive dialogue between the original steel structure and wooden furnishings. Private areas are placed above an enormous living space with a panoramic view of the harbour.

De ruimte in deze enorme hoekloft is op sculpturale wijze aangekleed, waarbij de originele stalen structuur in dialoog treedt met een houten inrichting. Onder de privévertrekken bevindt zich een riante leefruimte met een panoramisch uitzicht op de haven.

Dans ce vaste loft en angle, l'architecte a clos l'espace de façon sculpturale, créant un dialogue contrasté entre l'ancienne structure en acier et le mobilier en bois. Les pièces privées sont situées au-dessus d'un vaste espace de vie avec vue panoramique sur le port.

GOFFART POLOMÉ ARCHITECTES

Founded in 2012 by Damien Goffart and Brice Polomé, the studio realises a wide range of projects across scales and typologies, which is a mutual source of inspiration; the architects' goal is to implement transcending themes from one realisation to another. "We take advantage of such diversity to keep improving ourselves as architects but also to keep improving the sensitivity of our architectural approach," says the team, whose holistic approach allows them to unlock the full potential of each location. "We always look beyond the limits of a project by implementing social and societal considerations for a basic conceptual, tangible and technical approach," the architects explain.

Dit bureau, in 2012 opgericht door Damien Goffart en Brice Polomé, realiseert een breed gamma aan opdrachten met uiteenlopende schalen en typologieën, telkens aan de hand van overkoepelende thema's. Die diversiteit, waarbij verschillende projecten elkaar inspireren, is volgens het team een troef: 'Ze helpt ons om onszelf als architecten te blijven verbeteren en om onze architecturale gevoeligheid aan te scherpen.' Een holistische benadering helpt om het volledige potentieel van elke locatie te ontsluiten. 'We kijken altijd over de grenzen van een project heen en houden ook rekening met sociale en maatschappelijke overwegingen. Zo is ons werk gegrond in een conceptuele, tastbare en technische basis.'

Créé en 2012 par Damien Goffart et Brice Polomé, le bureau réalise un large éventail de projets en jouant de la variété des échelles et des typologies, source d'inspiration mutuelle pour les collaborateurs. Il s'agit d'introduire un thème directeur à chaque réalisation. « Nous mettons à profit cette diversité pour nous améliorer comme architectes, mais aussi pour améliorer la sensibilité de notre approche architecturale », explique l'équipe, dont la démarche holistique tire parti du potentiel de chaque lieu. « Nous regardons toujours au-delà des limites du projet en introduisant des considérations sociales et sociétales pour une approche de fond à la fois conceptuelle, pratique et technique », ajoutent les architectes.

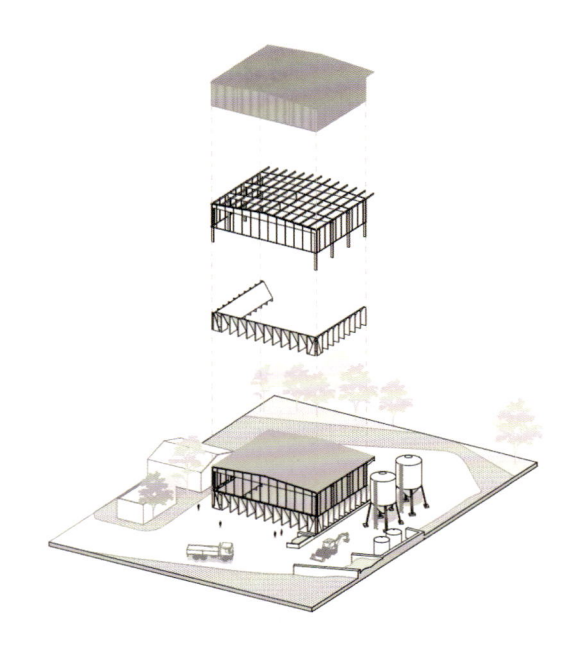

Hangar à Sel, Houffalize, Belgium, 2020

This sculptural wooden structure, a salt warehouse, looks impressive against the vast rural landscape. It draws from vernacular architecture and resonates with the surrounding woods. The translucent top section, made of polycarbonate, adds lightness and playfully interacts with the sunlight.

Deze sculpturale houten structuur, een opslagplaats voor zout, steekt indrukwekkend af tegen het weidse landelijke panorama. Het ontwerp is geïnspireerd door traditionele architectuur en harmonieert met de omliggende bossen. De doorzichtige bovenbouw uit polycarbonaat zorgt voor een lichte toets en speelt met het zonlicht.

La structure sculpturale en bois de cet entrepôt de sel se dresse, impressionnante, dans le vaste paysage rural. Elle s'inspire de l'architecture locale et résonne avec les forêts environnantes. La partie supérieure translucide en polycarbonate apporte de la légèreté et s'anime de jeux de lumière quand le soleil l'éclaire.

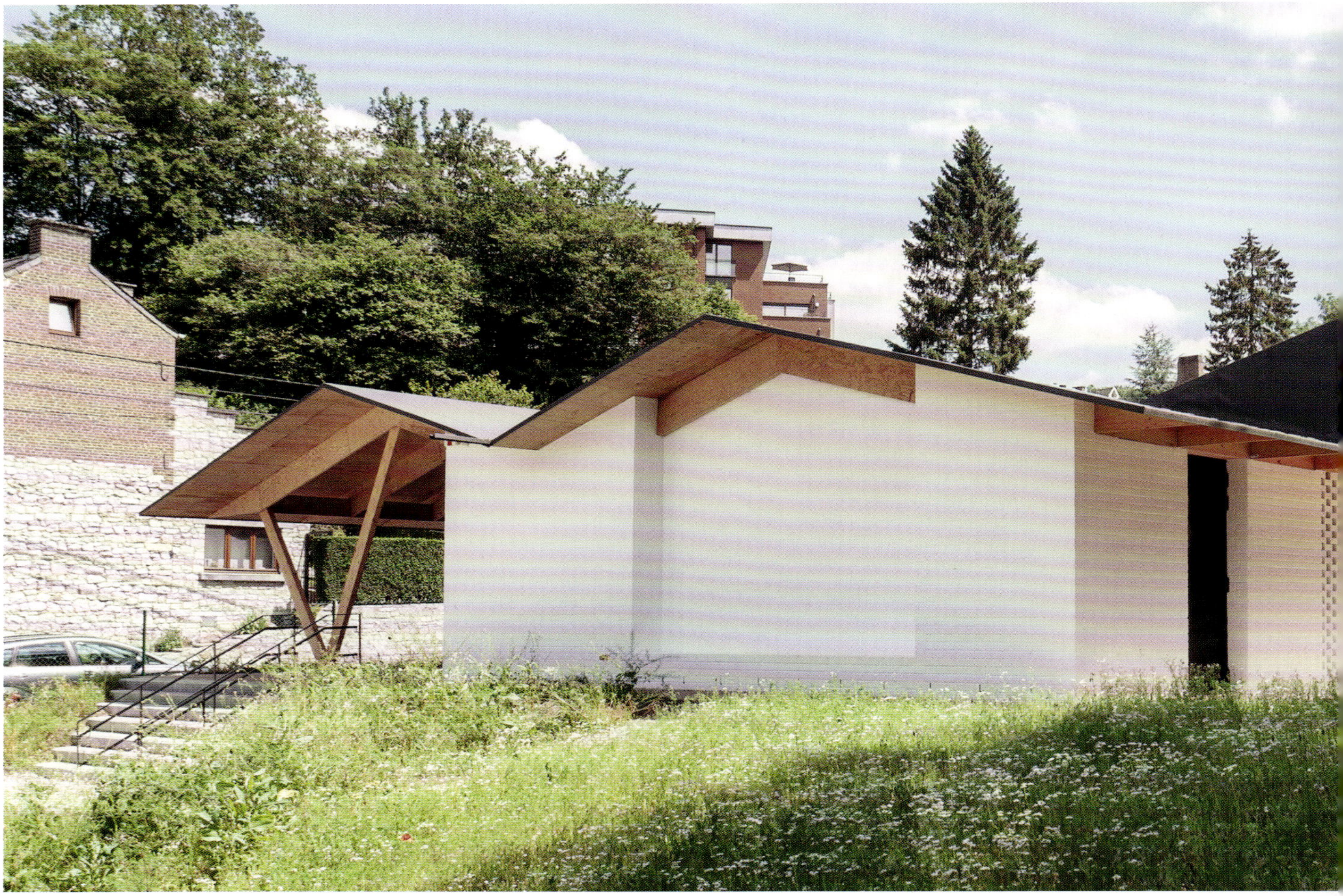

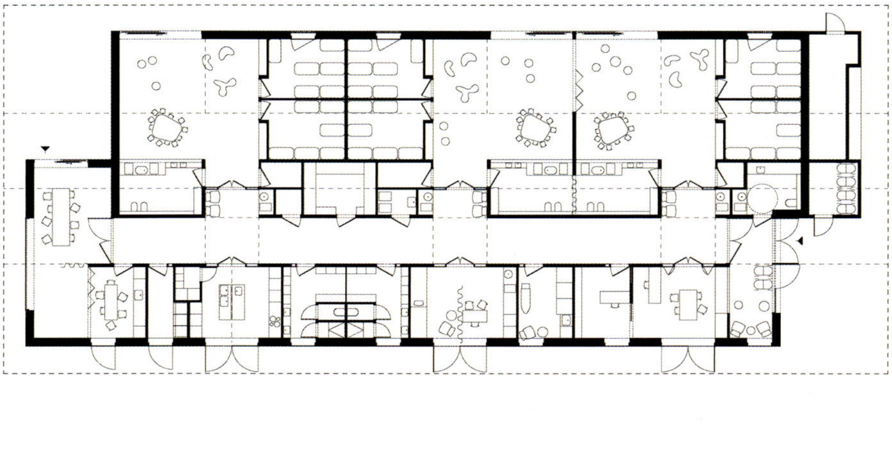

Crèche les Ecureuils, Loverval, Belgium, 2019

Enveloped by the quietness of the woods, the nursery building opens toward the greenery. The practical one-level volume is dynamically covered by the playful wooden roof to offer inspiring outdoor spaces as well as fanciful and bright interiors.

Dit kinderdagverblijf tussen de bomen geeft uit op het omgevende groen. Het praktische volume op één niveau is dynamisch afgewerkt met een speels houten dak, waaronder inspirerende overdekte buitenruimtes en lichte, luchtige binnenruimtes schuilgaan.

Entourée d'une forêt, cette crèche est ouverte sur la végétation. Ses volumes de plain-pied, d'accès facile, sont recouverts par le jeu dynamique des pentes du toit de bois qui protègent de chaleureux espaces extérieurs ainsi que des intérieurs lumineux et aérés.

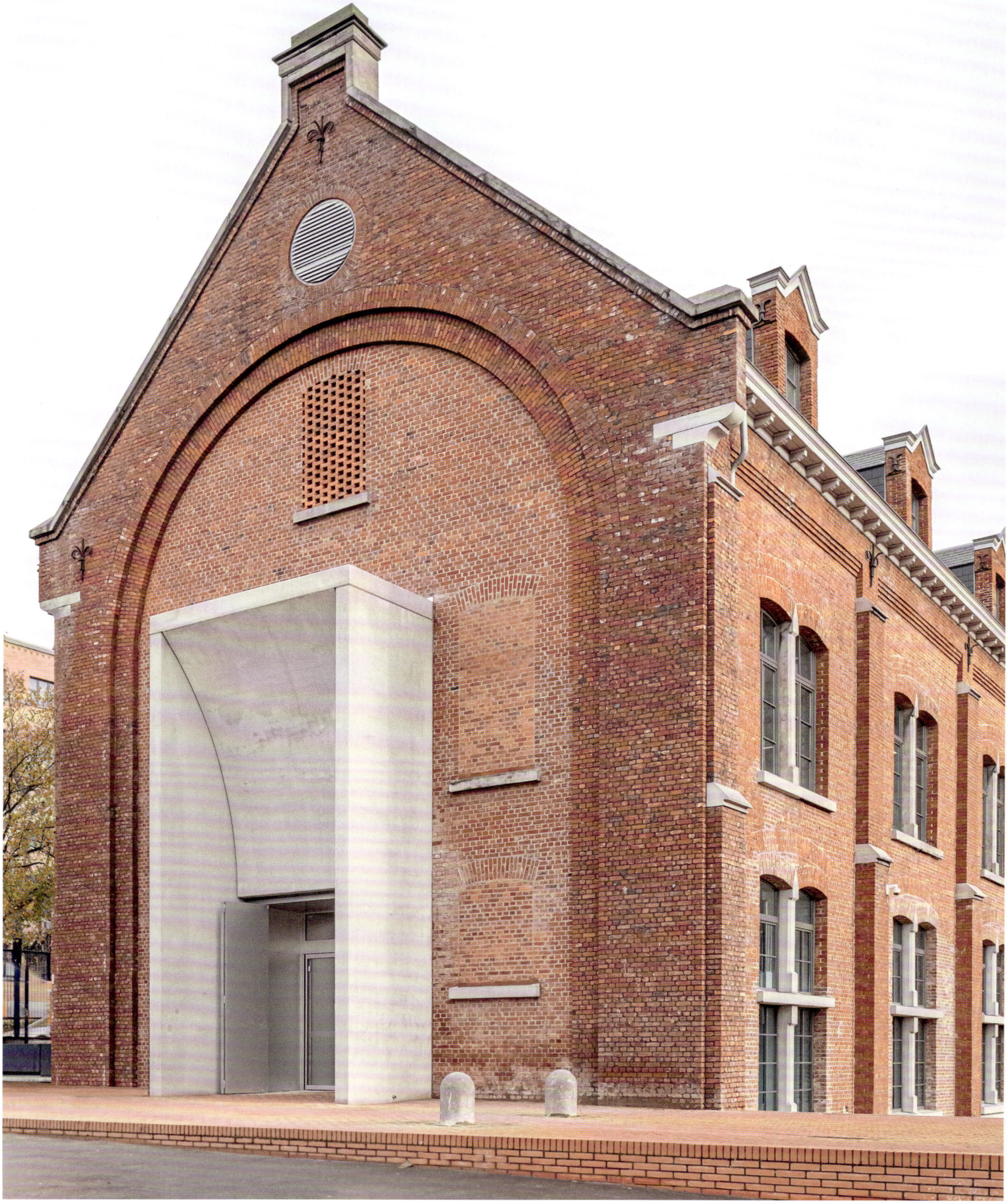

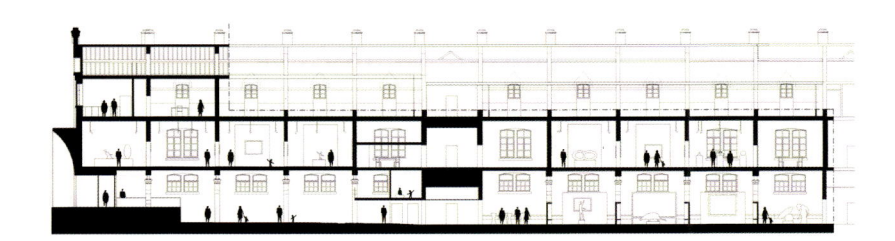

Musée des Beaux-Arts, Charleroi, Belgium, 2022

This former gendarmerie stables building has been transformed into a fine arts museum in the very heart of the historic city centre of Charleroi. The outer shell underwent a flawless renovation and only the new entrance on the gable façade hints at the modern twist inside.

Deze voormalige rijkswachtkazerne werd omgevormd tot een museum voor schone kunsten in het hart van het historische centrum van Charleroi. De buitenzijde is vlekkeloos gerenoveerd, alleen de nieuwe entree aan de puntgevel doet iets vermoeden van het moderne interieur.

Cette ancienne écurie de la gendarmerie a été transformée en musée des beaux-arts en plein centre historique de Charleroi. L'enveloppe extérieure a été rénovée avec minutie et seule la nouvelle entrée du mur pignon témoigne de la modernité de l'intérieur.

LENS°ASS ARCHITECTS

After working for other practices, Bart Lens founded his own studio in Hasselt in 1995. Since 2013 he has led the office with his managing partner Thijs Prinsen and in 2022 Wouter Lenaerts and Karel Mesotten joined as junior partner.
The studio designs all kinds of projects, from collective housing to public buildings and urban planning, yet the strongest focus is on transformations, renovations and restorations. The common thread in all projects is their rich materiality. The architects select very distinctive and tactile materials, which enhance their original language of forms. While newly built projects are sharp expressions of modernity, designs involving historical architecture form an elegant and atmospheric mix of old and new.

Nadat hij een tijdlang voor andere bureaus had gewerkt, richtte Bart Lens in 1995 zijn eigen atelier op in Hasselt. Sinds 2013 leidt hij het kantoor samen met managing partner Thijs Prinsen en in 2022 vervoegden Wouter Lenaerts en Karel Mesotten het team als junior partner. Lens°Ass neemt allerhande opdrachten aan, van collectieve woningbouw tot openbare gebouwen en stadsplanning, maar de voornaamste focus ligt op transformaties, renovaties en restauraties. De rode draad in alle projecten is hun rijke materialiteit. De architecten kiezen voor aparte en tactiele materialen die hun originele vormentaal benadrukken. Hun nieuwbouwprojecten zijn pittige uitingen van moderniteit, hun ontwerpen in dialoog met historische architectuur vormen een elegante en sfeervolle mix van oud en nieuw.

Après avoir travaillé pour d'autres cabinets, Bart Lens a fondé son agence à Hasselt en 1995. Il co-dirige le studio avec son associé Thijs Prinsen depuis 2013. En 2022, Wouter Lenaerts et Karel Mesotten ont rejoint l'équipe comme partenaires juniors. Celle-ci conçoit toutes sortes de projets, du logement collectif aux bâtiments publics et aux plans d'urbanisme, mais l'accent est mis sur les transformations, les rénovations et les restaurations. Le point commun de toutes ces réalisations est l'attention portée aux matières. Les architectes ont une prédilection pour des matériaux originaux et tactiles mettant en valeur le langage des formes. Alors que les projets de constructions récents sont de claires illustrations de la modernité, ceux impliquant des bâtiments historiques mêlent avec élégance et tact l'ancien et le nouveau.

House AG, Poederlee, Belgium, 2023

With a charming effect, the architects managed to preserve numerous elements, like the wooden structure and brick outer shell, while modern interventions and materials are perfectly intertwined into this original fabric. Large glazed sections, inviting the idyllic scenery inside, add a contemporary twist.

De architecten zijn erin geslaagd heel wat elementen intact te houden, zoals de houten structuur en de buitenlaag in baksteen. De moderne ingrepen en materialen zijn naadloos in dat oorspronkelijke weefsel opgenomen. Grote glaspartijen halen het idyllische natuurschoon naar binnen en voegen een hedendaagse toets toe.

Avec beaucoup de grâce, les architectes ont réussi à préserver de nombreux éléments de cette ancienne ferme, comme la structure en bois et l'enveloppe extérieure en briques, tandis que les interventions et matériaux modernes s'intègrent parfaitement dans le tissu d'origine. De grandes baies vitrées invitent à l'intérieur le paysage bucolique environnant et ajoutent une touche contemporaine.

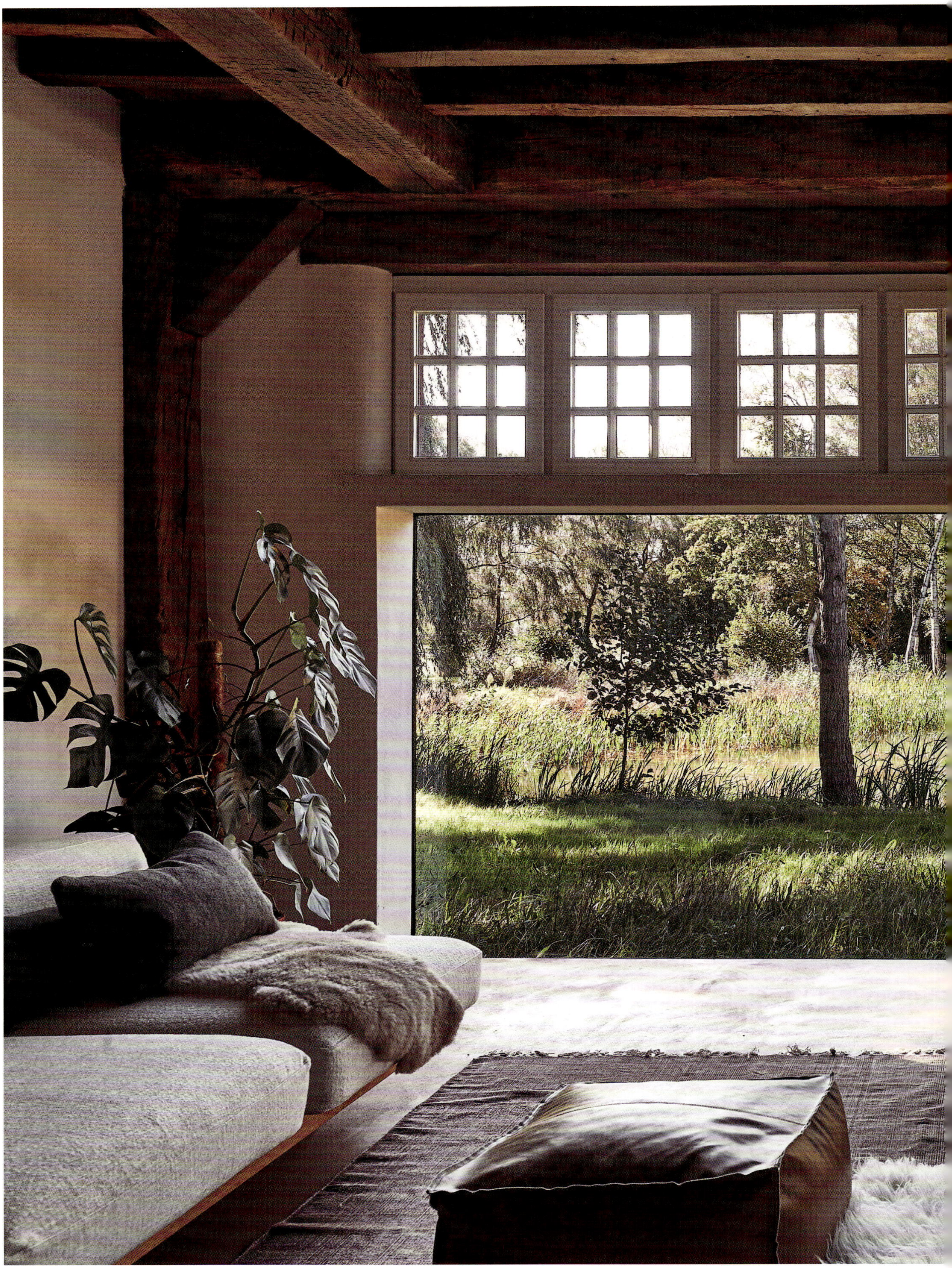

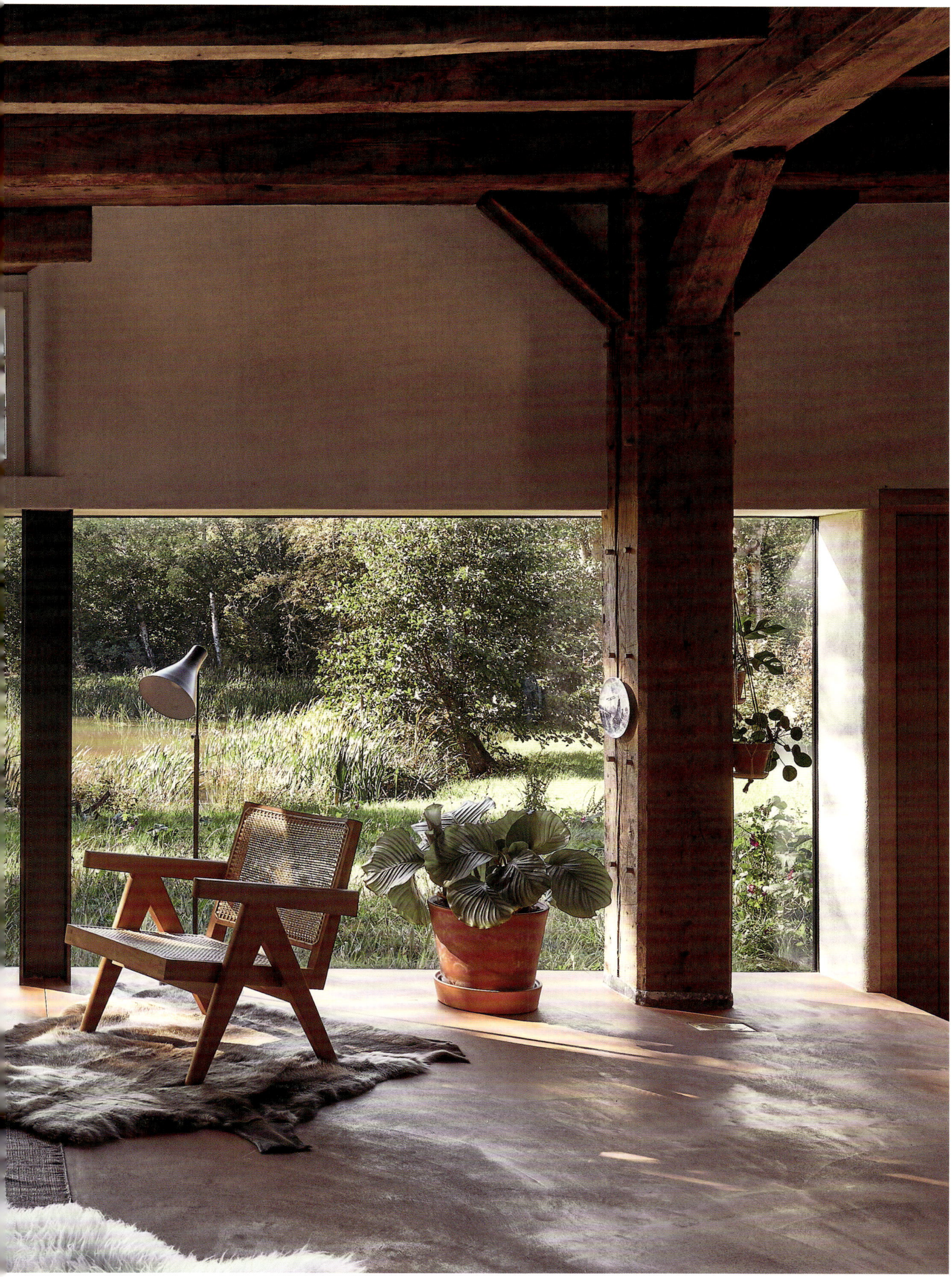

One Broel, Kortrijk, Belgium, 2022

The newly built complex consists of nearly 70 apartments and two commercial spaces in four different buildings that are organised around a central courtyard garden. Each volume is envisioned with an entirely different and distinct identity, while matching the historical neighbourhood.

Dit nieuwbouwcomplex bestaat uit bijna 70 appartementen en twee handelsruimtes in vier afzonderlijke gebouwen rond een centrale binnentuin. De volumes hebben elk een heel eigen identiteit die aansluit bij de historische omgeving.

Ce nouveau complexe compte près de 70 appartements et deux espaces commerciaux répartis dans quatre bâtiments différents organisés autour d'une cour-jardin centrale. Chaque volume est conçu avec une identité bien distincte tout en s'harmonisant avec le quartier historique.

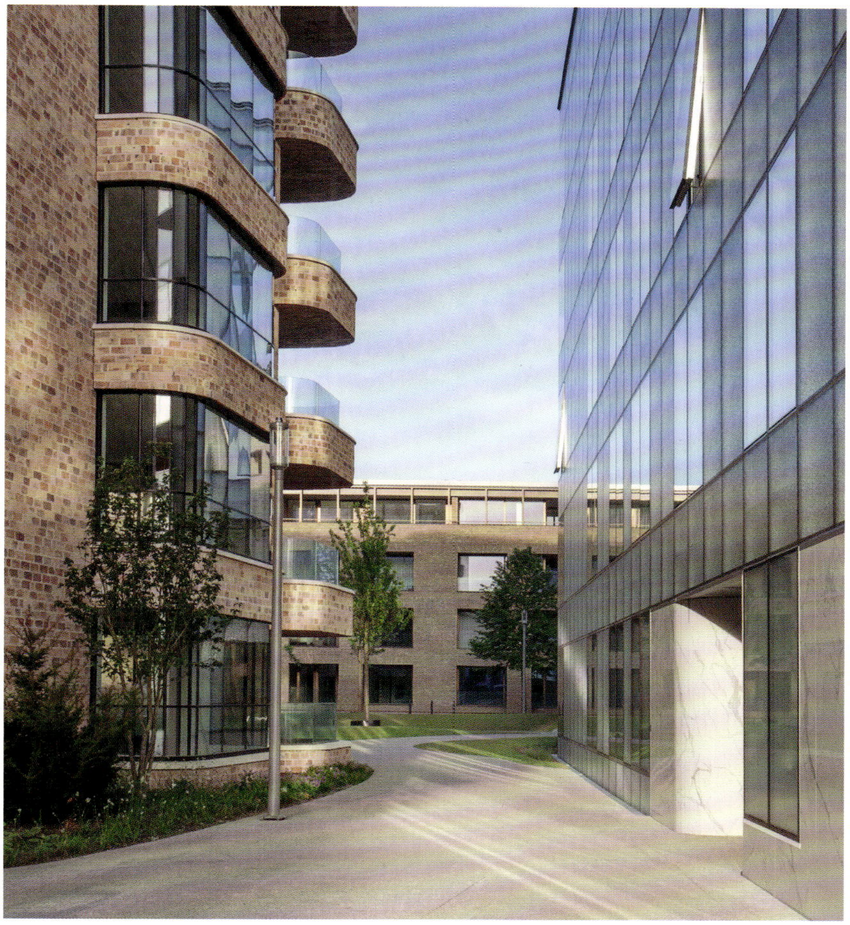

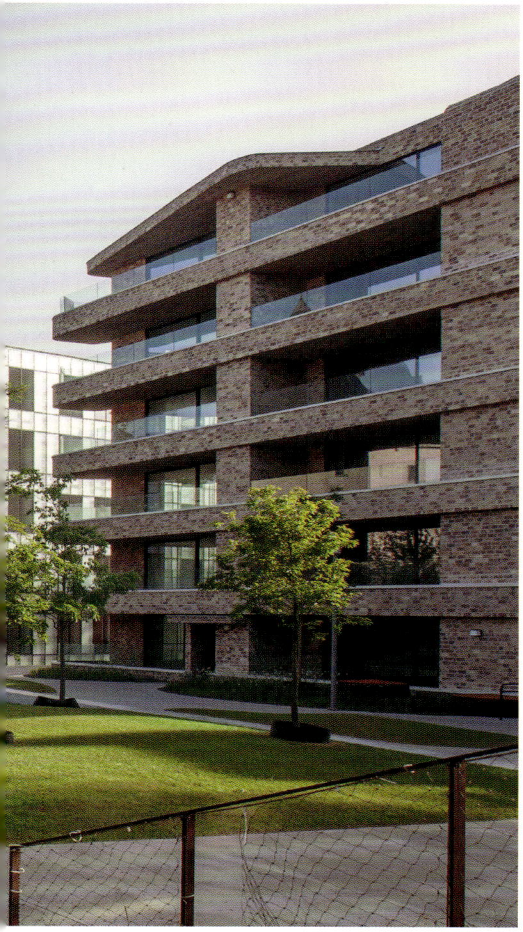

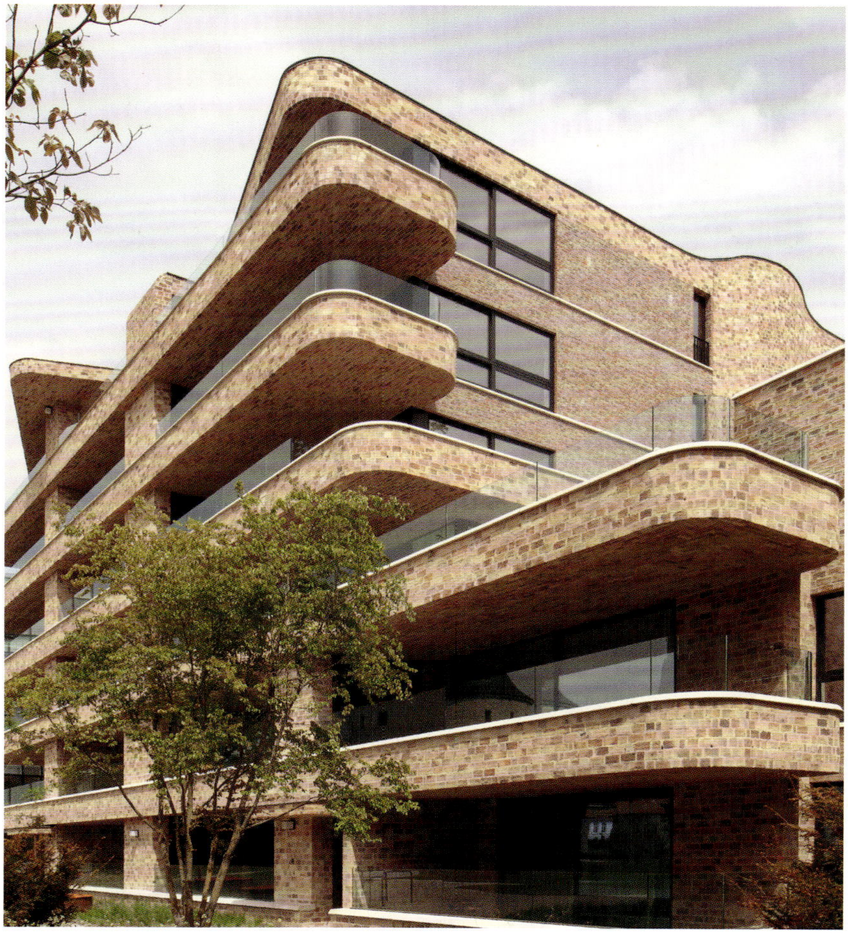

Brouwerij De Ridder, Maastricht, The Netherlands, 2021

This spacious apartment has been integrated into the tower of a former brewery and topped with an extensive roof terrace with a view overlooking the city. The stylish conversion also included adding contemporary elements such as an external elevator and a panoramic window.

Dit ruime appartement is geïntegreerd in de toren van een voormalige brouwerij en heeft een riant dakterras met uitzicht over de stad. Bij de stijlvolle verbouwing zijn ook eigentijdse elementen toegevoegd, zoals een externe lift en een panoramisch raam.

Cet appartement spacieux a été intégré dans la tour d'une ancienne brasserie et surmonté d'un vaste toit-terrasse avec vue sur la ville. L'élégante reconversion a également permis de rajouter des éléments contemporains tels qu'un ascenseur extérieur et une baie panoramique.

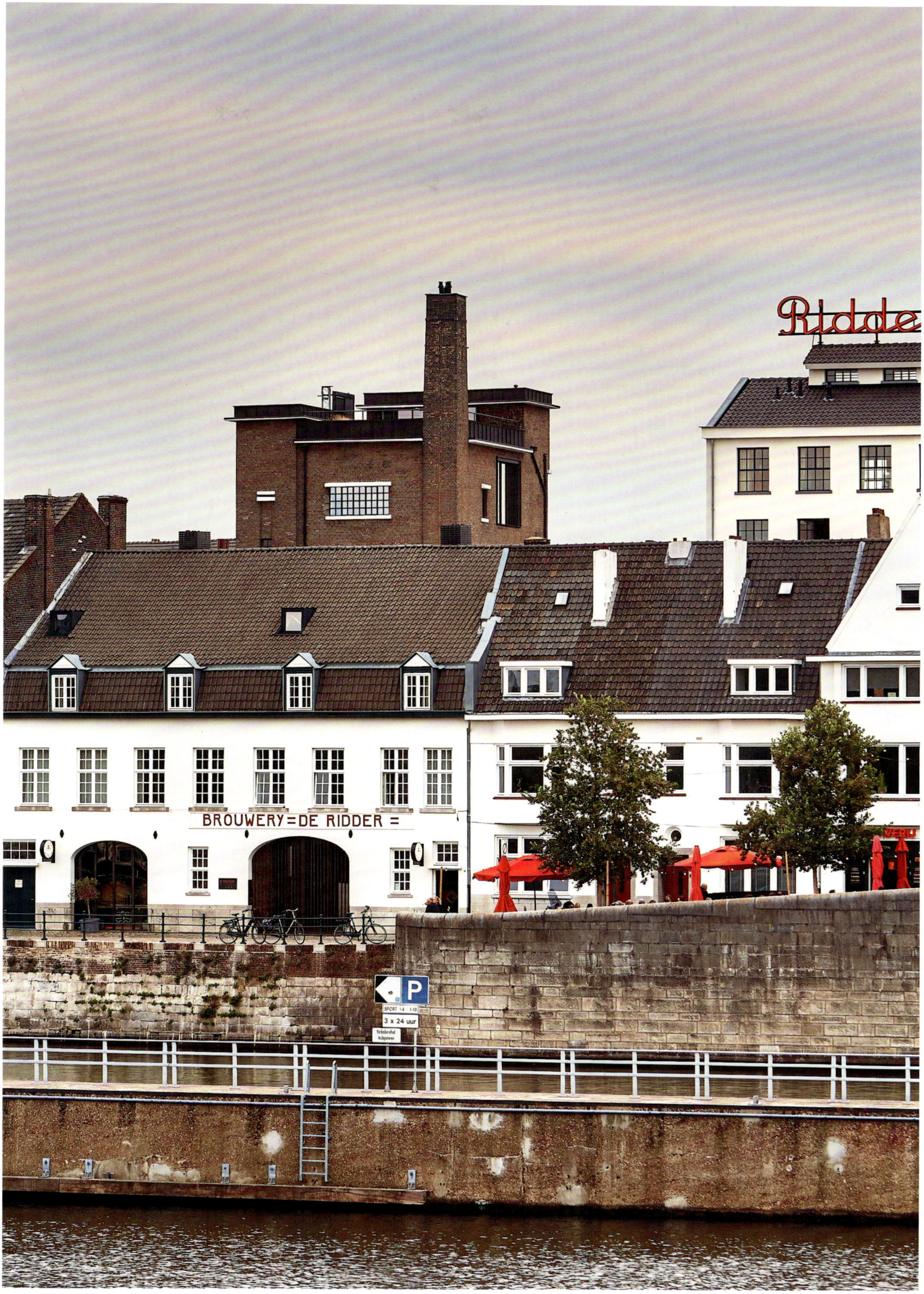
Ridde
BROUWERY = DE RIDDER =
P
3 x 24 uur

VAN BELLE & MEDINA

The firm, founded in 2004, is run by Kurt Van Belle and Patricia Medina, who complement designing architecture with academic work and teach at several universities across Europe. From residential projects, institutional buildings and infrastructures to urban masterplans and landscape projects, the practice's rich portfolio is a result of the architects having participated in numerous competitions.
The architects approach each project as an expressive tool to reflect contemporary life. "Creativity and innovation is at the core of our design process, which responds to the global and local needs of a society that is in a process of continuous transformation," they explain.

Kurt Van Belle en Patricia Medina, die hun bureau in 2004 hebben opgericht, zijn naast hun werk als architecten ook academisch actief en doceren aan verschillende universiteiten in Europa. Hun rijke portfolio, met woonprojecten, gebouwen voor instellingen, infrastructuur, stedelijke masterplannen en landschapsprojecten, is het resultaat van deelnames aan tal van wedstrijden. De architecten benaderen ieder project als een expressief instrument om uitdrukking te geven aan het hedendaagse leven. 'Creativiteit en innovatie vormen de kern van ons ontwerpproces, dat beantwoordt aan de wereldwijde en lokale behoeften van een samenleving in voortdurende transformatie,' leggen ze uit.

Ce studio, fondé en 2004, est dirigé par Kurt Van Belle et Patricia Medina, qui complètent leur activité d'architecte par un travail académique et enseignent dans plusieurs universités à travers l'Europe. Qu'il s'agisse de projets résidentiels, de bâtiments institutionnels, d'infrastructures, de plans urbains ou de projets paysagers, leur catalogue est le résultat de la participation des architectes à de nombreux concours. Ils abordent chaque projet comme un moyen d'expression permettant de refléter la vie contemporaine. «Créativité et innovation sont au cœur du processus de conception répondant aux besoins internationaux et locaux d'une société en perpétuelle transformation», expliquent-ils.

**Dr. Verhaegestraat residential development,
Ostend, Belgium, 2017**

This residential building is organised around a collective inner area. The minimalist volume was given a pleated façade that offers rooms different orientations. Large openings fill the interiors with natural light and enhance the rhythm of the street profile, effectively counterbalancing the brick outer shell.

Dit residentiële gebouw is ontworpen rond een gedeelde binnenplaats. Het minimalistische volume kreeg een zigzaggevel, waardoor iedere ruimte haar eigen oriëntatie heeft. Grote ramen vullen het interieur met natuurlijk licht en versterken het ritme van het straatprofiel, en ze vormen een mooi contrast met de bakstenen buitenconstructie.

Ce bâtiment résidentiel est organisé autour d'un espace intérieur collectif. Le volume minimaliste a été doté d'une façade en zigzag qui offre aux pièces différentes orientations. De grandes ouvertures inondent les intérieurs de lumière naturelle et renforcent le rythme du côté rue, contrebalançant efficacement l'enveloppe extérieure en brique.

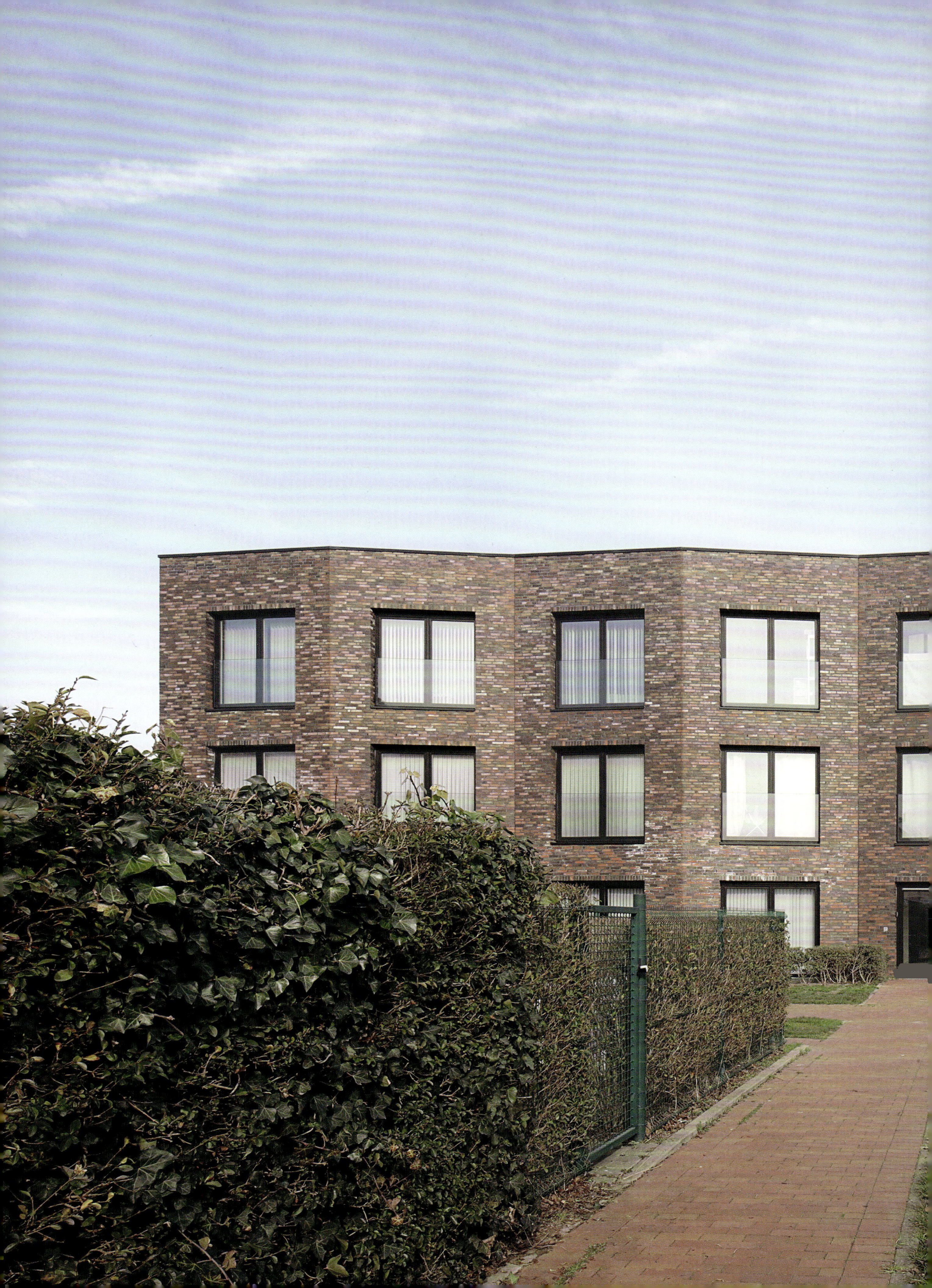

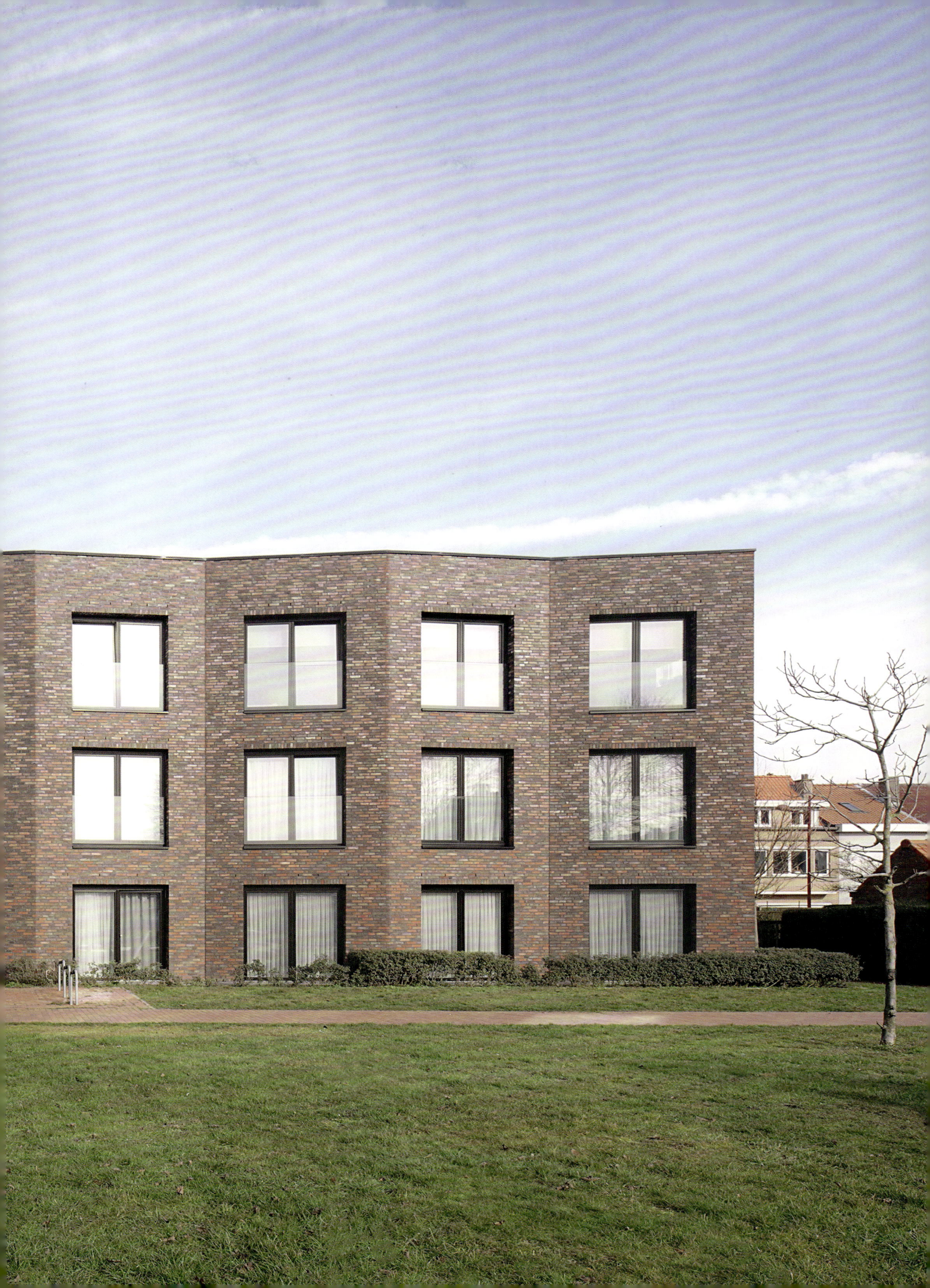

Eksterlaer residential development, Deurne, Antwerp, Belgium, 2019

The three projects in this complex, the row house, senior residences, and apartments, all feature rhythmic façades that reveal neither the typological variety nor the spatial complexity of the apartments inside. With a uniform external shell, all buildings are set in a green context.

De drie onderdelen van dit project, rijwoningen, een woonzorgcentrum en appartementen, hebben telkens ritmische gevels die niets verraden van de typologische diversiteit en de ruimtelijke complexiteit van de wooneenheden die erin zijn ondergebracht. De gebouwen met hun uniforme buitenzijde liggen allemaal in een groene omgeving.

Les trois projets de ce complexe, les maisons en bande, les résidences pour personnes âgées et les appartements, présentent tous des façades rythmées qui ne révèlent ni la variété typologique ni la complexité spatiale des logements situés à l'intérieur. Avec leur enveloppe extérieure uniforme, tous les bâtiments ont été édifiés dans un écrin de verdure.

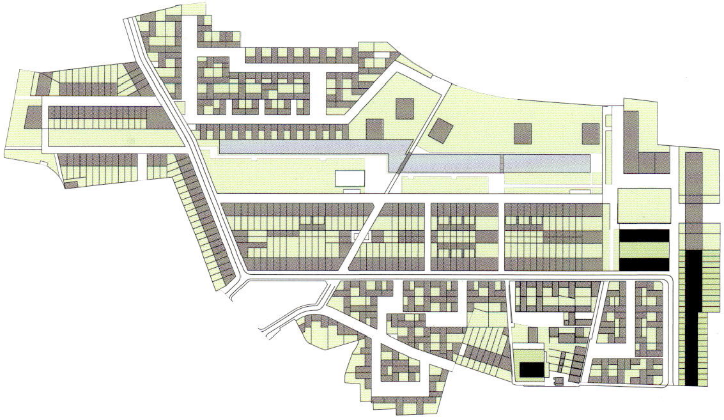

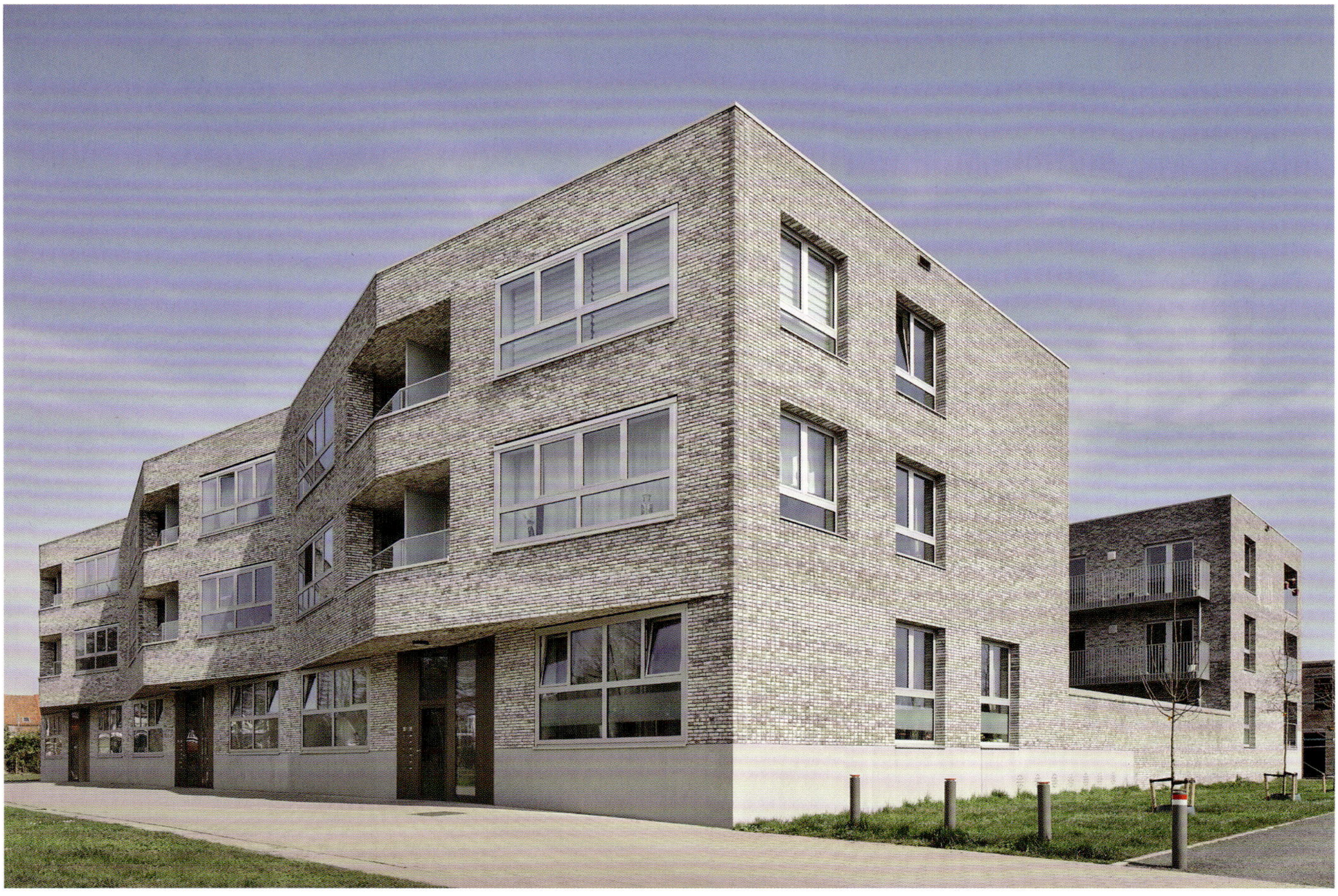

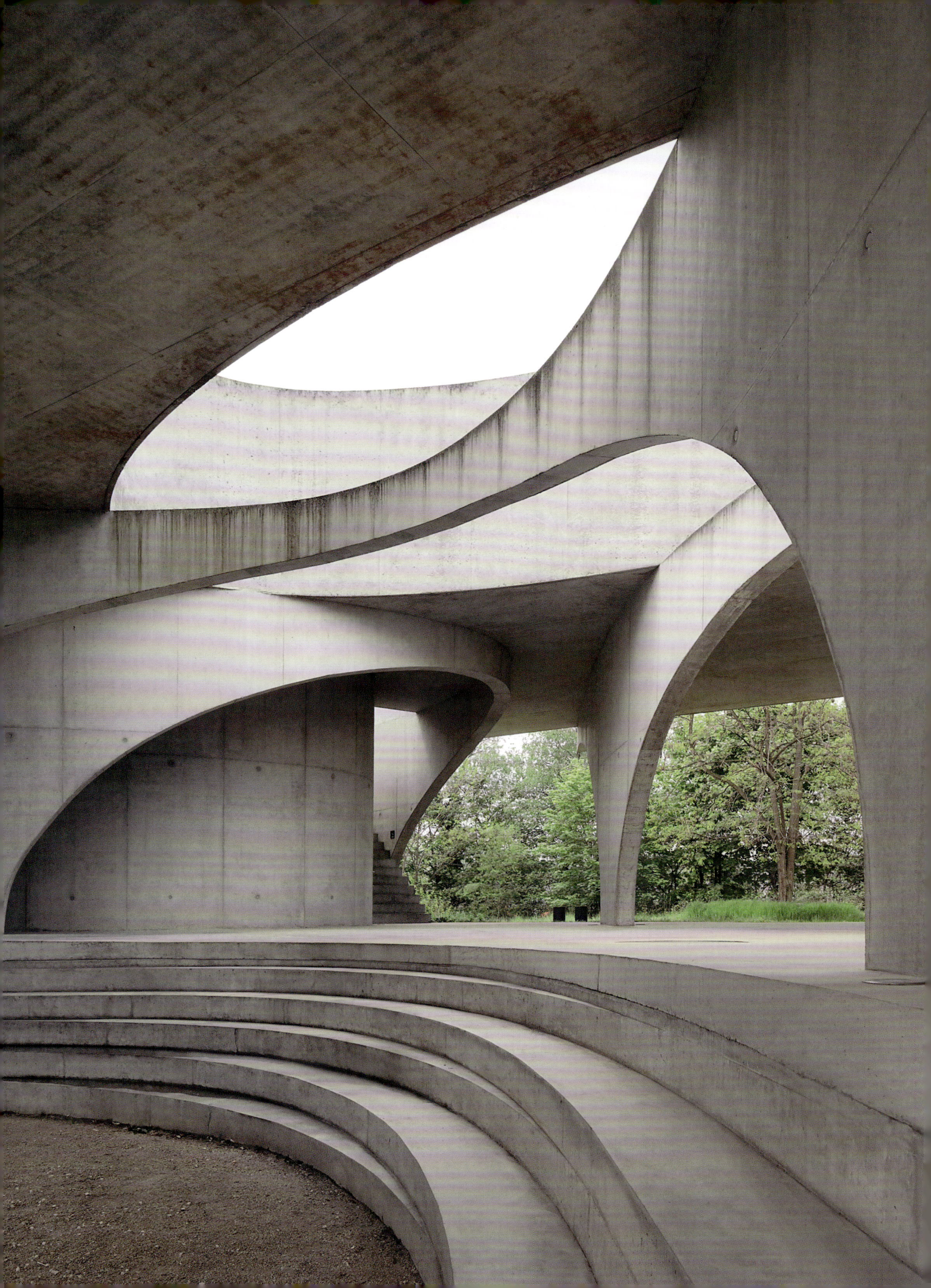

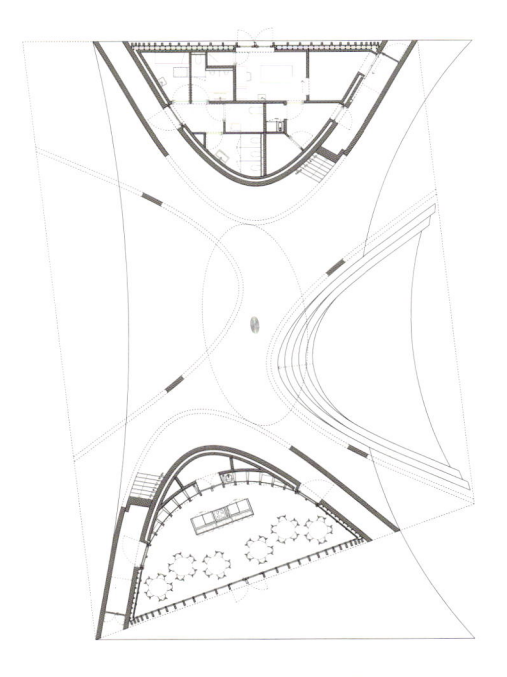

LabOvo at Labiomista, Genk, Belgium, 2023

The cultural complex of Labiomista, in Genk's Cosmopolitan Culture Park, was envisioned in collaboration with artist Koen Vanmechelen. It is "much more than a biocultural temple of active and living art," as the architects emphasise. The plaza's concrete pavilion initiates a dialogue with the surrounding nature through its dynamic expression.

Cultuursite Labiomista, in het Genkse Cosmopolitan Culture Park, kwam tot stand in samenwerking met kunstenaar Koen Vanmechelen. Het is 'een biocultuurtempel voor actieve en levende kunst, maar ook zoveel meer,' benadrukken de architecten. Het betonnen paviljoen gaat door zijn dynamische expressiviteit in dialoog met de omliggende natuur.

Le complexe culturel Labiomista, situé dans le Cosmopolitan Culture Park de Genk, a été conçu en collaboration avec l'artiste Koen Vanmechelen. C'est «bien plus qu'un temple bioculturel d'art actif et vivant», comme le soulignent les architectes. Le pavillon en béton de la place initie un dialogue avec la nature environnante grâce à son expression dynamique.

B-ARCHITECTEN

With offices in Antwerp, Brussels, and Ghent, B-architecten was founded in 1997 by Evert Crols, Dirk Engelen and Sven Grooten. Today, it also has other divisions including B-bis, B-city, and B-juxta with a large scope of projects, from architecture to urban projects, renovations, and furniture design. With a focus on the development of spatial solutions in order to build a better society and with cities as the main target, all nine teams work in close collaboration. "For us, a better living environment can be achieved by urban densification. It will allow an optimized mix of experience, concentration, sustainability, quality, equality, human scale and technology," the architects state.

B-architecten, met kantoren in Antwerpen, Brussel en Gent, werd in 1997 opgericht door Evert Crols, Dirk Engelen en Sven Grooten. Sindsdien zijn er nog heel wat afdelingen bijgekomen, waaronder B-bis, B-city, en B-juxta, die samen een breed scala aan projecten bestrijken, van architectuur tot stedenbouwkundige projecten, renovaties en meubeldesign. In totaal werken negen teams nauw samen aan ruimtelijke oplossingen voor een betere samenleving, voornamelijk in steden. 'Voor ons is binnenstedelijke verdichting de sleutel tot een betere leefomgeving,' zeggen de architecten. 'Zo krijg je een optimale mix van beleving, stadsconcentratie, duurzaamheid, kwaliteit, gelijkheid, bouwen op maat van de mens en technologie.'

Établi à Anvers, Bruxelles et Gand, B-architecten a été fondé en 1997 par Evert Crols, Dirk Engelen et Sven Grooten. Aujourd'hui, il comprend aussi d'autres divisions, dont B-bis, B-city et B-juxta, et propose un large éventail de projets, de l'architecture à l'urbanisme, en passant par la rénovation et le mobilier. Les neuf équipes travaillent en étroite collaboration, avec comme axe principal le développement de solutions spatiales pour améliorer la société, avec les villes en première cible. «Selon nous, la densification urbaine peut engendrer un meilleur cadre de vie. Elle permet de combiner au mieux expérience, concentration, durabilité, qualité, égalité, échelle humaine et technologie», affirment les architectes.

Turnova Tower, Turnhout, Belgium, 2018

Previously home to a printing plant, Turnova is a vibrant new district with each part designed by different architects. In addition to developing the masterplan, B-architecten is responsible for the elegant tower with 30 apartments sitting on a commercial plinth with an underground car park. The studio also designed three more buildings: Schakel, Rotor and Theater 1900.

Waar ooit een drukkerij gevestigd was, bevindt zich nu een bedrijvige nieuwe wijk waarvan ieder deel door andere architecten is ontworpen. Naast het ontwikkelen van het masterplan, is B-architecten ook verantwoordelijk voor het elegante torengebouw met daarin dertig appartementen op een voetstuk, een handelsruimte en een ondergrondse parkeergarage. De studio ontwierp verder nog 3 andere gebouwen op de site: Schakel, Rotor en Theater 1900.

Turnova, qui abritait autrefois une imprimerie, est un nouveau quartier dynamique dont chaque partie a été confiée à un studio différent. B-architecten a non seulement dessiné le plan d'ensemble, mais a aussi conçu cette élégante tour de 30 appartements élevée sur un espace commercial avec un parking en sous-sol. Le studio a par ailleurs réalisé les bâtiments Shakel, Rotor et Theater 1900.

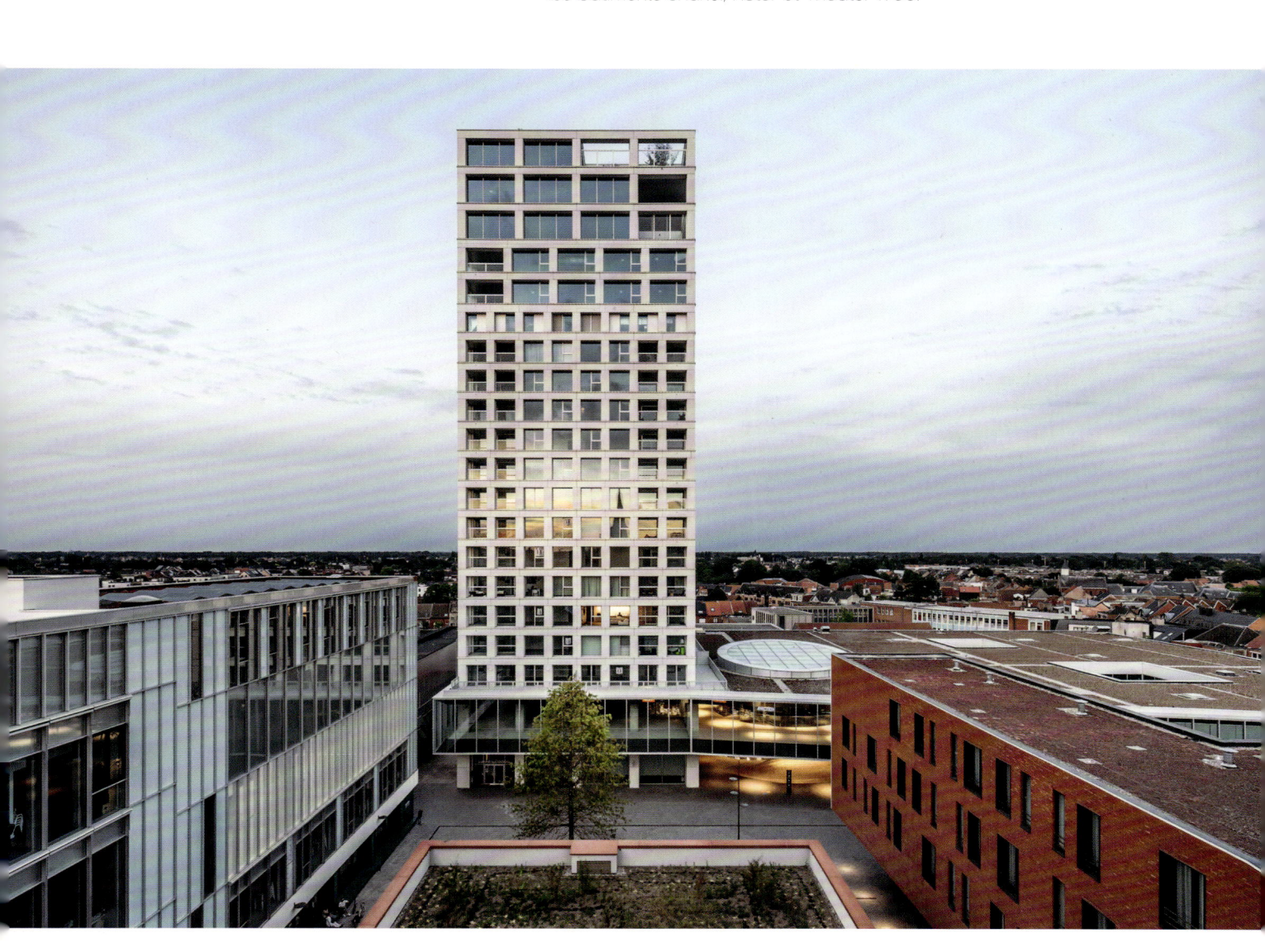

Centr'Al, Brussels, Belgium, 2020

Part of the redevelopment of the Albertpool in Vorst, these two buildings have become a gateway to the whole district. The auditorium, sports halls, outdoor public spaces and multi-level foyer make it a vibrant complex emphasised by the translucent façade of the cubic volume.

Deze twee gebouwen, die deel uitmaken van de herontwikkeling van de zogenaamde Albertpool in Vorst, zijn uitgegroeid tot een toegangspoort tot de hele wijk. Een auditorium, sportzalen, publieke buitenruimtes en een foyer over meerdere verdiepingen maken er een levendig complex van, wat nog wordt versterkt door de doorschijnende voorgevel van het kubusvormige volume.

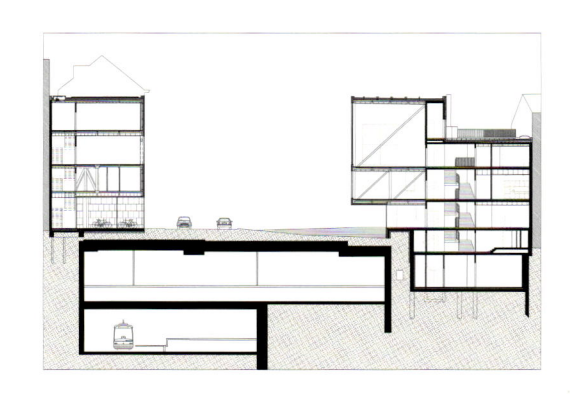

Liés au réaménagement du Pôle Albert, au sein de la commune de Forest, ces deux bâtiments sont devenus un point de passage pour tout le quartier. Auditorium, salles de sport, espaces publics extérieurs et foyer sur plusieurs niveaux en font un complexe dynamique mis en valeur par la façade translucide de son volume cubique.

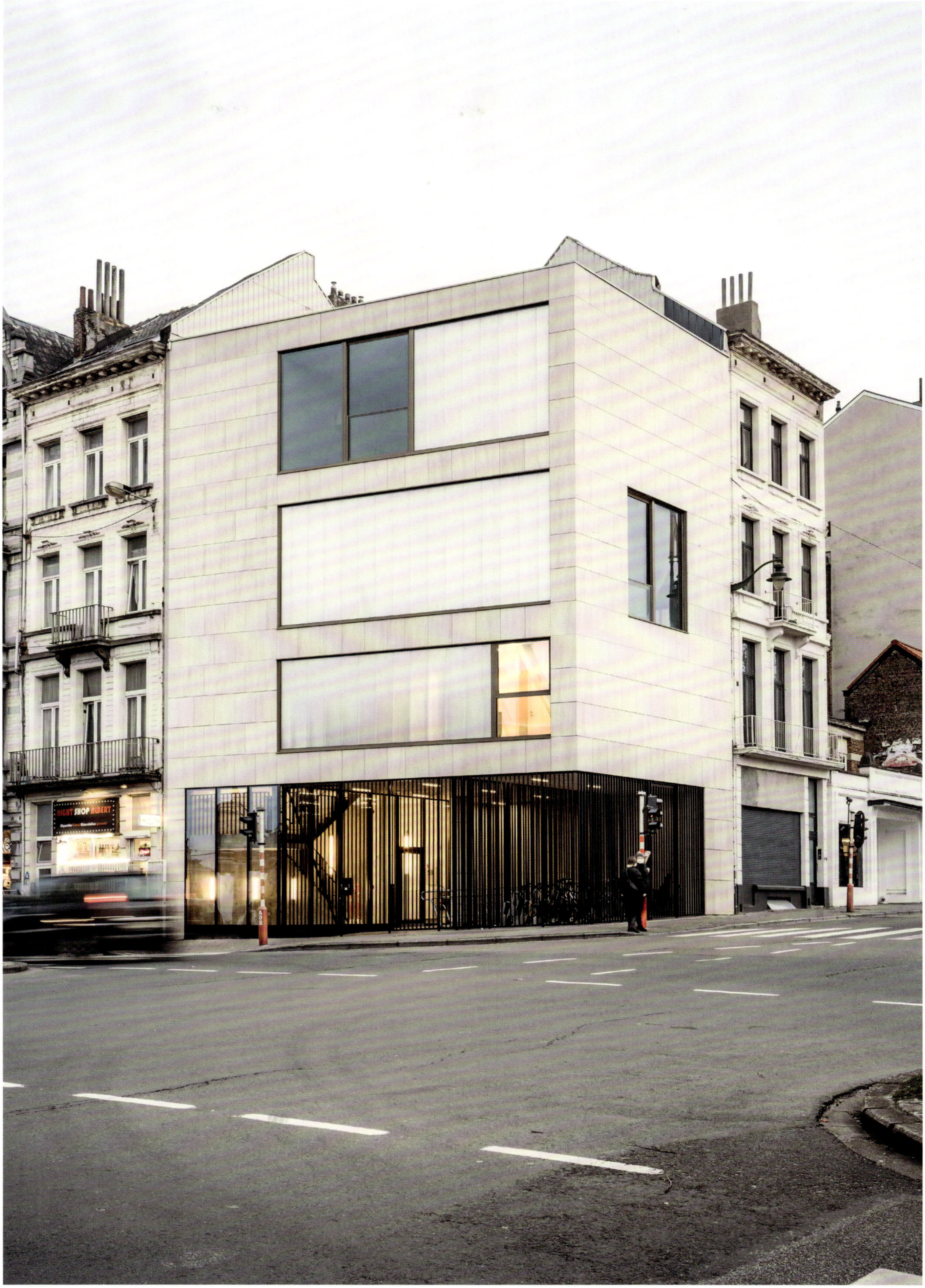

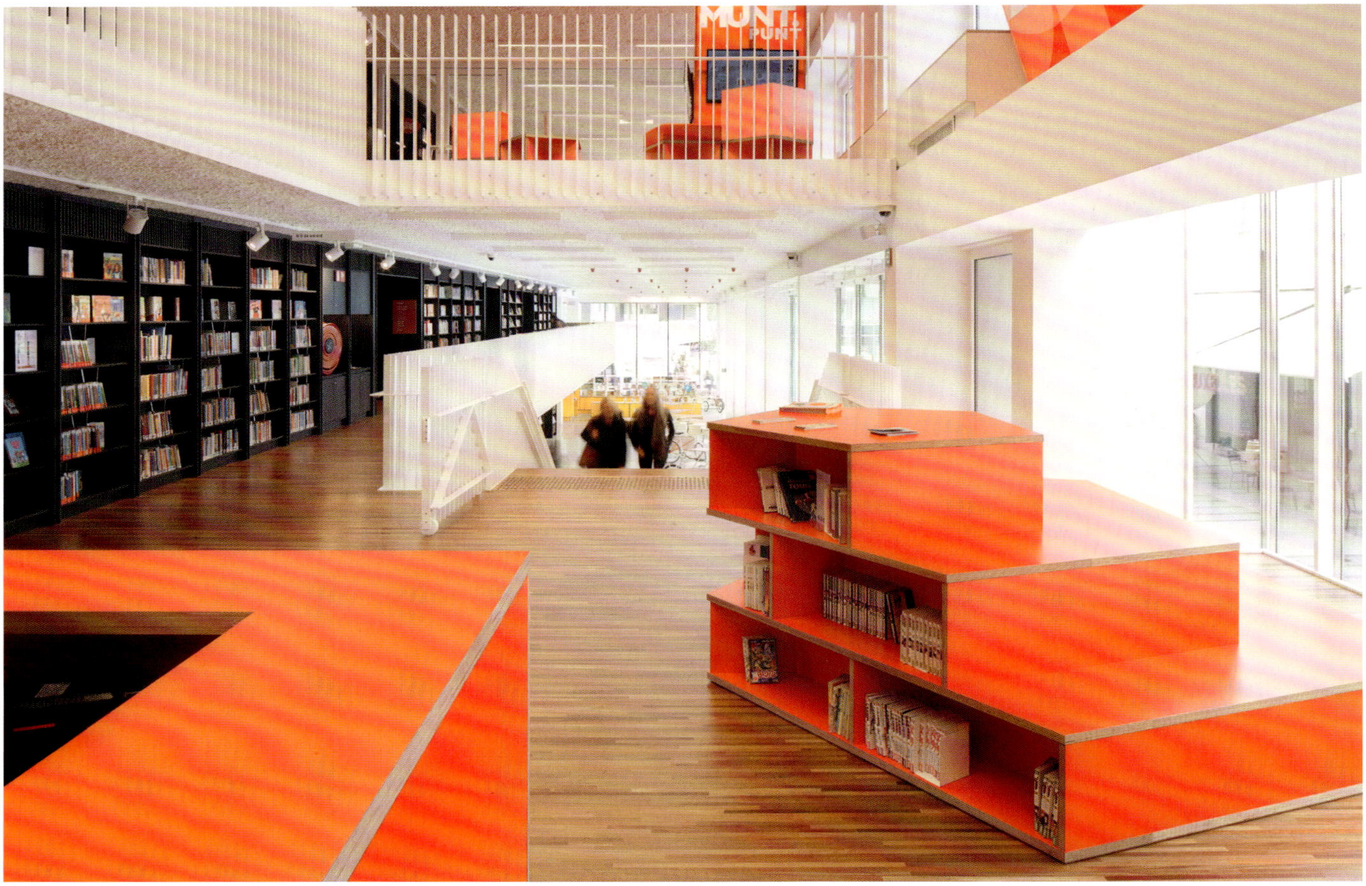
MUNT
PUNT

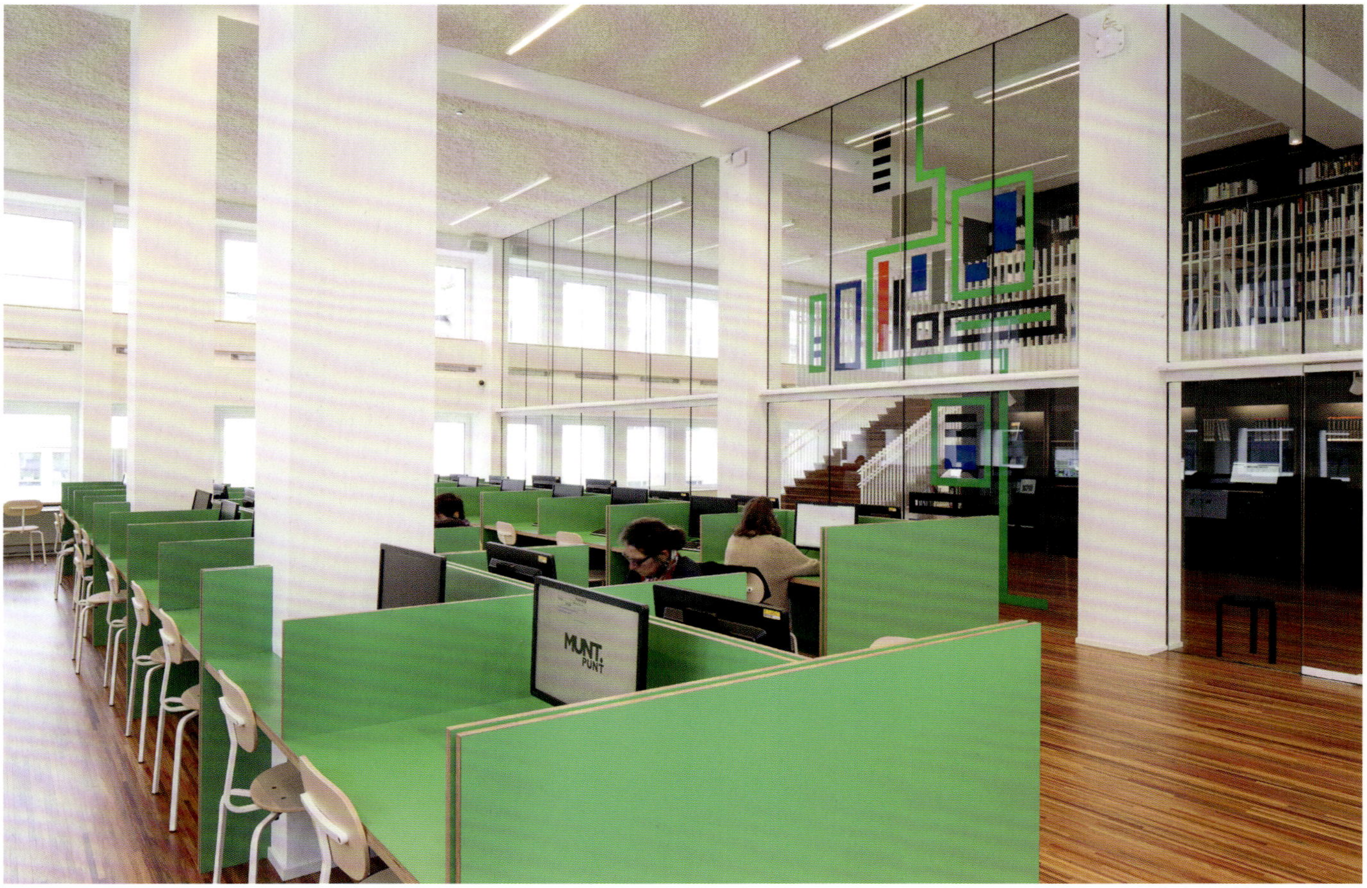
MUNT
PUNT

Muntpunt, Brussels, Belgium, 2013

A well-balanced combination of renovation, reconversion and new architecture, this new multi-experience library is housed in a former 1970s office building, a 19th-century property and a townhouse. Between them they now store 8,900 sq m of books in a stylish way.

Deze ervaringsbibliotheek, een uitgebalanceerde combinatie van renovatie, herbestemming en nieuwe architectuur, is gehuisvest in een voormalig kantoorgebouw uit de jaren 70, een 19de-eeuws pand en een herenhuis. Samen bieden ze nu stijlvol onderdak aan 8.900 vierkante meter boeken.

Combinaison équilibrée de rénovation, de reconversion et de création, cette bibliothèque multimédia occupe un immeuble de bureaux des années 1970, un bâtiment du XIXe siècle et une maison de ville. À elles trois, ces constructions abritent aujourd'hui un élégant espace de 8.900 m² dédié aux livres.

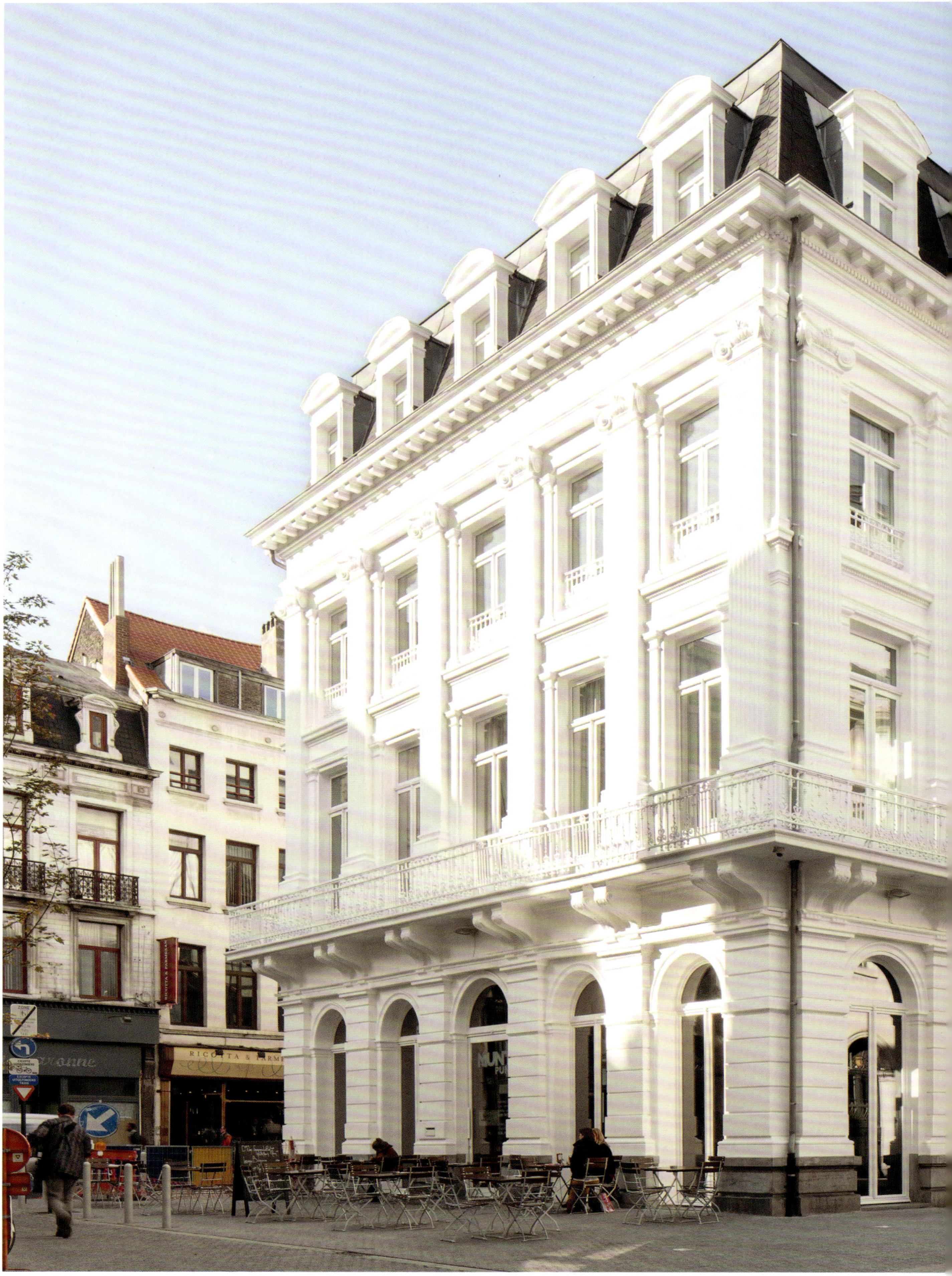

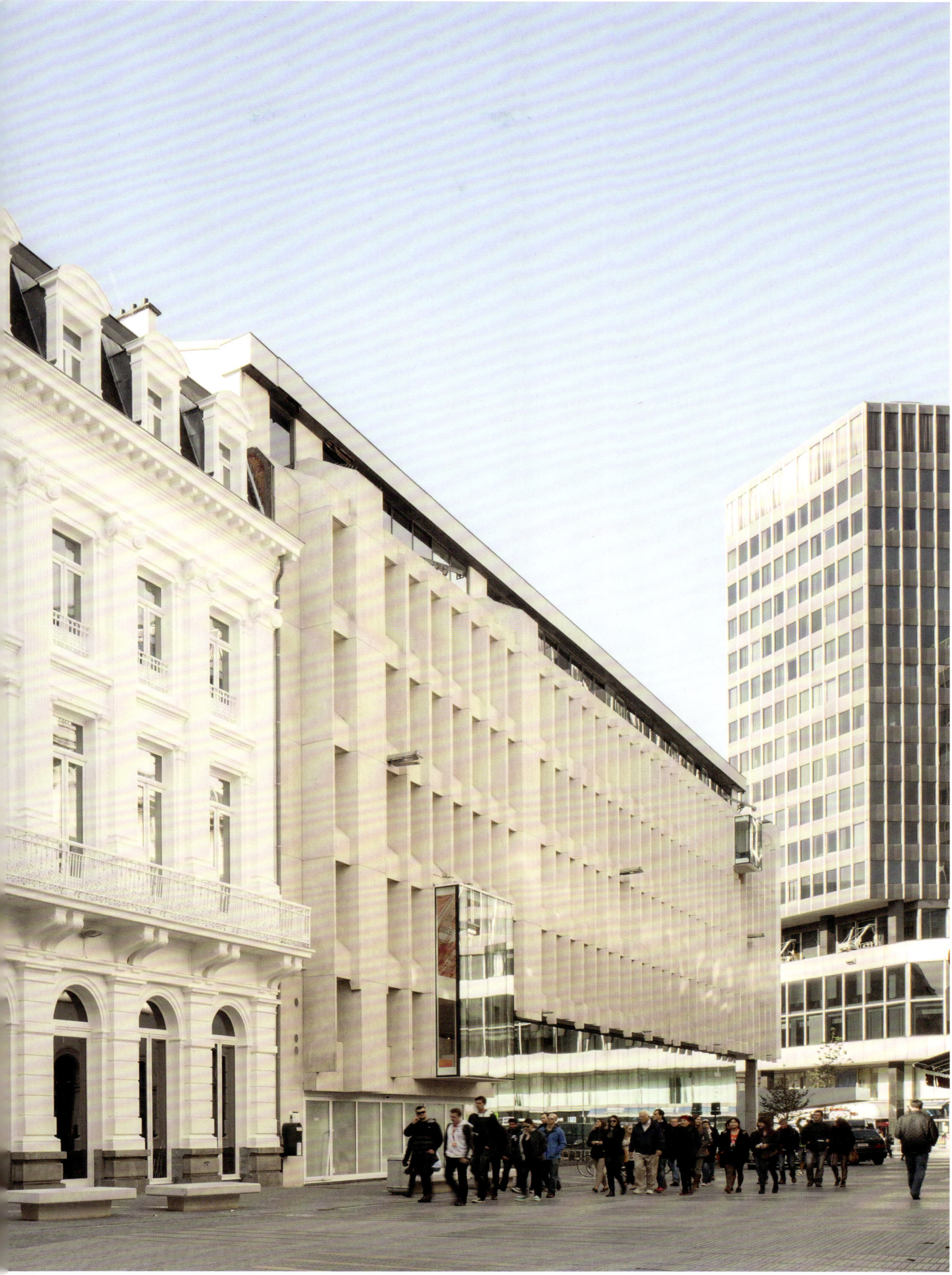

JASPERS-EYERS ARCHITECTS

This renowned studio founded in 1960 by Michel Jaspers merged with the architecture firm of John Eyers in 2000. Today working from three studios in Brussels, Hasselt and Leuven, the team realise projects in several fields: architecture, masterplanning and interior design. "Throughout our designs, we keep the well-being of the individual in mind," states the team. "That is why context and community play a determining role in all our projects, while sustainability is always the underlying basis," the architects add.

Deze gerenommeerde studio, opgericht in 1960 door Michel Jaspers, smolt in 2000 samen met het architectenbureau van John Eyers. Vandaag zijn de drie kantoren in Brussel, Hasselt en Leuven actief in verschillende disciplines: architectuur, het ontwikkelen van masterplannen en interieurontwerp. 'Bij onze ontwerpen houden we altijd rekening met het welzijn van het individu,' zegt het team. 'Daarom spelen de context en de gemeenschap een bepalende rol in onze projecten, die altijd gegrond zijn in duurzaamheid.'

Cette agence réputée, fondée en 1960 par Michel Jaspers, a fusionné en 2000 avec le cabinet d'architecture de John Eyers. Travaillant aujourd'hui dans trois ateliers à Bruxelles, Hasselt et Louvain, l'équipe réalise des projets dans plusieurs domaines : architecture, plans d'urbanisme et architecture d'intérieur. «Tout au long de nos projets, nous gardons à l'esprit le bien-être de l'individu, déclare l'équipe. Le lieu et la communauté concernés y jouent donc à chaque fois un rôle essentiel, la durabilité constituant toujours le principe sous-jacent.»

Quatuor, Brussels, Belgium, 2022

The organically shaped complex of four office buildings varies in height to fit into the neighbouring context in the urban fabric. A common plinth housing commercial spaces and conference rooms embraces an inner garden to create a smooth transition between the inside and outside.

Dit organisch gevormde complex van vier kantoorgebouwen sluit door de variërende hoogtes mooi aan bij het omliggende stadsweefsel. Een gemeenschappelijke basis met handelsruimtes en vergaderzalen omsluit een centrale tuin die binnen en buiten naadloos in elkaar doet overgaan.

Ce complexe de quatre immeubles de bureaux aux formes organiques varie en hauteur pour s'intégrer au tissu urbain. Un socle commun avec espaces commerciaux et salles de conférence embrasse un jardin intérieur pour ménager une transition en douceur entre l'intérieur et l'extérieur.

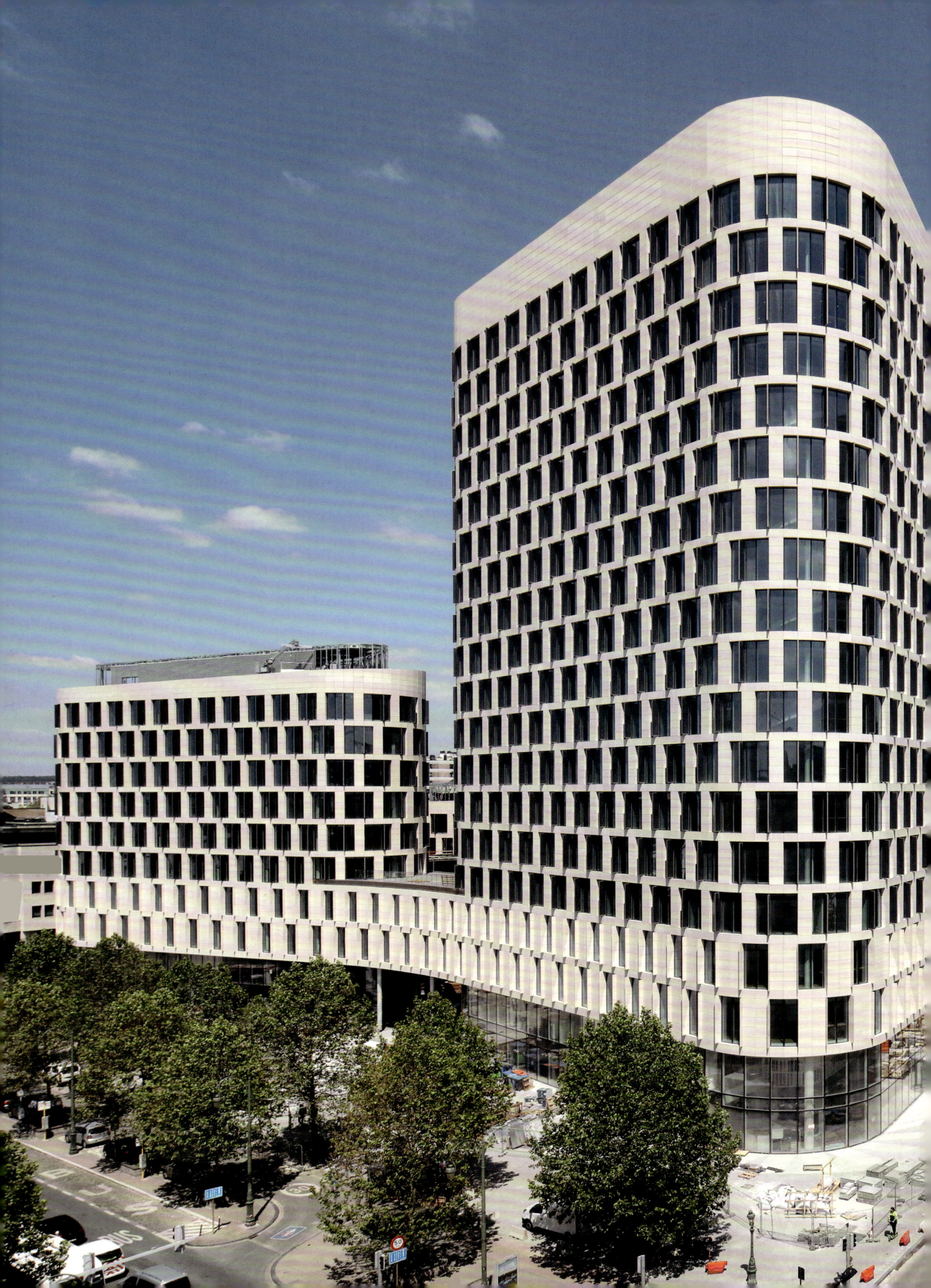

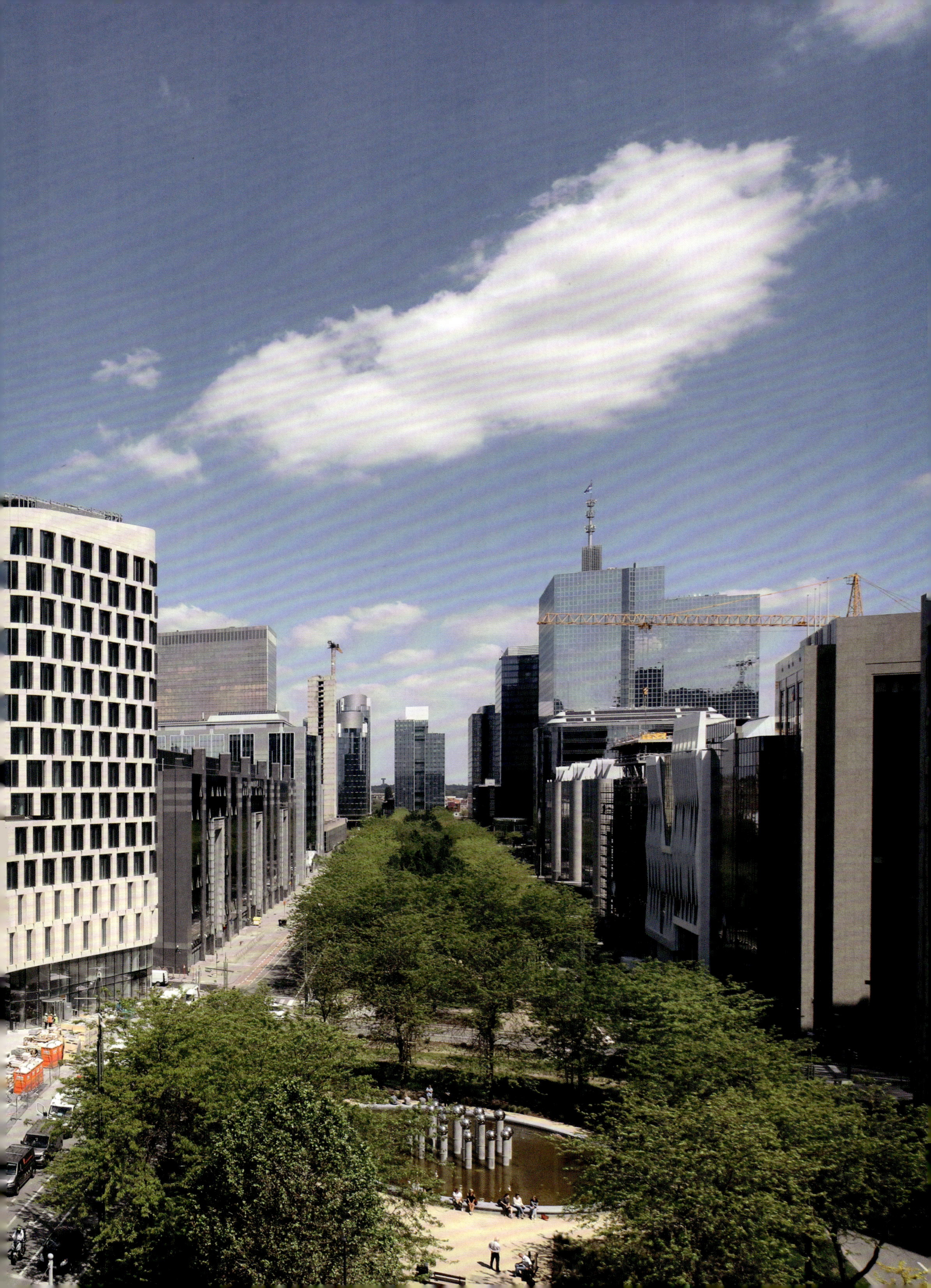

Barco One Campus, Kortrijk, Belgium, 2016

Co-designed by Pierre Lallemand, the new headquarters of Barco, situated between two parks and with a production unit on one side and office space on the other, was envisioned as a space for social functions, and includes an atrium and a company restaurant. The circular translucent volume is wrapped in an outer shell.

Het nieuwe hoofdkwartier van Barco, dat tussen twee parken ligt, en mee ontworpen werd door Pierre Lallemand, huisvest aan de ene kant een productie-eenheid en aan de andere kant kantoren. Het is ontworpen als een ruimte voor sociale activiteiten, met een atrium en een bedrijfsrestaurant. De buitenzijde van het doorschijnende, cirkelvormige volume wordt omringd door een buitenste mantel.

Conçu avec la participation de Pierre Lallemand, le nouveau siège de Barco, situé entre deux parcs, comprend, d'un côté, une unité de production et de l'autre, des bureaux. Il a été imaginé comme un espace à fonction sociale, avec un atrium et un restaurant d'entreprise. Le volume circulaire translucide est entouré d'une coque extérieure.

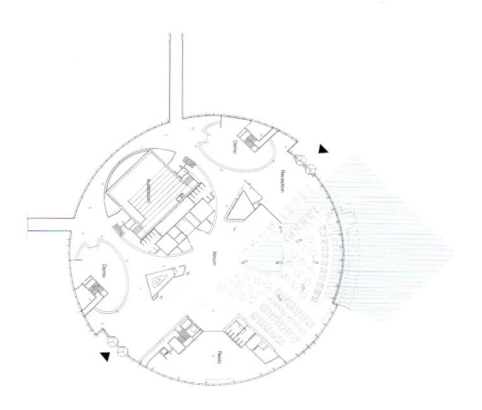

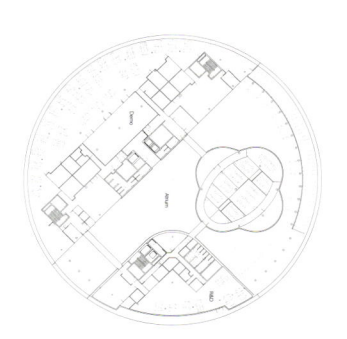

JASPERS-EYERS ARCHITECTS

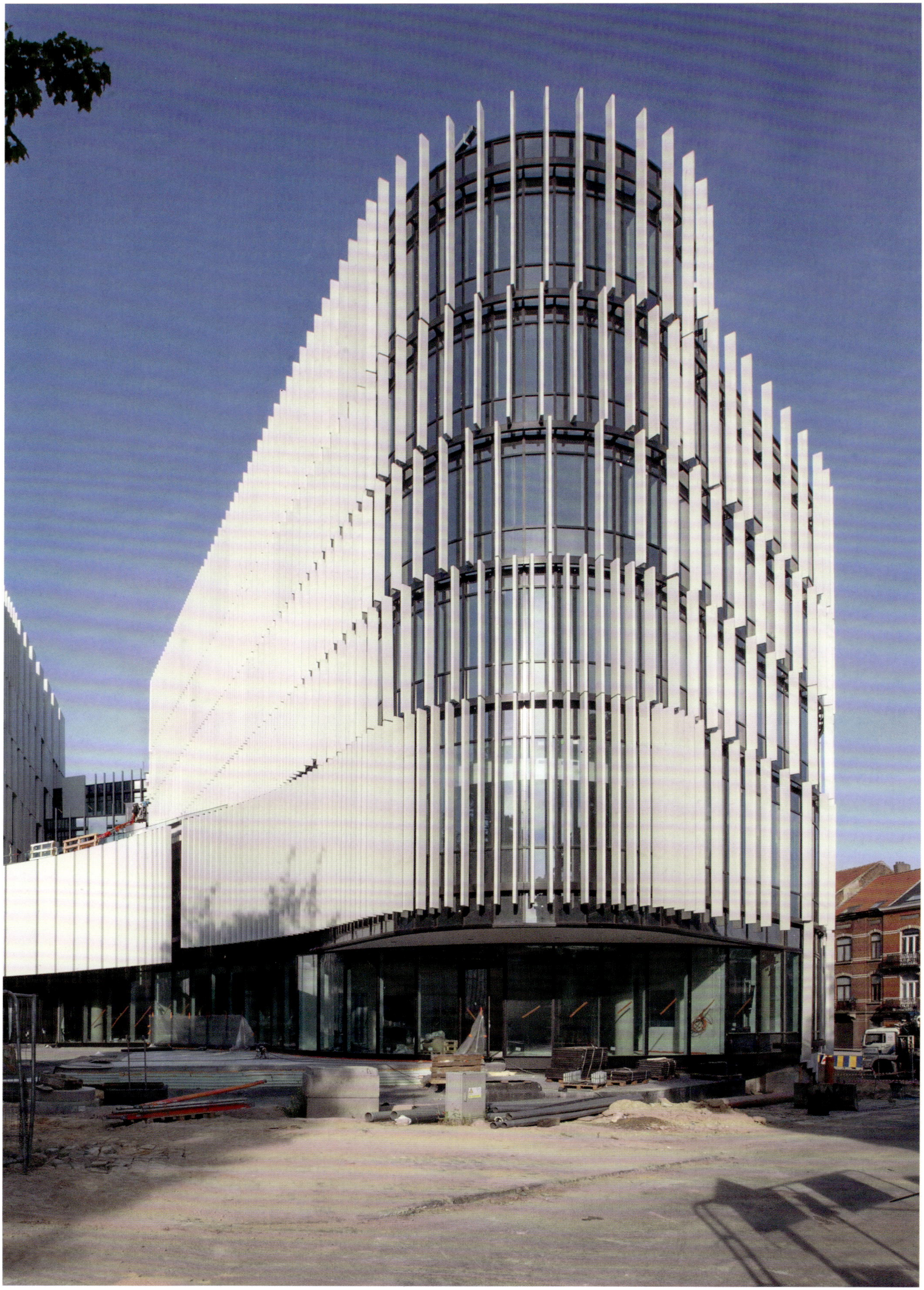

Etterbeek City Hall, Brussels, Belgium, 2020

The new City Hall houses the civil and social services for the Municipality of Etterbeek as well as a local police station and a welcoming plaza. Enveloped by an organic contour, the complex's layout creates synergy between all parts and improves the experience of the employees and visitors.

Het nieuwe gemeentehuis van Etterbeek omvat naast de administratieve en sociale diensten ook een politiebureau en een uitnodigend plein. Organische contouren creëren synergie tussen de verschillende delen van het complex en zorgen voor een aangename beleving voor medewerkers en bezoekers.

Ce nouvel ensemble abrite les services administratifs et sociaux de la commune d'Etterbeek, ainsi qu'un poste de police et une place accueillante. Avec son enveloppe aux courbes organiques, le complexe a été agencé pour créer une synergie entre toutes ses parties et améliorer l'expérience des fonctionnaires comme des visiteurs.

MADE ARCHITECTS

Established in 2004, this Antwerp-based studio has been run by Gill Matthyssen and Liesbeth Storkebaum since 2014. MADE's assignments vary in scale and typology yet the majority of their projects are realised in an urban context. "We find social added value and critical research important both in the selection of our projects and in their elaboration," emphasises the team. In their embrace of sustainability, the architects do not limit this guiding principle to only the choice of materials or techniques; they also consider long-term factors like low building maintenance and energy efficiency. In their realisations, which also include renovations, an essential issue is the integration into the urban context.

Dit Antwerpse bureau bestaat al sinds 2004 en wordt sinds 2014 geleid door Gill Matthyssen en Liesbeth Storkebaum. MADE neemt opdrachten aan van diverse omvang en aard, maar het merendeel bevindt zich in de stedelijke omgeving. 'Maatschappelijke meerwaarde en kritisch onderzoek vinden we belangrijk,' zeggen de architecten, 'zowel bij de keuze van onze projecten als bij de uitwerking ervan.' Ze hanteren een brede visie op duurzaamheid die verder gaat dan het gebruik van duurzame materialen en technieken, en ook rekening houdt met langetermijnfactoren als onderhoudsvriendelijkheid en energie-efficiëntie. Ook integratie in het stadsweefsel en leefbaarheid zijn cruciaal bij hun projecten, die zowel nieuwbouw als renovaties omvatten.

Fondé en 2004, ce studio anversois est dirigé depuis 2014 par Gill Matthyssen et Liesbeth Storkebaum. Ses missions sont d'échelle et de typologie variables, mais se situent généralement dans un environnement urbain. « Nous estimons que valeur sociale ajoutée et recherche critique déterminent la sélection et la conception de nos projets », soulignent les architectes. En adoptant le principe de durabilité, ils ne se limitent pas qu'au choix des matériaux ou des techniques, mais tiennent aussi compte de facteurs à long terme comme les contraintes d'entretien limitées et l'efficacité énergétique. Dans leurs réalisations, qui comprennent aussi des rénovations, les premiers enjeux sont l'intégration dans le tissu urbain et l'habitabilité.

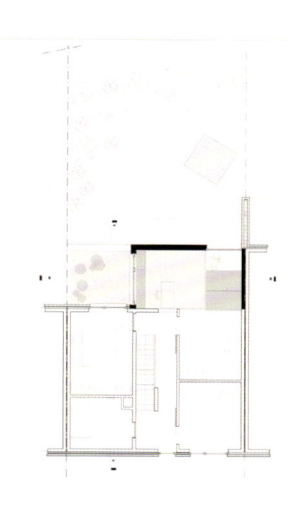

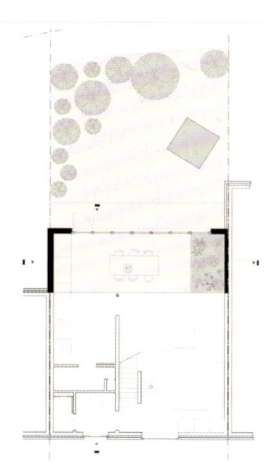

House Snik, Antwerp, Belgium, 2019

This challenging small extension to a tightly planned family house made its layout much more flexible. The extraction of the rear façade created space for a larger living area, a workshop and a guest room. The external skin of the house plays with the brickwork pattern.

Deze kleine uitbreiding van een gezinswoning was een hele uitdaging, maar maakte de strakke indeling veel flexibeler. De achtergevel werd naar achteren verschoven om plaats te bieden aan een grotere leefruimte, een atelier en een logeerkamer. De buitenmuren spelen met het baksteenpatroon.

La petite extension exigeante et soigneusement planifiée de cette maison familiale a rendu son agencement beaucoup plus flexible. La projection de la façade arrière a permis d'agrandir l'espace de vie et d'y adjoindre un atelier et une chambre d'amis. Le revêtement de la maison est animé par les motifs de la maçonnerie en briques.

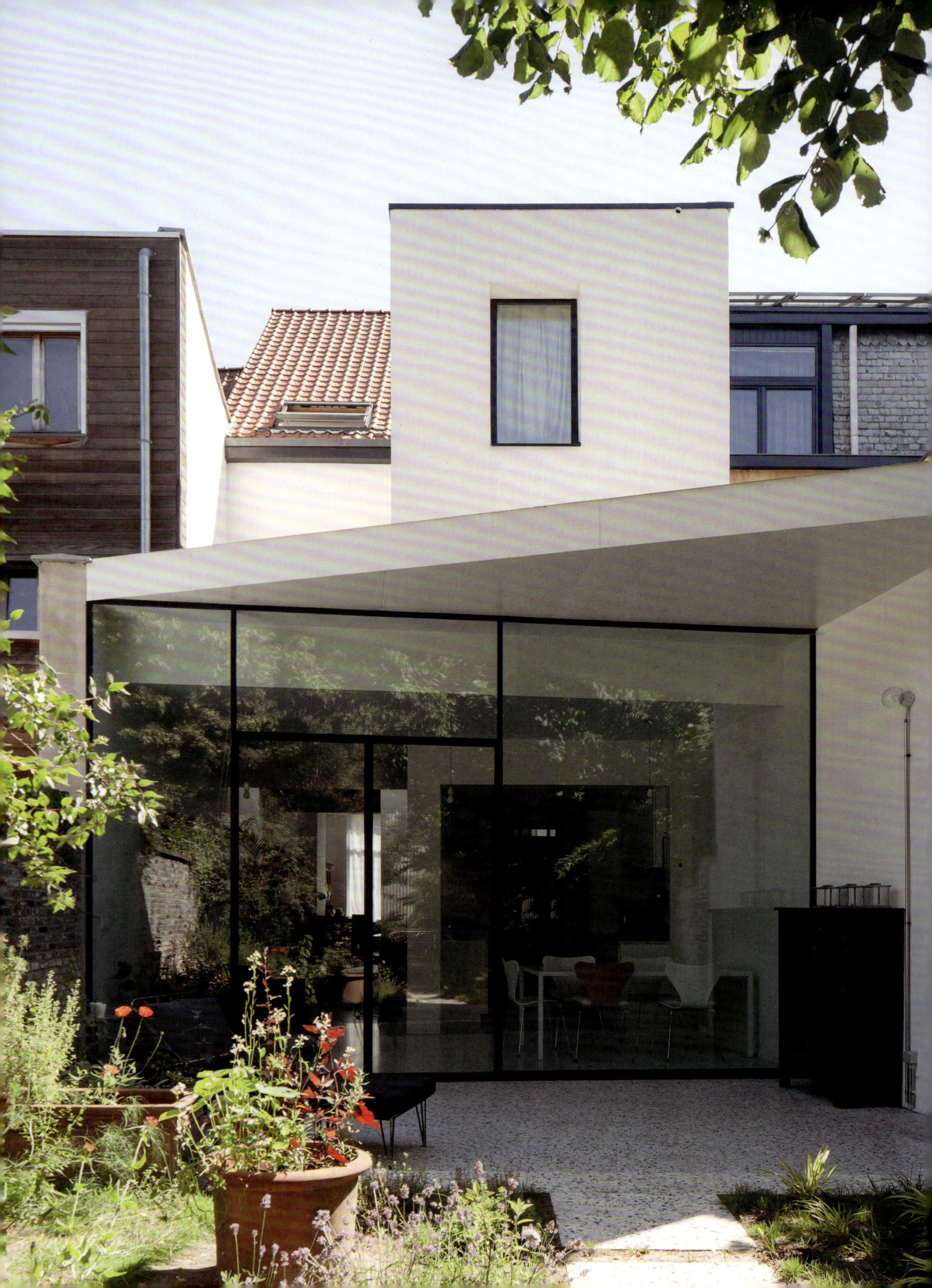

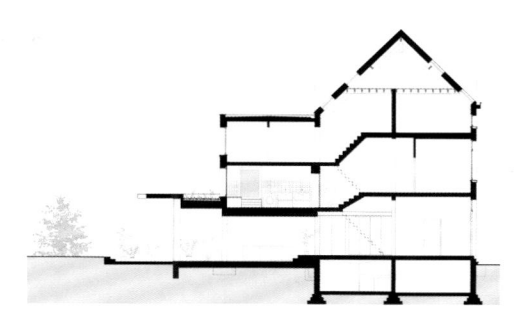

House Rowa, Antwerp, Belgium, 2018

The enlargement of this house within a city block realizes the connection with the extensive back garden. The architects removed part of the existing structure to make way for a spacious and transparent addition, finished by a triangular canopy offering sheltered outdoor space.

Dit huis in een woonblok in de stad kon dankzij de grote achtertuin toch nog worden uitgebreid. De architecten haalden een deel van de bestaande structuur weg om plaats te maken voor een ruime, transparante aanbouw met een overdekte buitenruimte onder een driehoekige luifel.

Pour l'agrandissement de cette maison intégrée dans un bloc urbain, le studio a tiré profit du vaste jardin arrière. Les architectes ont remplacé une partie de la structure existante par une annexe spacieuse et transparente que termine un auvent triangulaire abritant un espace extérieur.

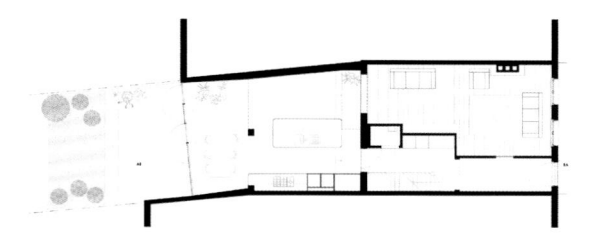

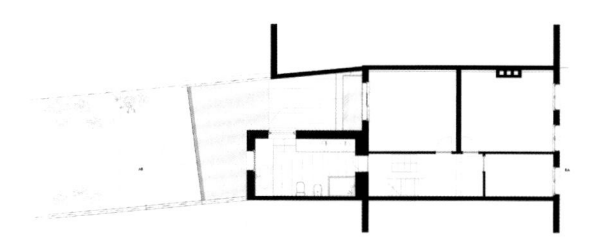

House Huy, Antwerp, Belgium, 2015

This modern terraced house in the historical heart of Antwerp is striking thanks to its large wooden openings juxtaposed with meticulously arranged brick. The simple structure is focused on fluent indoor-outdoor communication. The practical layout, with a patio, makes the best of the narrow plot.

Dit moderne rijhuis in het historische hart van Antwerpen valt op door zijn grote houten openingen, afgewisseld met een strak baksteenpatroon. De eenvoudige structuur is gericht op een vlotte doorstroming tussen binnen en buiten. De praktische indeling met een binnenterras maakt optimaal gebruik van het smalle perceel.

Cette maison de ville moderne située dans le cœur historique d'Anvers frappe par ses larges ouvertures à châssis en bois dans une maçonnerie soigneusement disposée. La structure simple est axée sur une communication fluide entre intérieur et extérieur. L'agencement pratique, avec son patio, tire le meilleur parti de l'étroitesse du terrain.

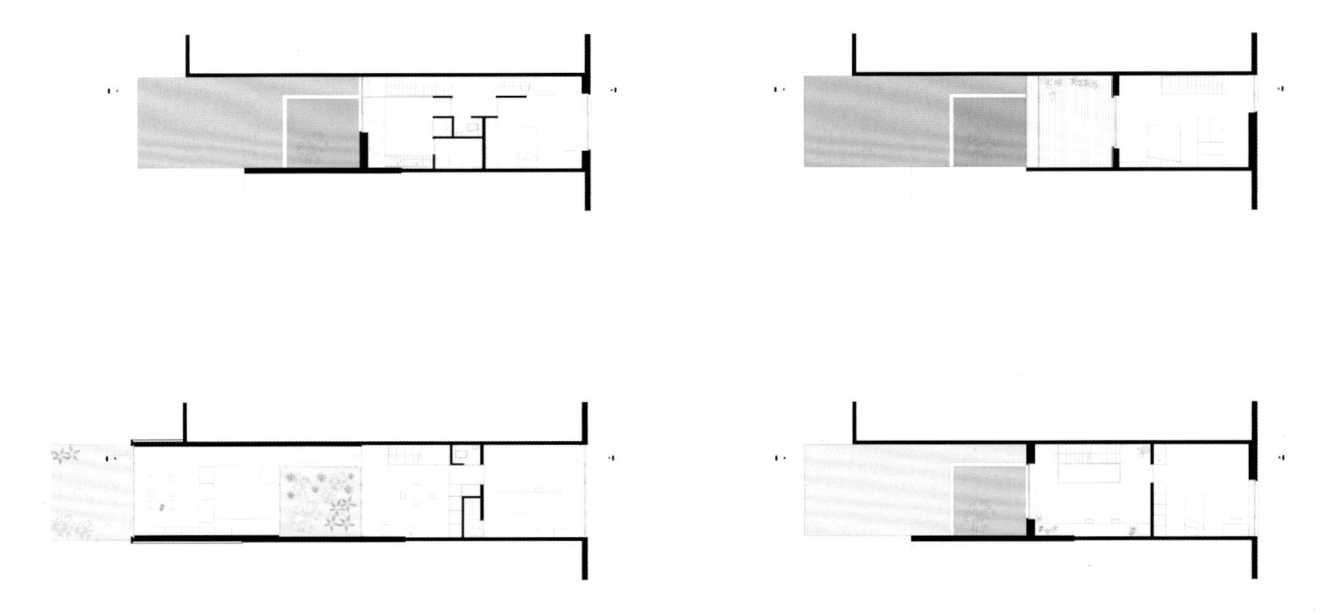

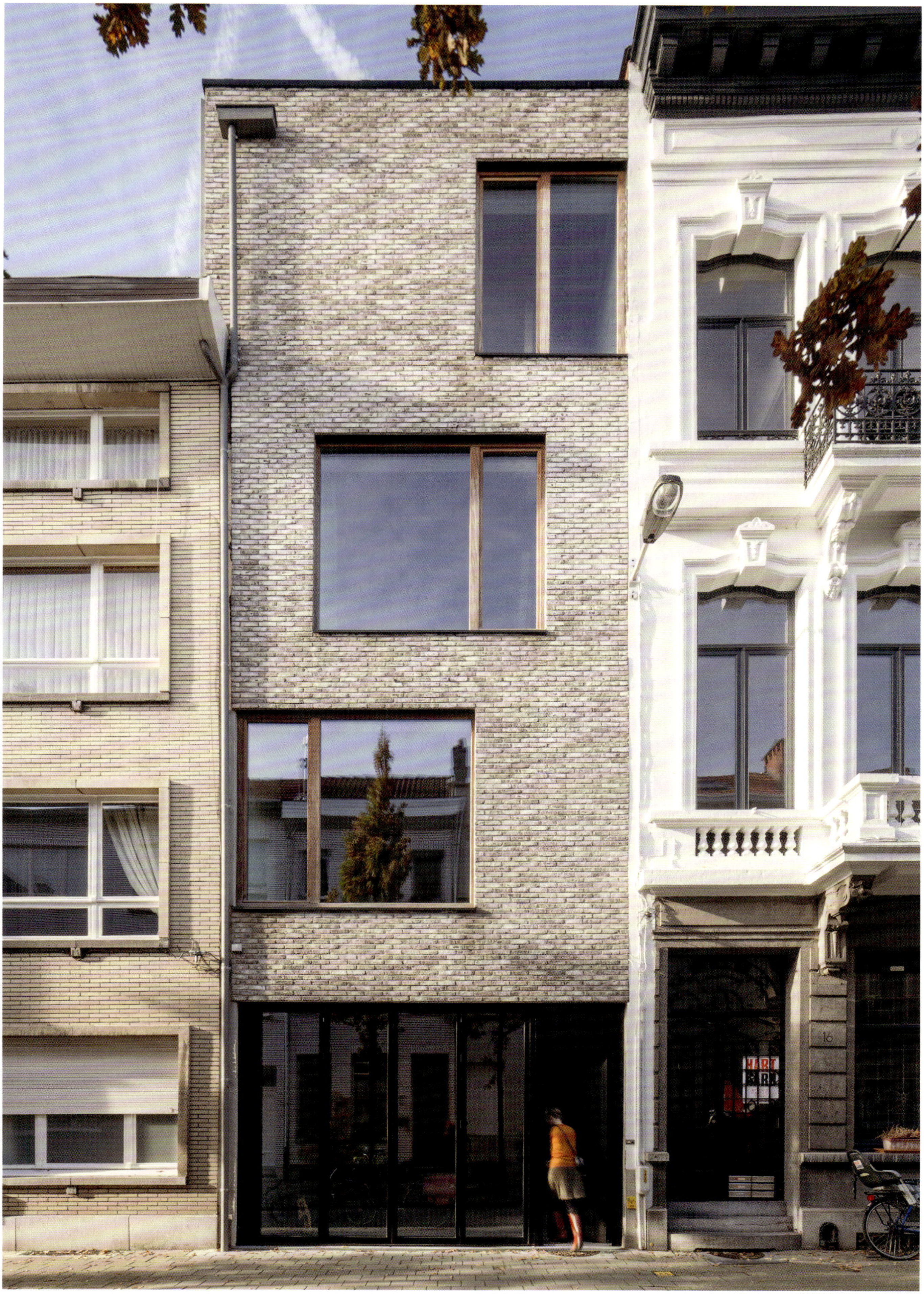

HUB

Founded in 2004 in Antwerp, Hub develops projects within the urban environment, finding a good balance between the specifics of the context and the shape of new architecture. Its ambitions are to add a new layer to the social fabric, support a sustainable transition, and create opportunities for future generations. The architects believe in 'intelligent space', which is understood as space that is able to answer today's questions and that facilitates future change. "It is space that combines a strong identity with fluid use," they explain. Working in a culture of co-creation, the studio also draws from the experience of a network of partners for their complementary expertise.

Hub, opgericht in 2004 in Antwerpen, ontwikkelt projecten binnen de stedelijke omgeving en streeft naar een goed evenwicht tussen de specifieke context en de vorm van nieuwe architectuur. Het bureau koestert de ambitie om een nieuwe laag toe te voegen aan het sociale weefsel, de overgang naar een duurzaam bestaan te ondersteunen en kansen te creëren voor toekomstige generaties. De architecten geloven in 'intelligente ruimtes' die in staat zijn om tegemoet te komen aan hedendaagse vragen en toekomstige veranderingen te stimuleren. 'Een intelligente ruimte combineert een uitgesproken identiteit met fluïde gebruiksmogelijkheden,' lichten ze toe. Het bureau koestert een cultuur van creatieve samenwerking en kan putten uit de aanvullende expertise van een uitgebreid partnernetwerk.

Fondé en 2004 à Anvers, le bureau Hub développe des projets en milieu urbain pour trouver le bon équilibre entre spécificités du contexte local et forme des nouvelles constructions. Ses ambitions sont l'ajout d'une couche au tissu préexistant, le soutien à une transition durable et la création d'opportunités pour les générations futures. Les architectes croient en un «espace intelligent», c'est-à-dire capable de répondre aux questions d'aujourd'hui et de faciliter les changements futurs. «C'est un espace qui combine identité forte et utilisation fluide», expliquent-ils. Travaillant dans un esprit de cocréation, le cabinet s'appuie également sur l'expérience d'un réseau de partenaires qui lui apportent une expertise complémentaire.

Zegel, Antwerp, Belgium, 2017

The corner building synthesises a complex urban and infrastructural context with a mixed program that combines a district police office, subway stations, and residences. The tectonic form juxtaposes a wide plinth with a slimmer tower volume, both uniformly enveloped with an aluminium skin.

Dit hoekgebouw vat een complexe stedelijke en infrastructurele context samen met een gemengd programma dat een wijkpolitiebureau, metrostations en woningen verenigt. De tektonische vorm combineert een brede basis met een smaller torenvolume, beide eenvormig bekleed met aluminium.

Ce bâtiment d'angle fait la synthèse d'un tissu urbain aux infrastructures complexes et d'un projet mixte combinant une antenne de police locale, des stations de métro et des espaces résidentiels. La forme articulée juxtapose un large socle avec une tour plus élancée, tous deux uniformément revêtus d'aluminium.

ABC House, Brussels, Belgium, 2007/2017

This ambitious conversion of an old factory building stripped the edifice to bring the brick façade and concrete structure back to their original essence. While accommodating numerous studios, a café, and a library for the local organisation Art Basics for Children, the architects focused on integrating the building with its surroundings.

Bij deze ambitieuze herbestemming van een oud fabrieksgebouw werd het gebouw volledig gestript om de bakstenen gevel en de betonnen structuur terug te brengen tot hun oorspronkelijke essentie. Het gebouw, dat verschillende ateliers, een café en een bibliotheek huisvest voor de plaatselijke vereniging Art Basics for Children, werd door de architecten mooi geïntegreerd in de omgeving.

Pour cette ambitieuse reconversion d'une usine, le but était de retirer le revêtement pour retrouver l'essence de la façade en briques et de la structure en béton. Tout en y installant de nombreux ateliers, un café et une bibliothèque pour l'association locale Art Basics for Children, les architectes ont aussi cherché à intégrer le bâtiment dans son environnement.

HUB

"Bringing historical, architectural, structural, and technical ambitions together into one singular whole of high architectural quality was a very ambitious undertaking that was carried out in full co-authorship with all partners."

City Hall, Antwerp, Belgium, 2022

One of the studio's most important projects, the refurbishment and restoration of the historic City Hall, involved numerous interventions and the integration of innovative techniques. However, as the architects stress, "this 'infill' continues the articulation and proportions of the historical design."

De renovatie en restauratie van het historische Antwerpse stadhuis was een van de belangrijkste projecten voor Hub, waarbij tal van interventies en innovatieve technieken kwamen kijken. De architecten benadrukken echter dat bij de nieuwe invulling de geledingen en proporties van het historische ontwerp werden gerespecteerd.

L'un des projets les plus importants du cabinet, la restauration et la rénovation de l'ancien hôtel de ville d'Anvers, a nécessité de nombreuses interventions et le recours à des techniques innovantes. Toutefois, comme le soulignent les architectes, « ce "lifting" conserve l'articulation et les proportions de l'édifice historique ».

JUMA ARCHITECTS

Founded by Mathieu Luyens and Julie van De Keere in 2009, the Ghent-based studio focuses on residential architecture. Their designs start with the initial planning and end with interior design, including partly custom-made furnishings. "Our aesthetics are modern and minimal with careful usage of light, space, emotion and the unique characteristics of each location," states the duo. Characterised by strict geometry, the houses are largely defined by their context, be it urban or natural. The architects' vision of a contemporary family home involves well-lit and comfortable spaces created with a limited palette of colours and materials, and with a smooth connection to the outdoors.

Dit Gentse bureau, in 2009 opgericht door Julie van De Keere en Mathieu Luyens, richt zich voornamelijk op residentiële architectuur. Hun ontwerpen beginnen bij de eerste plannen en eindigen met interieurontwerp, inclusief deels op maat gemaakte meubels. 'Onze esthetiek is modern en minimaal,' zegt het duo, 'met zorgvuldig gebruik van licht, ruimte, emotie en de unieke kenmerken van elke locatie.' Het strak geometrische ontwerp van hun woningen wordt in grote mate bepaald door de context, of dat nu de stad of de natuur is. Hun visie van een hedendaagse gezinswoning omvat goed verlichte en comfortabele ruimtes met een beperkt palet aan kleuren en materialen en een vlotte doorgang naar buiten.

Fondé par Julie van De Keere et Mathieu Luyens en 2009, ce studio gantois se consacre à l'architecture résidentielle. Les projets vont de la planification à l'aménagement intérieur, y compris l'ameublement, en partie réalisé sur mesure. « Notre esthétique est moderne et minimale, avec une étude soignée de la lumière, de l'espace, de l'émotion et des caractéristiques de chaque lieu », déclare le duo. Strictement géométriques, les maisons sont largement définies par le contexte, qu'il soit urbain ou naturel. Pour les architectes, l'habitation familiale contemporaine suppose des espaces lumineux et confortables, animés par une palette limitée de couleurs et de matériaux et reliés de façon fluide à l'extérieur.

Townhouse DT, Brussels, Belgium, 2020

Several interventions to the structure of this magnificent townhouse affected the interiors and even more the rear façade, which was demolished as part of the renovations. The main front is connected with the garden gradually through sharp-edged and glazed volumes that allow ample natural light inside.

Verschillende ingrepen aan de structuur van dit prachtige herenhuis hadden hun sporen achtergelaten aan het interieur en vooral aan de achtergevel, die tijdens de renovatie werd afgebroken. De hoofdgevel is nu geleidelijk verbonden met de tuin door strak afgelijnde glazen volumes die veel natuurlijk licht naar binnen laten.

Plusieurs interventions sur la structure de cette magnifique maison de ville ont modifié les intérieurs et davantage encore la façade arrière, démolie dans le cadre de la rénovation. La façade principale a été reliée au jardin par des volumes vitrés aux arêtes vives qui laissent passer la lumière naturelle.

HH 47, Sint-Martens-Latem, Belgium, 2016

The architects' own home, this residence comes with a layout drawing inspiration from the traditional architecture of Ibiza. The house started from one building, with varying volumes added on in later stages. The villa features an inner patio, hidden amidst lush greenery, with adjacent office space.

Voor de indeling van hun eigen woning lieten de architecten zich inspireren door de traditionele architectuur van Ibiza. Aan het oorspronkelijke gebouw werden later verschillende volumes toegevoegd. De villa beschikt over een binnenterras dat verscholen ligt in weelderig groen, met aangrenzende kantoorruimte.

Cette résidence, qui est aussi la maison des architectes, est inspirée de l'architecture traditionnelle d'Ibiza. Elle a été construite à partir d'un seul bâtiment, auquel différents volumes ont été ajoutés. La villa dispose d'un patio intérieur, caché au milieu d'une végétation luxuriante, avec un espace bureau adjacent.

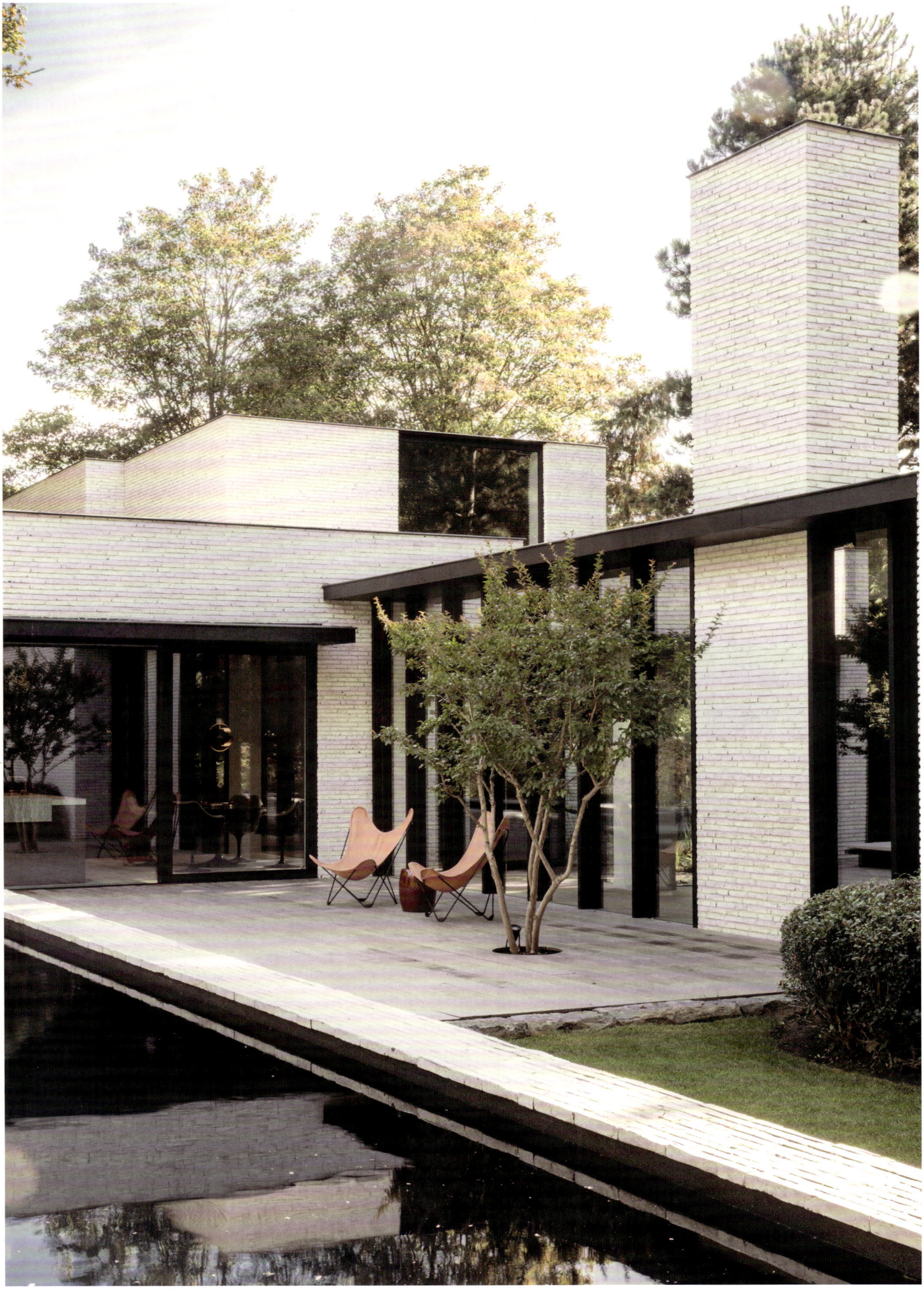

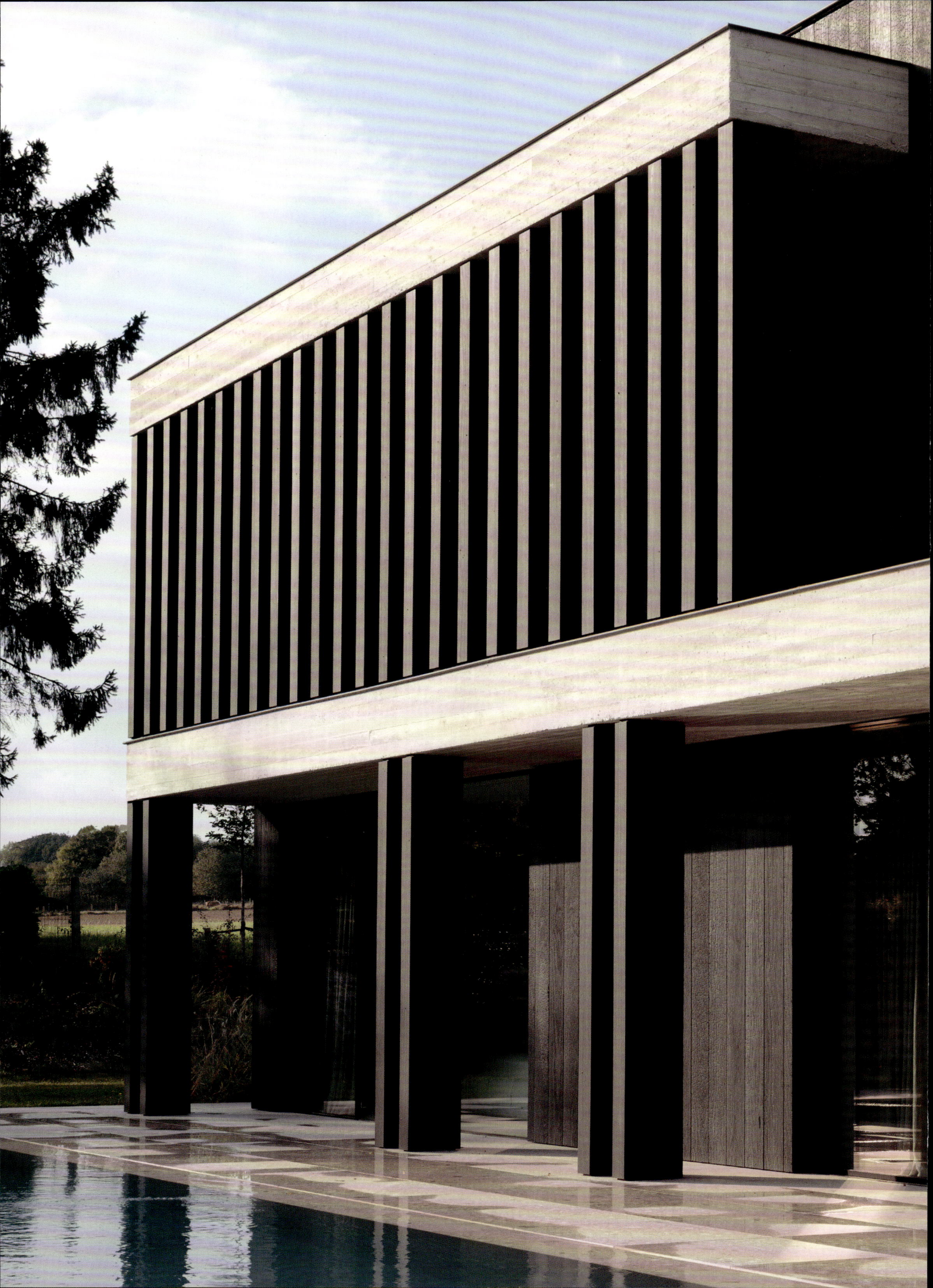

Villa RS, Kruisem, Belgium, 2021

Expanded horizontally, this villa sits on a hill in the Flemish Ardennes. Thanks to the sliding windows, the interior can open onto the surrounding picturesque scenery, which creates a contrast with the otherwise wood-clad façade. A stunning pool has been seamlessly sunk into the surface of the terrace.

Deze horizontaal vormgegeven villa ligt op een heuvel in de Vlaamse Ardennen. Dankzij de schuiframen opent het interieur zich naar het schilderachtige landschap rondom, waarbij de met hout beklede gevel voor contrast zorgt. Een schitterend zwembad is naadloos verzonken in het terras.

Cette villa au développement horizontal est située sur une colline des Ardennes flamandes. Les fenêtres coulissantes ouvrent l'intérieur sur le paysage pittoresque environnant, et contrastent avec la façade habillée de lames de bois. Une superbe piscine a été intégrée à la terrasse.

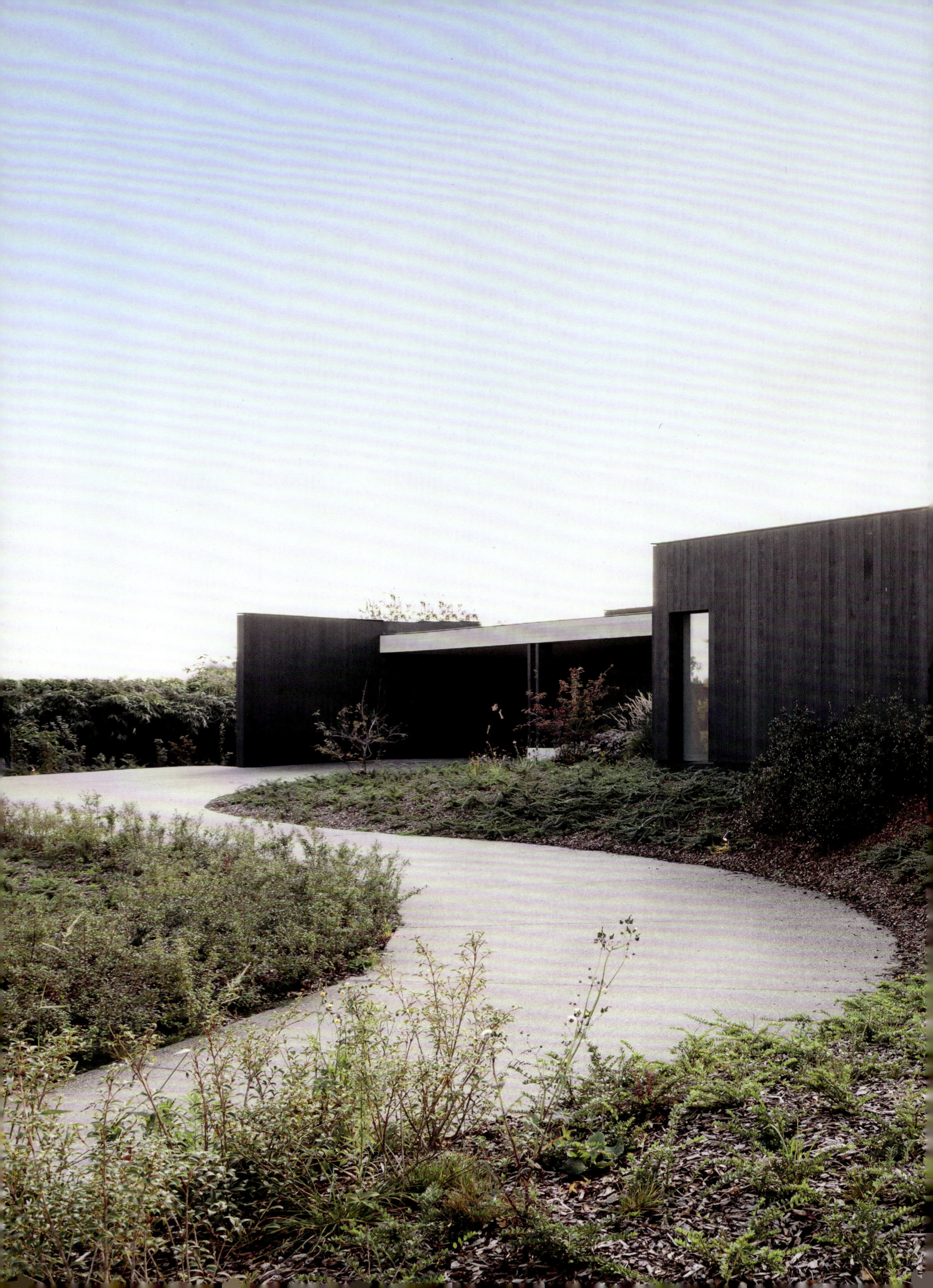

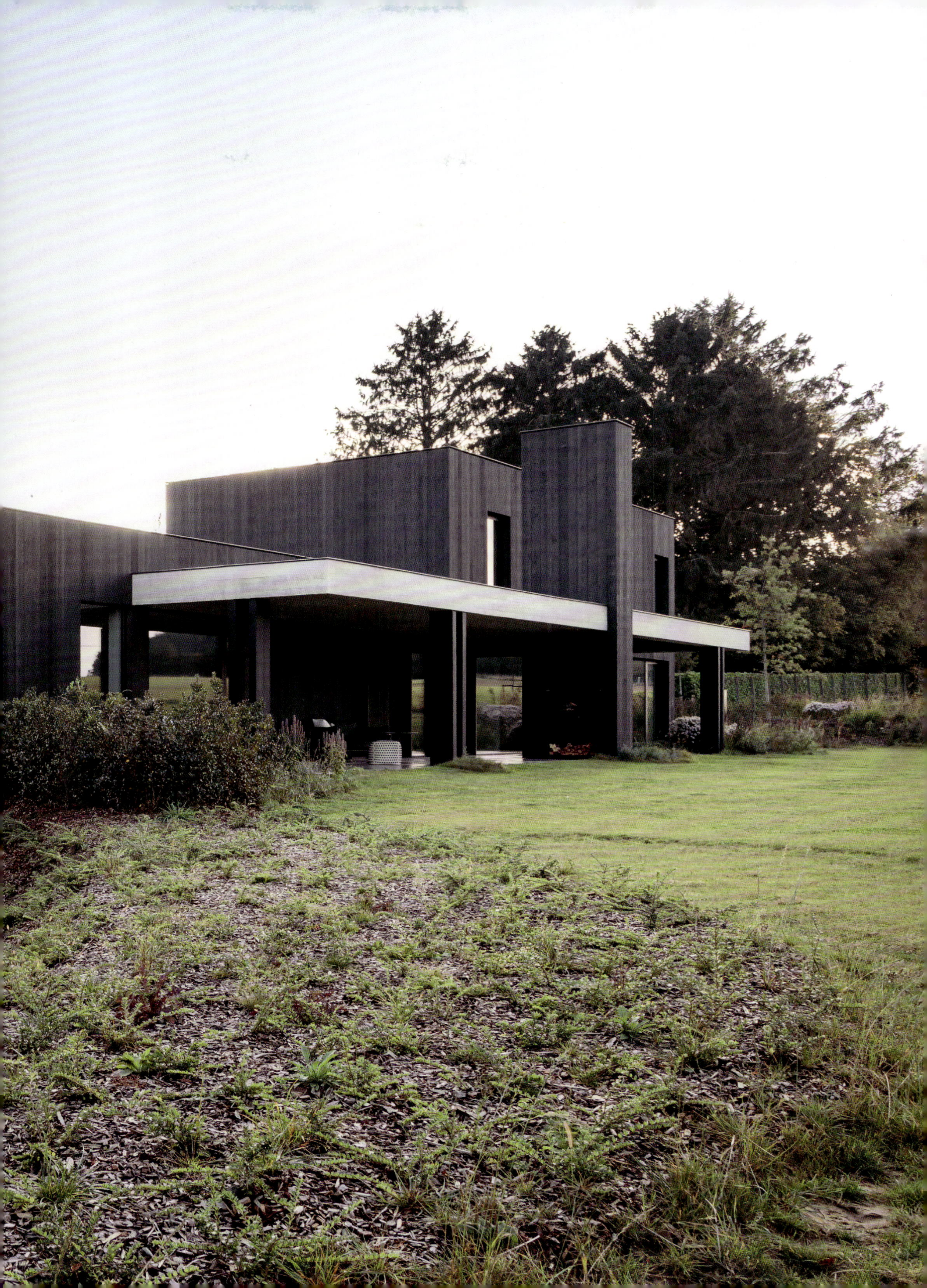

HULPIA ARCHITECTEN

Founded by Dirk Hulpia back in 1988, the studio is based in Evergem, East Flanders, and specialises in both residential architecture and public buildings. Far from obvious yet employing a universal language of geometry, the architects' designs often comprise intriguing arrangements of volumes. The selection of often contrasting materials is always very distinctive and plays an important role. The textures of outer shells, whether clad in wood or brickwork, enhance the sharp-edged order. Another important aspect of the studio's work is the generous use of openings, placed in an original way, which also creates an interplay between the solid walls and transparent windows.

Dit bureau in het West-Vlaamse Evergem werd al in 1988 opgericht door Dirk Hulpia en is gespecialiseerd in zowel residentiële architectuur als openbare gebouwen. Hulpia's ontwerpen maken gebruik van een universele geometrische taal maar liggen daarom lang niet voor de hand, mede dankzij de intrigerend gecombineerde volumes. De vaak contrasterende materialen springen altijd in het oog en spelen een belangrijke rol. De scherpe lijnen worden geaccentueerd door de texturen van de buitengevels in hout of baksteen. Belangrijk is ook het overvloedige gebruik van verrassend geplaatste openingen, waardoor een wisselwerking ontstaat tussen massieve muren en doorzichtige ramen.

Fondée en 1988 par Dirk Hulpia, cette agence établie à Evergem, en Flandre orientale, s'est spécialisée dans l'architecture résidentielle et les bâtiments publics. Tout sauf banals, même s'ils utilisent le langage universel de la géométrie, ses projets présentent souvent un agencement inattendu de volumes. Toujours singulière, la sélection de matériaux généralement contrastés y joue aussi un rôle important. La texture des revêtements extérieurs, qu'il s'agisse de bois ou de briques, souligne les angles des bâtiments. Un autre aspect essentiel des projets est l'abondance d'ouvertures. Disposées de façon originale, elles jouent du contraste entre opacité des murs et transparence des fenêtres.

Funeral center Van De Velde, Zomergem, Belgium, 2018

The dual compilation of shifting cubes in concrete and wood reflects the double role of the building, which combines a funeral centre that requires a serene atmosphere and a much more social restaurant space. The architects thus split the volume into two parts with individual entrances.

De dubbele combinatie van verschuivende kubussen in beton en hout weerspiegelt de dubbele rol van het gebouw: een uitvaartcentrum, dat om een serene uitstraling vraagt, en een restaurant. De architecten hebben het volume daarom opgesplitst in twee delen met afzonderlijke ingangen.

La combinaison de cubes en béton et en bois décalés reflète le double rôle du bâtiment, qui abrite un funérarium, à l'atmosphère recueillie, et un espace de restauration. Les architectes ont donc divisé la construction en deux parties avec des entrées séparées.

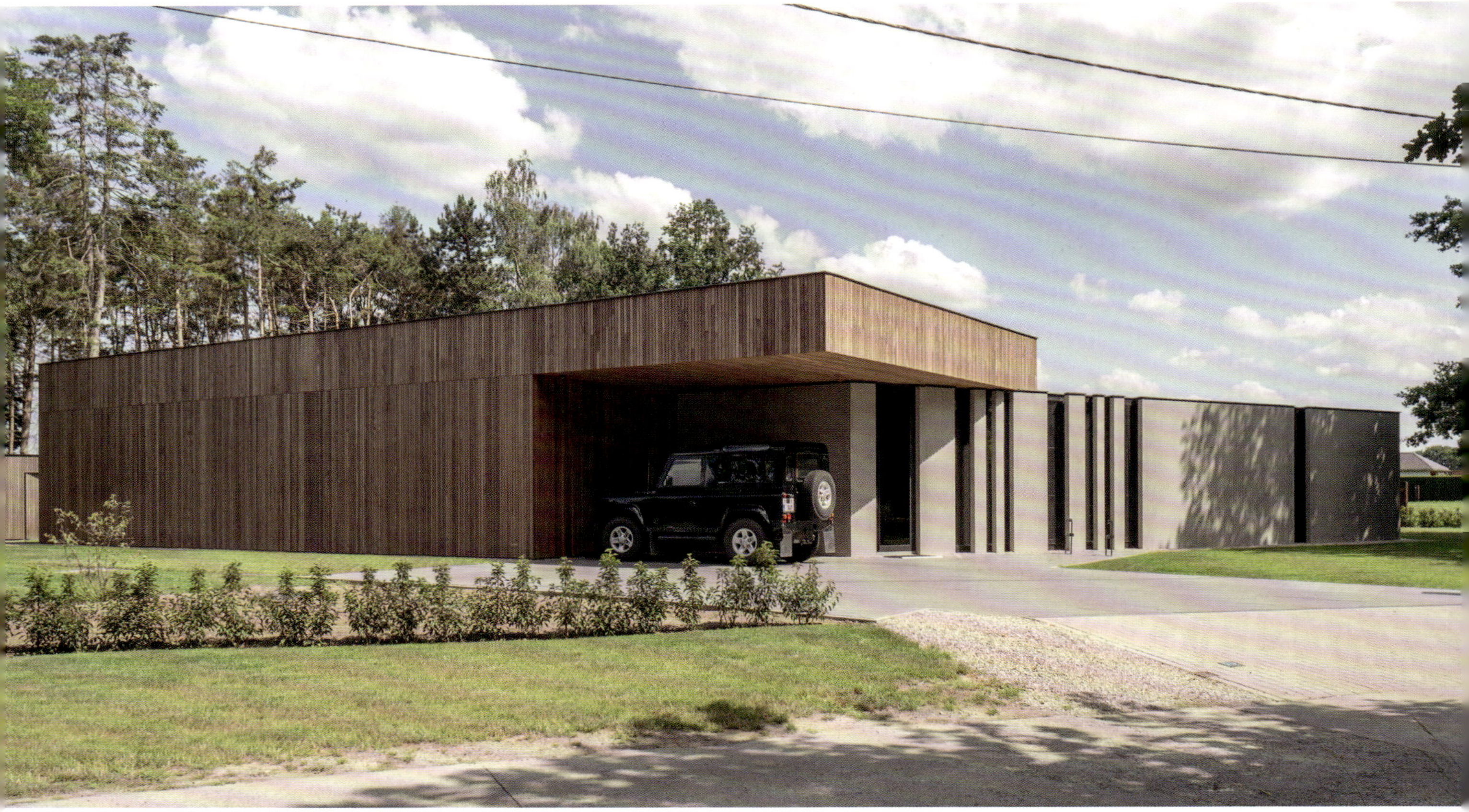

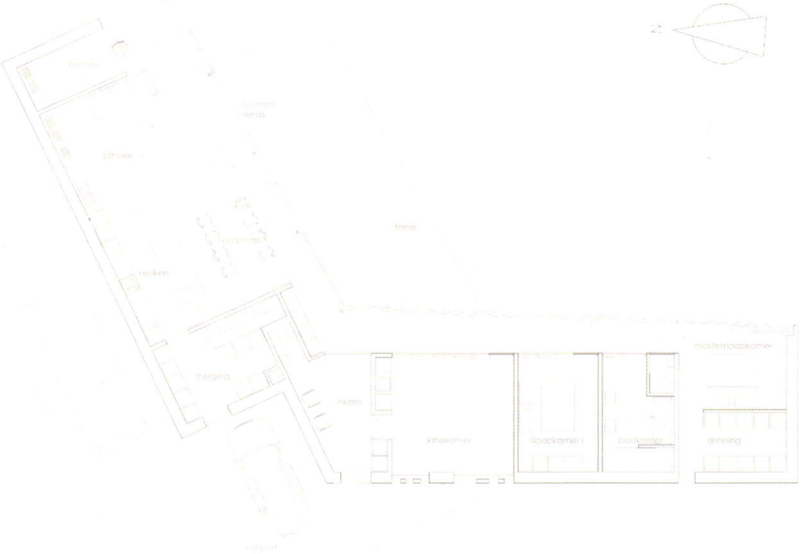

House Huyghe, Maldegem, Belgium, 2021

The main goal in the design process was to blur the distinction between the inside and outside and to connect the L-shaped house with the scenic surroundings, which the architects achieved for every space in the serene interiors of the residence.

Het hoofddoel bij het ontwerp van deze privéwoning was om het onderscheid tussen binnen en buiten te doen vervagen en het L-vormige huis te verbinden met de schilderachtige omgeving. Daarin zijn de architecten bij iedere ruimte van het serene interieur geslaagd.

La conception de cette résidence privée avait pour but premier d'atténuer la division entre intérieur et extérieur et de relier la maison en forme de L au paysage environnant. Un objectif rempli par les architectes pour l'ensemble des espaces intérieurs à l'atmosphère sereine.

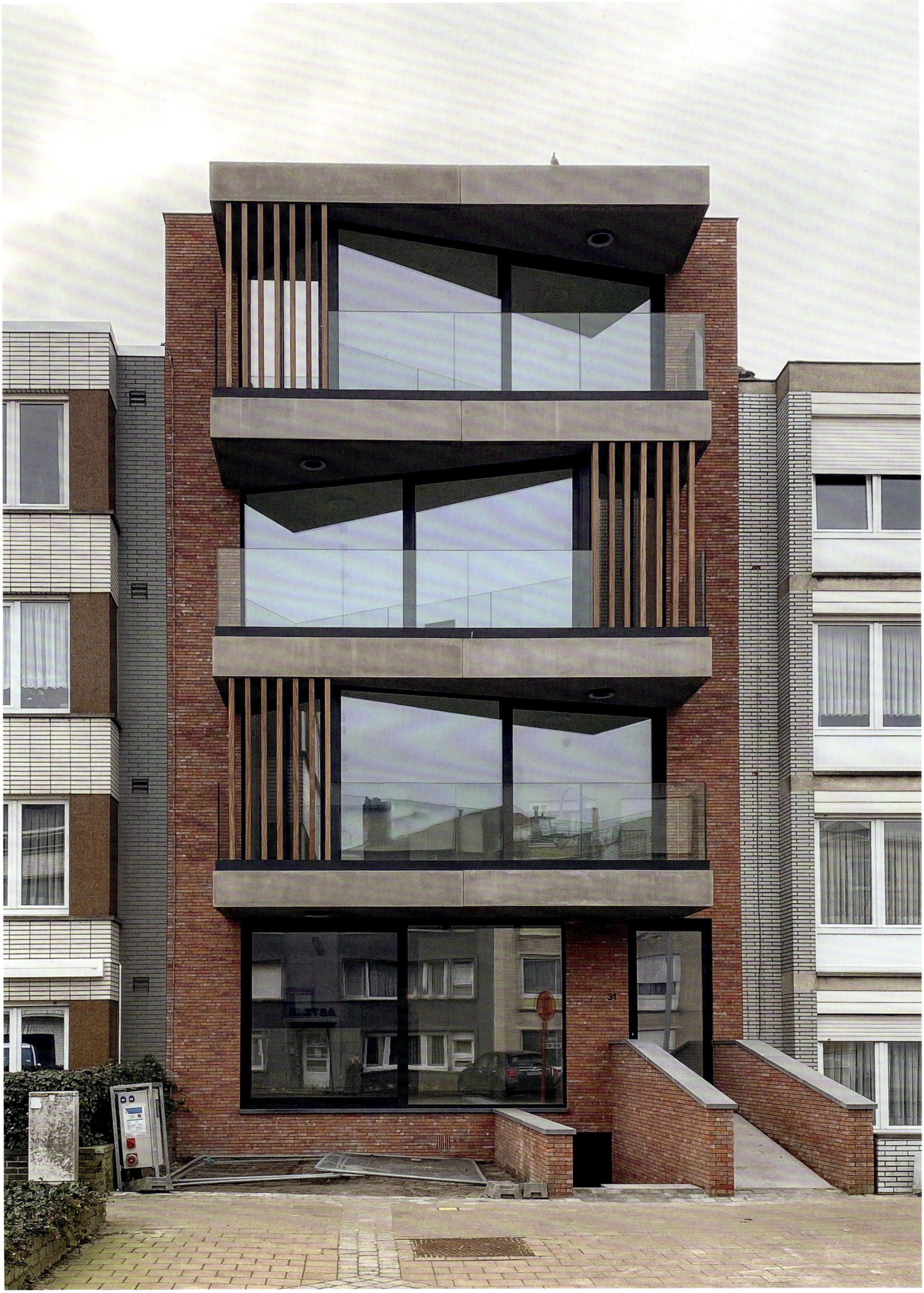

Buyse apartment building, Blankenberge, Belgium, 2021

The limited space for this 'infill' is counterbalanced by the dynamic façade that unveils the materials chosen for the project, namely red brick, concrete, wood, and aluminium for the generous openings. With living areas in the front and private spaces in the back, each level contains one flat.

De beperkte ruimte voor dit 'verdichtende' stadsproject wordt gecompenseerd door de dynamische gevel, waarin materialen als rode baksteen, beton, hout en aluminium voor de grote openingen zichtbaar worden. Ieder woonniveau huisvest één appartement, met een woonkamer aan de voorzijde en privéruimtes achteraan.

L'espace restreint de ce projet d'«insertion» est compensé par une façade dynamique qui expose au regard des matériaux comme la brique rouge, le béton, le bois et l'aluminium choisi pour les ouvertures. Chaque niveau comprend un appartement avec les espaces de vie à l'avant et les espaces privés à l'arrière.

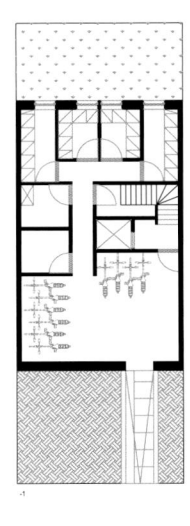

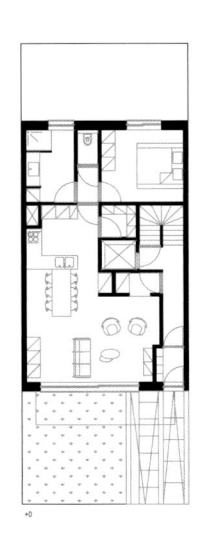

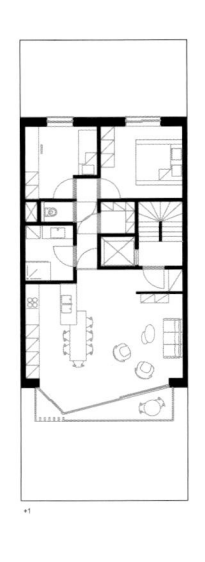

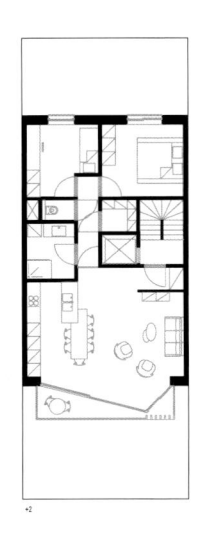

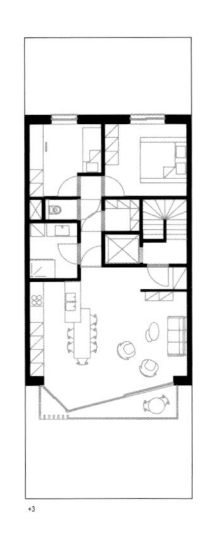

VANDENBORRE ARCHITECTEN

Based in Kortrijk, the practice was founded in 2003 by Steven Vandenborre, who after working with other architects "developed his love for modern, monolithic but warm architecture, often with a glamorous touch," as the studio's statement reads. Working around the globe, the studio's focus is residential architecture. Driven by the idea of thoughtful simplicity, the architect's goal is to create balanced and peaceful places for a rapidly changing society. Asked about inspirations, he answers: "One of my favourite things is visiting old and new architecture in Switzerland and Japan." An important aspect of the studio's work is the sensory experience and the creation of architecture that will trigger the senses.

Steven Vandenborre had al met andere architecten samengewerkt toen hij in 2003 zijn eigen bureau oprichtte in Kortrijk, gedreven door zijn 'liefde voor moderne, monolithische maar warme architectuur, vaak met een glamoureuze toets'. Hij is wereldwijd actief en richt zich vooral op woonhuizen. Vanuit het idee van doordachte eenvoud wil hij evenwichtige en rustige plekken creëren voor een snel veranderende samenleving. Gevraagd naar zijn inspiratiebronnen antwoordt hij: 'Het liefst van al ontdek ik oude en nieuwe architectuur in Zwitserland en Japan.' Vandenborre hecht veel belang aan de zintuiglijke ervaring en wil met zijn ontwerpen de zinnen prikkelen.

Installé à Courtrai, ce studio a été fondé en 2003 par Steven Vandenborre qui, après avoir travaillé avec d'autres architectes, « a développé son amour pour une architecture moderne, monolithique, mais chaleureuse, souvent avec une touche glamour. » Connu dans le monde entier, le bureau se concentre sur l'architecture résidentielle. Animé par l'idée d'une simplicité réfléchie, l'architecte se donne pour but de créer des espaces équilibrés et paisibles pour une société en mutation rapide. Interrogé sur ses sources d'inspiration, il répond : « L'une de mes activités préférées est de visiter des architectures anciennes ou nouvelles en Suisse et au Japon. » Un aspect essentiel de son travail est l'expérience sensorielle et la création de constructions qui stimulent les sens.

AGO HR Offices, Kortrijk, Belgium, 2017

The conversion of an old office building resulted in a complex of public areas with plazas, terraces, and stairs. Stripped of superfluous elements, the interiors expose the original concrete floors and columns. A bold highlight is a multi-cross-section staircase in the hall, creating an interconnection between all levels.

De herbestemming van een oud kantoorgebouw leverde een complex van publieke ruimtes op met pleintjes, terrassen en trappen. Binnen werd al het overbodige weggehaald om de oorspronkelijke betonnen vloeren en pijlers zichtbaar te maken. Een hoogtepunt is de opvallende metalen trap dwars door de centrale hal die alle niveaus met elkaar verbindt.

La conversion d'un ancien immeuble de bureaux a abouti à un ensemble d'espaces publics comprenant des esplanades, des terrasses et des escaliers. Dépouillés de tout élément superflu, l'intérieur dévoile des sols et des colonnes en béton brut. Autre innovation audacieuse, un escalier à intersections, tout en métal, traverse le hall principal et relie tous les étages.

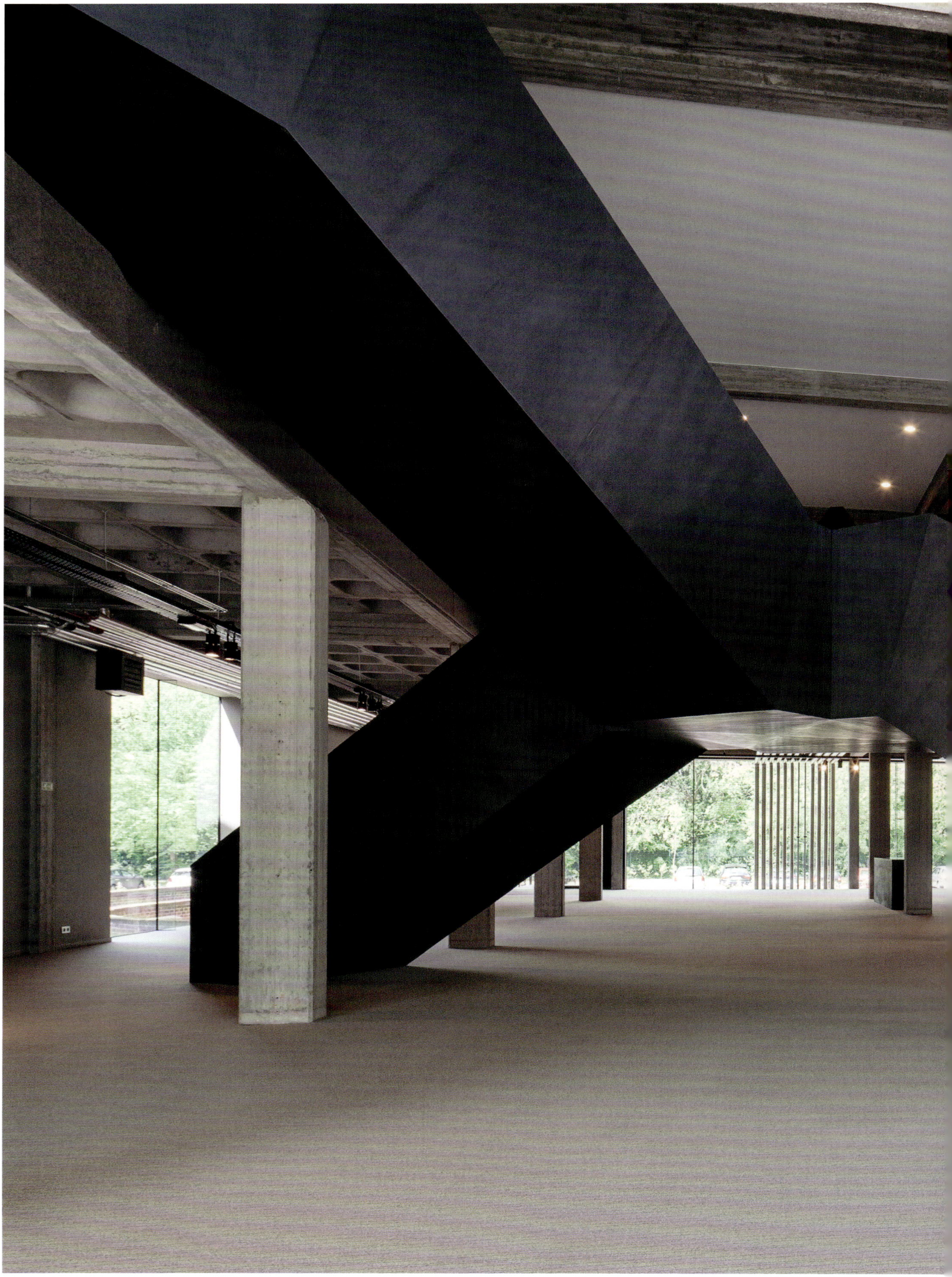

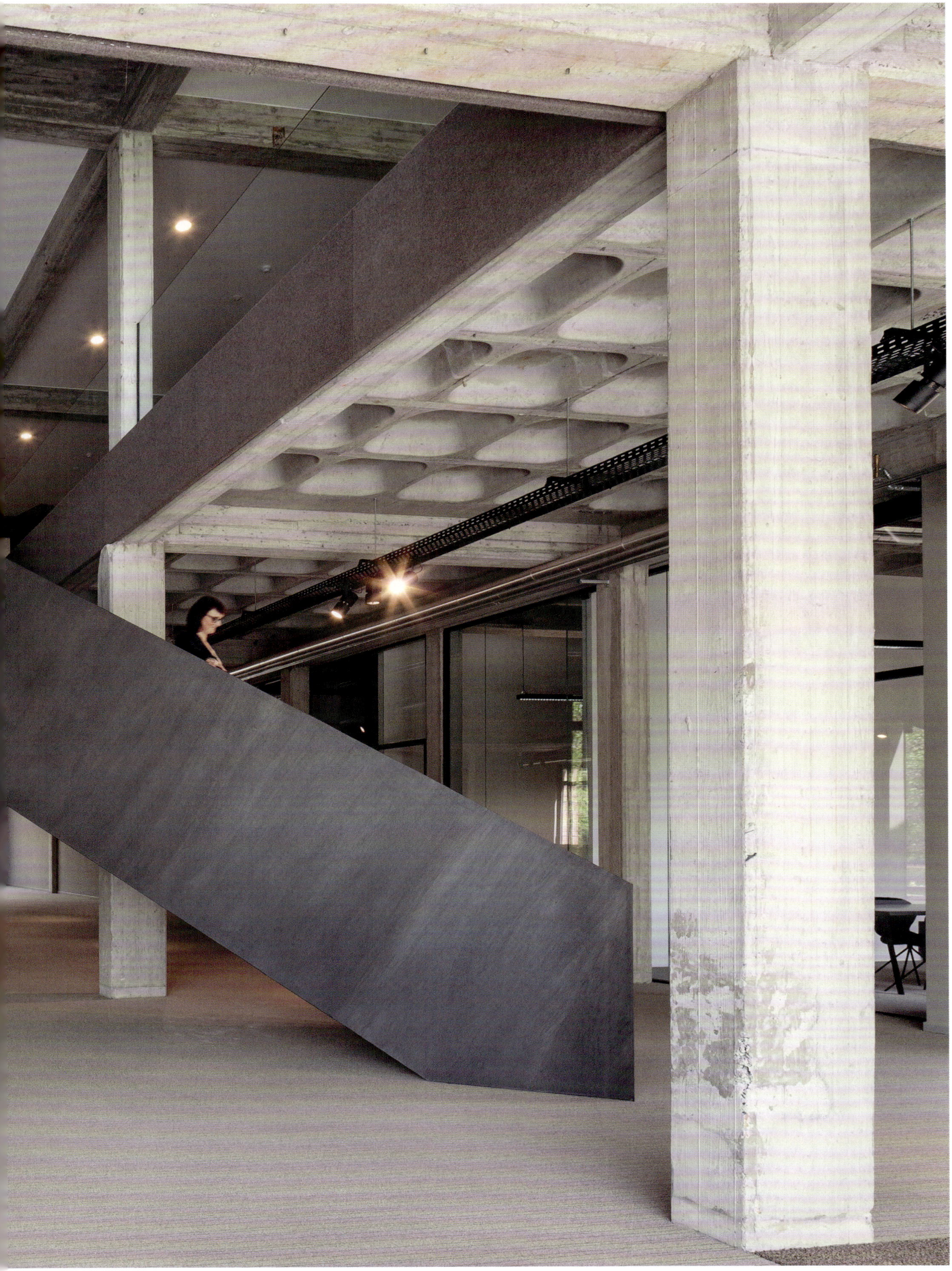

"Making minimal things is a way of leaving out excess and purifying something to its essence. All this leads to quiet spaces and experience."

House SV, Kortrijk, Belgium, 2018

The renovation of a former architecture studio transformed it into a house with three volumes built around a garden, with a concrete swimming pool and terraces added. The architects preserved the original palette of yellow and green.

Dit voormalige architectenbureau werd verbouwd tot een woning. Bij de renovatie van de drie volumes rond de tuin werden een zwembad in beton en terrassen toegevoegd, maar het kleurenpalet van geel en groen bleef bewaard.

La rénovation de cet ancien atelier d'architecture a conduit à le transformer en une maison constituée de trois éléments agencés autour d'un jardin sur lequel une piscine en béton et des terrasses ont été ajoutés. Les architectes ont toutefois conservé la palette originale de jaune et de vert.

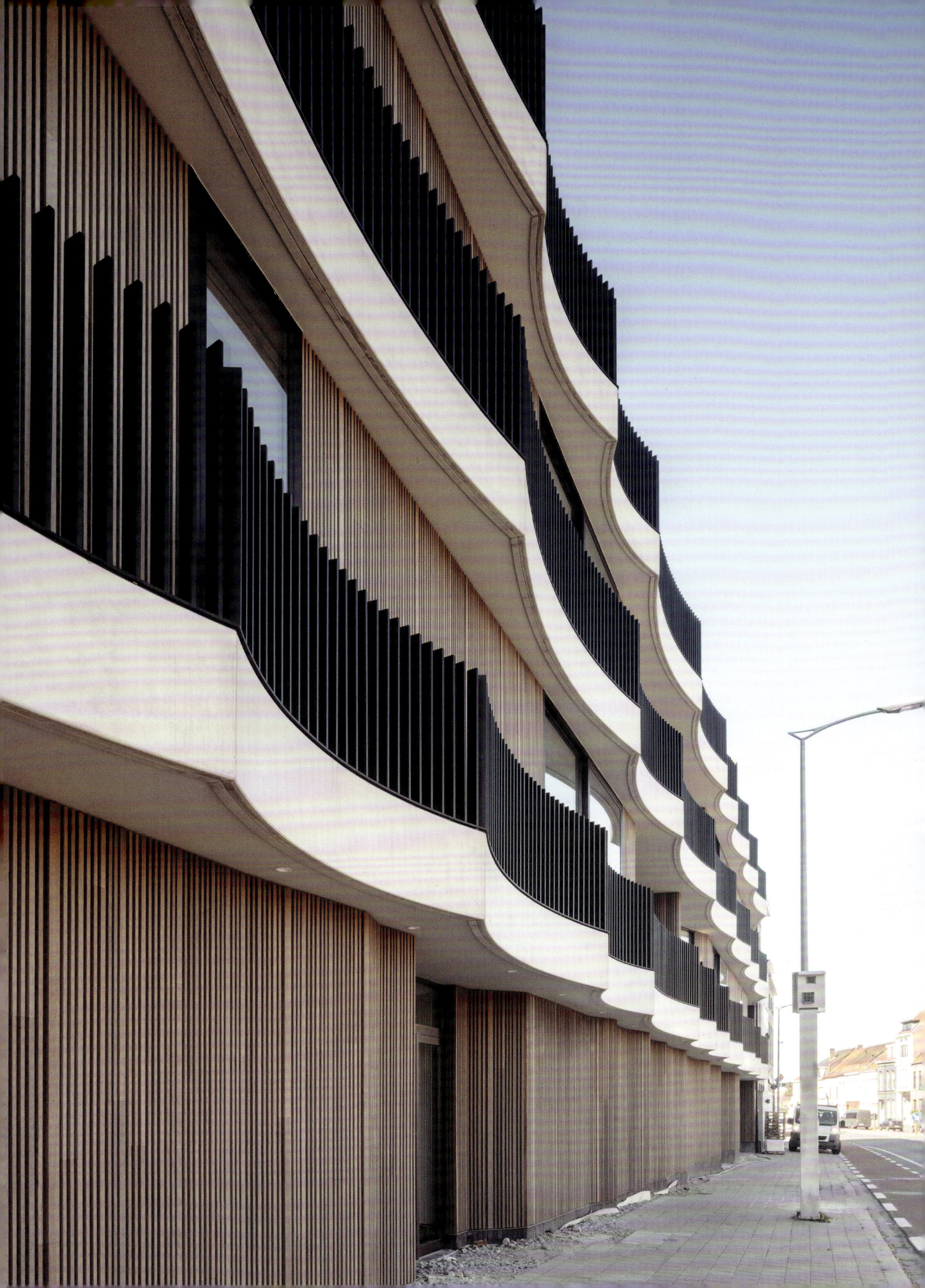

Midas, Kortrijk, Belgium, 2018

Located in the historical city centre, this apartment building stands out thanks to the profile of its wave-like balconies, which envelop the corner volume. The use of concrete contrasted with dark wood - together with generous windows placed in a varied rhythm and subtle balustrade - creates an elegant combination.

Dit appartementsgebouw in het historische stadscentrum valt op door de balkons die om het hoekvolume heen golven. Het contrast tussen beton en donker hout vormt een elegante combinatie met de grote, ritmisch variërende ramen en de subtiele reling.

Situé dans le centre historique de la ville, cet immeuble résidentiel se distingue par le rythme de ses balcons, semblables à des vagues qui enveloppent le bâtiment d'angle. Le béton qui contraste avec le bois foncé est associé à de larges fenêtres agencées selon un rythme irrégulier et à une balustrade légère, pour un ensemble élégant.

MARIE-JOSÉ VAN HEE ARCHITECTEN

Marie-José Van Hee established her Ghent-based studio in 1975. The quest for timeless architecture distinguishes the architect's work through her attentive approach to space, natural materials and light. Materiality plays a particular role in each design: the materials chosen not only affect the experience of the spaces, but are also long-lasting and often refer to the location, following the architect's wish to create a contemporary architectural language that is true to the place. From around 400 projects of public buildings, private houses, and urban developments in the portfolio, 250 have been completed. The architect is also involved in the refurbishment of many city centres.

Marie-José Van Hee richtte haar Gentse bureau in 1975 op. Haar werk wordt gekenmerkt door een streven naar tijdloze architectuur en een doordachte benadering van ruimte, natuurlijke materialen en licht. Een bijzondere rol is in haar ontwerpen weggelegd voor de materialen waarvoor ze kiest: die bepalen niet alleen de beleving van de ruimtes, maar blijven ook lang mooi en hebben vaak een band met de locatie, in navolging van de wens van de architecte om een hedendaagse architectonische taal te creëren met een authentieke relatie tot de omgeving. Van de 400 projecten in haar portfolio, waaronder openbare gebouwen, privéwoningen en stadsontwikkelingsplannen, zijn er 250 voltooid. De architecte is ook betrokken bij de renovatie van vele stadscentra.

Marie-José Van Hee a créé son studio à Gand en 1975. La recherche d'une architecture intemporelle caractérise son travail qui privilégie l'attention à l'espace, à la lumière et aux matériaux naturels. Ces derniers jouent chaque fois un rôle particulier. Ils sont choisis non seulement car ils changent la façon dont l'espace est vécu, mais aussi pour leur durabilité et parce qu'ils font souvent référence au lieu concerné, l'architecte souhaitant créer un vocabulaire contemporain fidèle aux différents contextes. Sur les quelque 400 projets de bâtiments publics, maisons et aménagements urbains que compte son catalogue, 250 ont été menés à bien. L'architecte a aussi participé à la rénovation de nombreux centres-villes.

House V-D, Ghent, Belgium, 2019

The house demonstrates the architect's strong interest in geometry. The elegantly precise positioning of volumes creates a scene for the sun to play upon, which subtly animates the brickwork façades. The careful distribution of the openings gives yet another touch to this meticulously designed residence.

Dit huis verraadt de fascinatie van de architecte voor geometrie. De elegante, nauwkeurig geplaatste volumes zijn als een speeltuin voor het zonlicht, dat de bakstenen gevels subtiel tot leven brengt. Door de zorgvuldig verdeelde openingen krijgt deze met veel aandacht en precisie ontworpen woning nog een extra toets.

Cette maison témoigne de l'intérêt marqué de l'architecte pour la géométrie. La disposition élégante et précise des volumes crée une scène sur laquelle le soleil joue en animant subtilement les façades en briques. La distribution soignée des ouvertures apporte une touche supplémentaire à cette résidence conçue minutieusement.

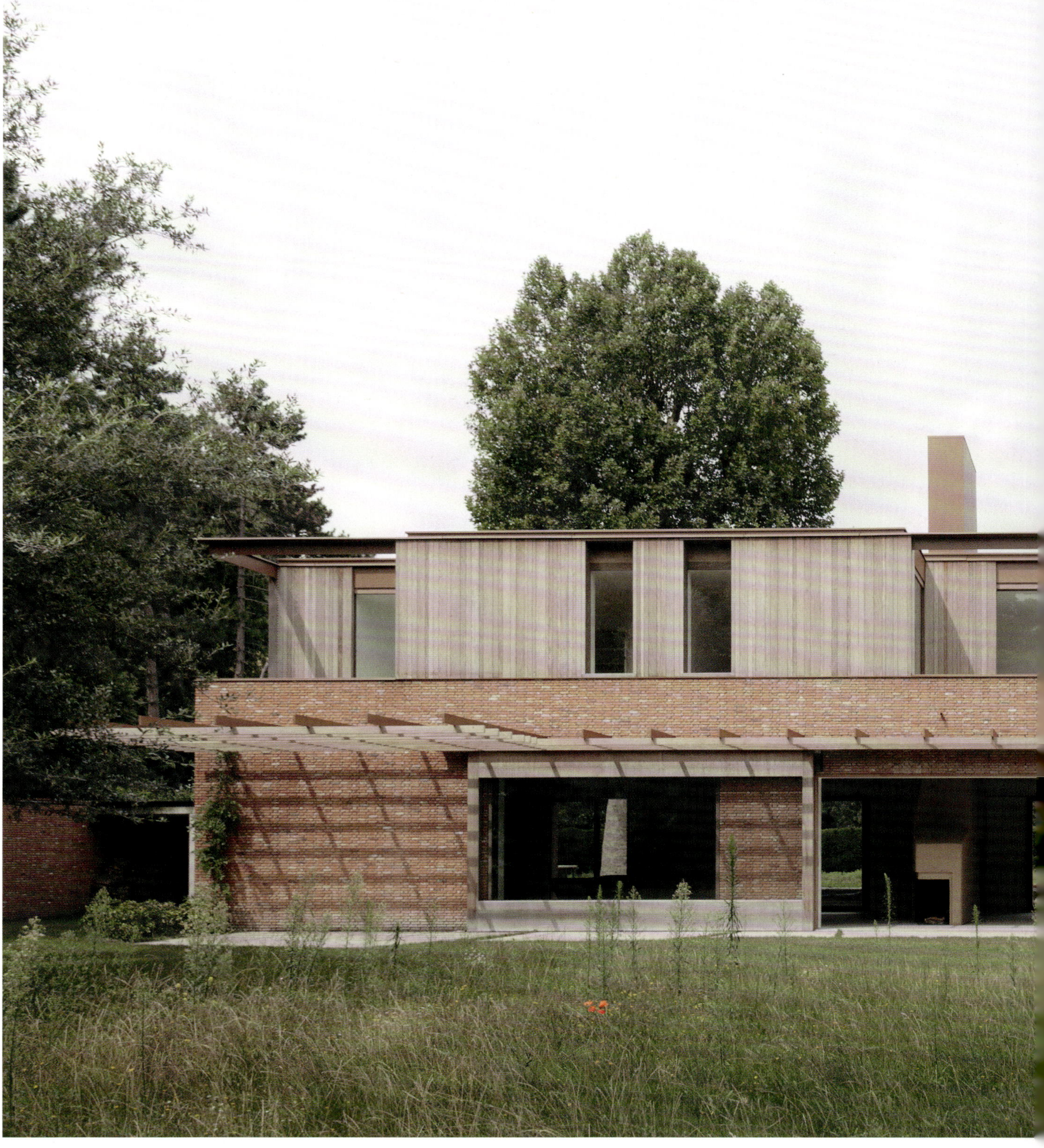

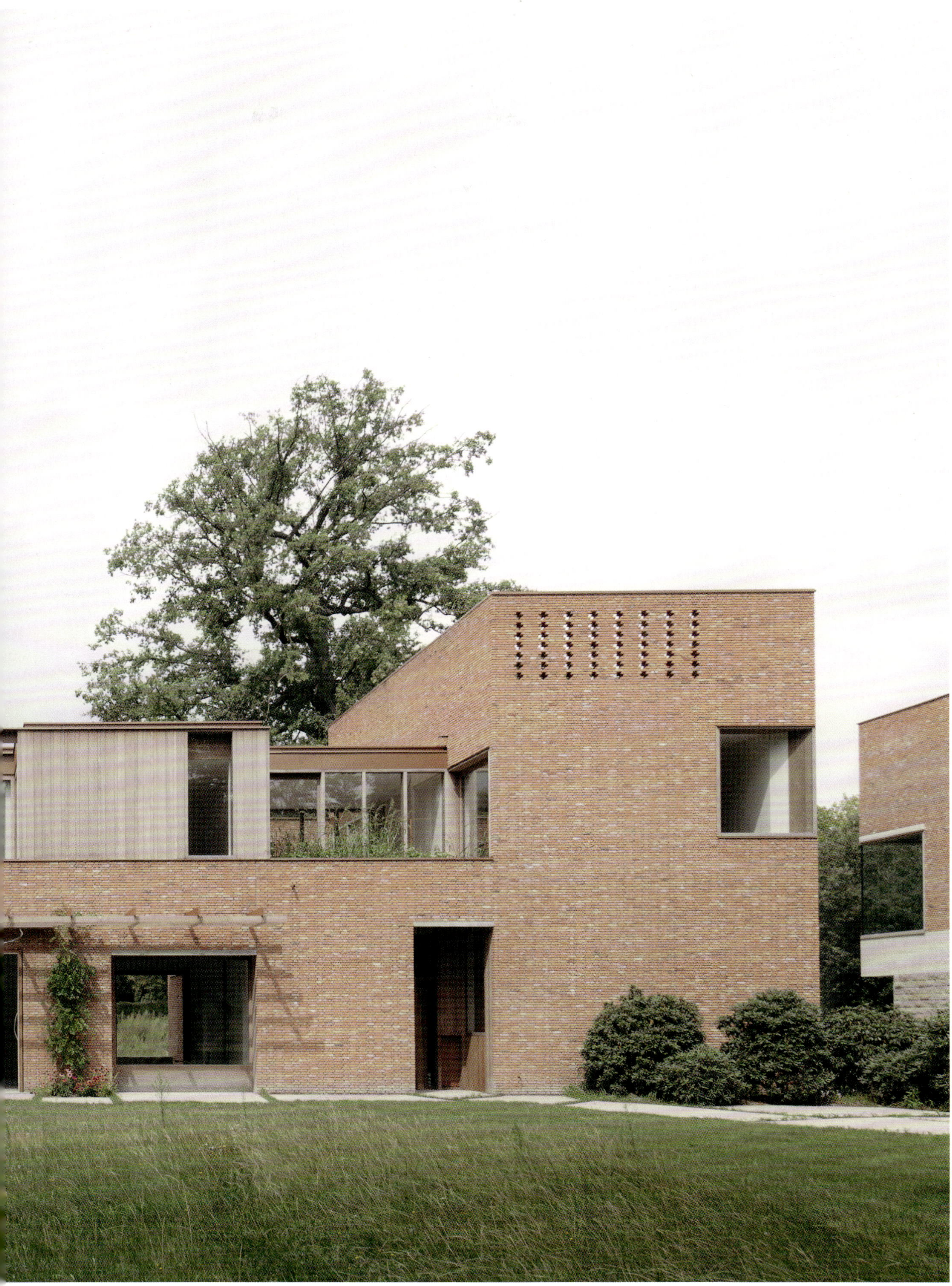

Housing for the Elderly, Deinze, Belgium, 2021

The architect has gained acclaim for her carefully considered spaces that offer inhabitants a high quality of life. This complex of interestingly dual-character buildings, with large brick-clad terraces on the front and an industrial-like rear with open staircases, enhances the experience of the sunlight.

De architecte wordt geprezen om haar doordachte ruimtes die hun bewoners een hoge levenskwaliteit bieden. De gebouwen in dit complex hebben een interessante dubbele identiteit, met vooraan grote bakstenen terrassen en een industrieel aandoende achterzijde met open trappen, wat het genot van het zonlicht nog vergroot.

L'architecte est renommée pour ses espaces étudiés avec soin, qui offrent à leurs occupants une grande qualité de vie. Dans ce complexe de bâtiments inspirants au caractère double – un avant avec de grandes terrasses en briques et un arrière de type industriel, doté d'escaliers ouverts – l'expérience de la lumière solaire est accrue.

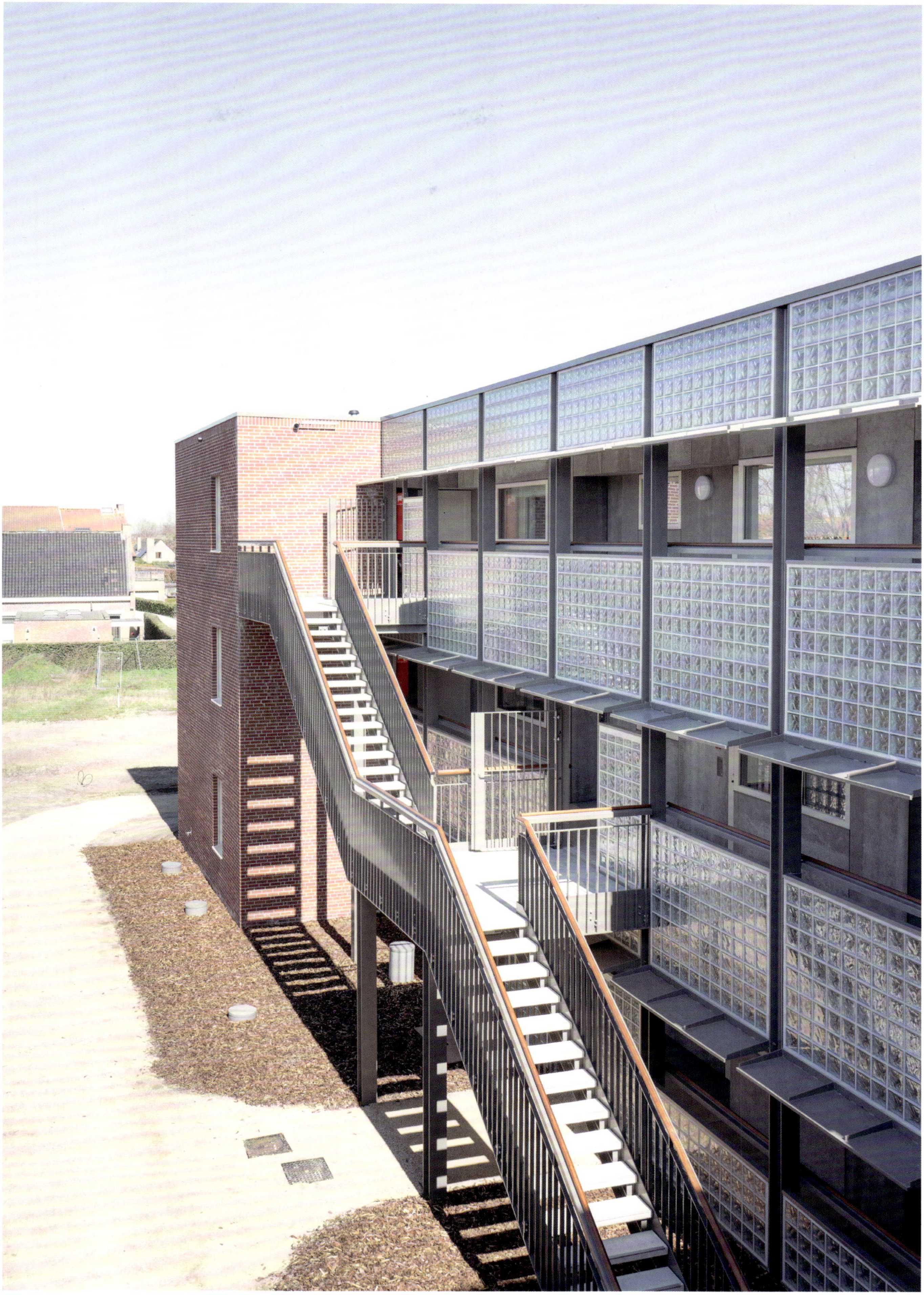

Housing with 99 apartments, Koksijde, Belgium, 2021

Designed in collaboration with Pieter Popeye architecten, the supported dwelling complex on the coast brings the outside in. As is typical for the architect, the boundaries between the building and the surroundings are blurred with a great sense of the typographical complexity of the terrain.

De buitenwereld wordt naar binnen gehaald in dit in samenwerking met Pieter Popeye ontworpen complex met assistentiewoningen aan de kust. Zoals zo vaak bij de architecte vervagen de grenzen tussen het gebouw en de omgeving en is goed rekening gehouden met de complexiteit van het terrein.

Conçu en collaboration avec l'architecte Pieter Popeye, cette résidence-services située sur le littoral fait littéralement entrer l'extérieur à l'intérieur. Comme le veut le style de l'architecte, les limites entre le bâtiment et l'environnement sont estompées, en tenant particulièrement compte de la complexité typographique du terrain.

"A good room receives daylight from at least two directions. It allows one to experience the passing of time and get a sense of orientation."

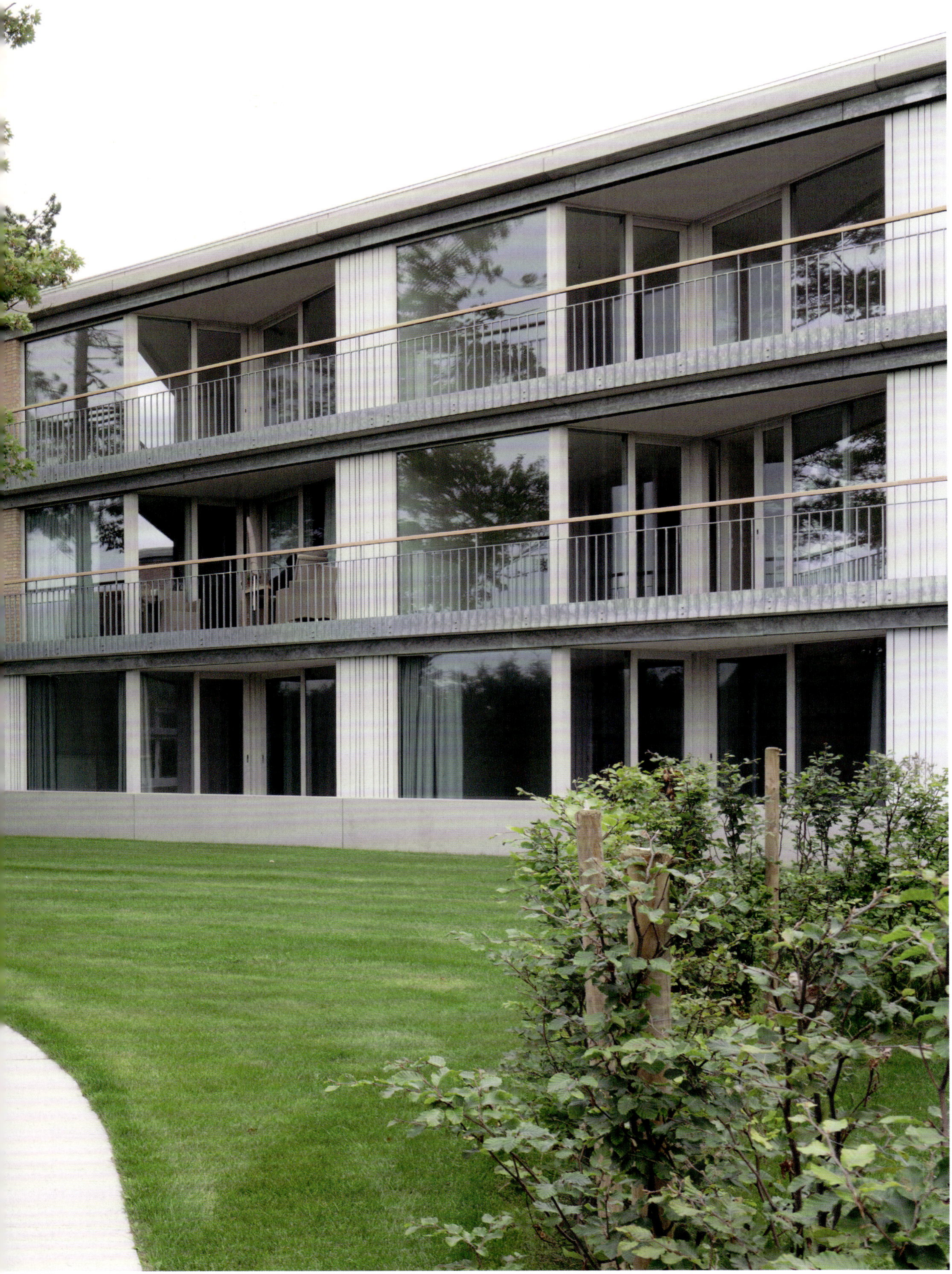

POLO

Founded in 1991 by Mauro Poponcini and Patrick Lootens as a purely architectural firm, POLO has grown into a design-focused platform, which also has expertise in urbanism, interior design and research. With two studios in Antwerp and Brussels, the architects consider architecture to be a mix of 'structure' and 'poetry'. Structure refers to "the logical framework underpinning a design" that guarantees it is fit for purpose and responding to the context as well as the brief, they explain. Poetry, for the studio, "is found in the unexpected solution for a problem that has not been formulated yet; it is the pertinent answer to an unspoken question."

Sinds de oprichting in 1991 door Mauro Poponcini en Patrick Lootens is POLO uitgegroeid van een architectenbureau tot een designplatform met twee kantoren, in Antwerpen en Brussel, dat ook expertise in huis heeft op het gebied van stedenbouw, interieurontwerp en onderzoek. De architecten beschouwen architectuur als een mengsel van 'structuur' en 'poëzie'. Structuur definiëren ze als 'het logische raamwerk dat ten grondslag ligt aan een ontwerp', en dat garandeert dat het geschikt is voor het beoogde doel en beantwoordt aan de opdracht en de context. Poëzie 'schuilt in de onverwachte oplossing voor een nog niet geformuleerd probleem; het pertinente antwoord op een onuitgesproken vraag.'

Fondé en 1991 par Mauro Poponcini et Patrick Lootens comme un studio d'architecture, POLO est devenu une plate-forme de conception qui possède aussi une expertise en matière d'urbanisme et d'architecture d'intérieur. Disposant d'un atelier à Anvers et à Bruxelles, les deux associés voient dans l'architecture un mélange de «structure» et de «poésie». La structure se réfère au «cadre logique qui sous-tend un projet», qui garantit son adéquation avec l'objectif et le fait que celui-ci répond au contexte comme au cahier des charges, expliquent-ils. La poésie «se trouve dans la solution inattendue à un problème qui n'a pas encore été formulé ; c'est la réponse pertinente à une question non exprimée».

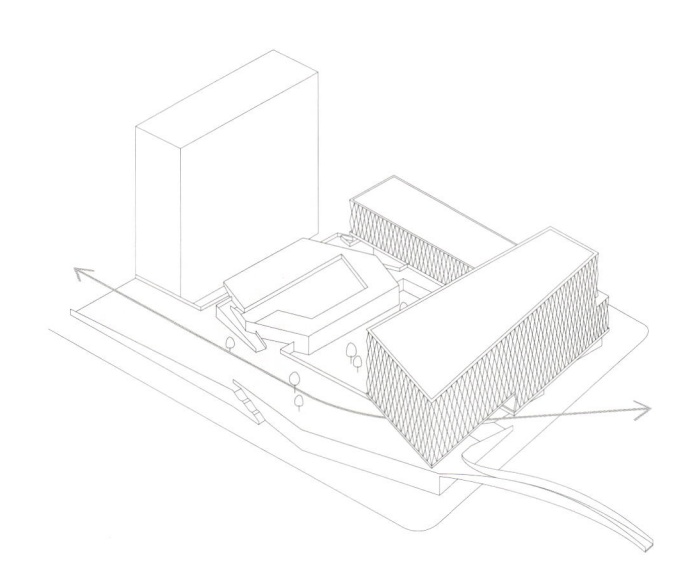

AP University College, Antwerp, Belgium, 2015

This campus for higher education in the Park Spoor Noord development is located at the start of the Leien boulevards. Visible from afar, the cantilevered façade is wrapped distinctively in a diamond-shaped grid. The complex structure has been developed around a central courtyard.

Deze campus voor hoger onderwijs in de ontwikkelingszone Park Spoor Noord markeert het begin van de Leien, de boulevard die Antwerpen doorkruist. De vrijdragende gevel is met zijn opvallende ruitenpatroon van ver zichtbaar. De complexe structuur is ontworpen rond een centrale binnenplaats.

Ce campus d'enseignement supérieur dans le site du Park Spoor Noord est situé au début du boulevard Leien à Anvers. Visible de loin, la façade en porte-à-faux est revêtue d'une grille avec un motif en losange. La structure complexe a été développée autour d'une cour centrale.

"Architecture sets out to shape, improve and reimagine the context – an excellent building starts a ripple effect that is felt far beyond its immediate surroundings."

De Meermin Leisure Complex, Waasmunster, Belgium, 2021

Combining sports and culture, the leisure complex is made of four simple volumes realised in a range of neutral materials. The highlight of this multifunctional project is the open-air garden surrounded by a covered colonnade.

Dit complex combineert sport en cultuur en bestaat uit vier eenvoudige volumes in een palet van neutrale materialen. Het kroonstuk van dit multifunctionele project is de openluchttuin omgeven door een overdekte zuilengalerij.

Associant sport et culture, ce complexe de loisirs est composé de quatre volumes simples réalisés dans une gamme de matériaux neutres. Le point fort de ce projet multifonctionnel est le jardin en plein air entouré d'une colonnade couverte.

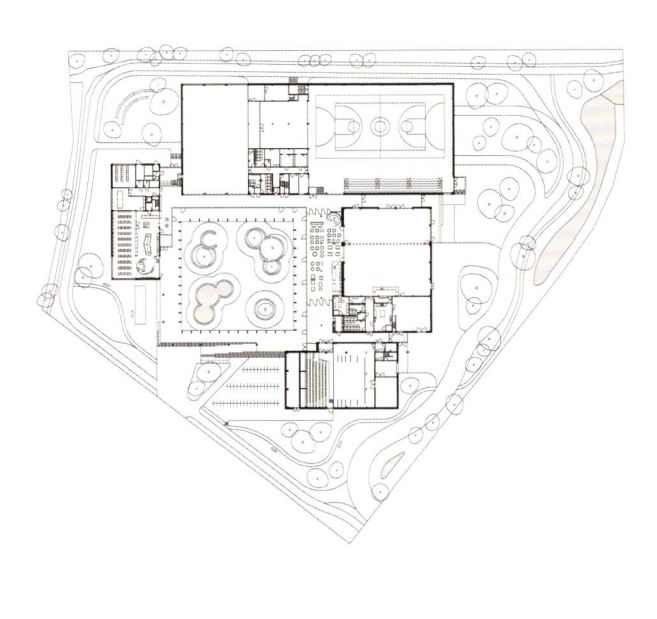

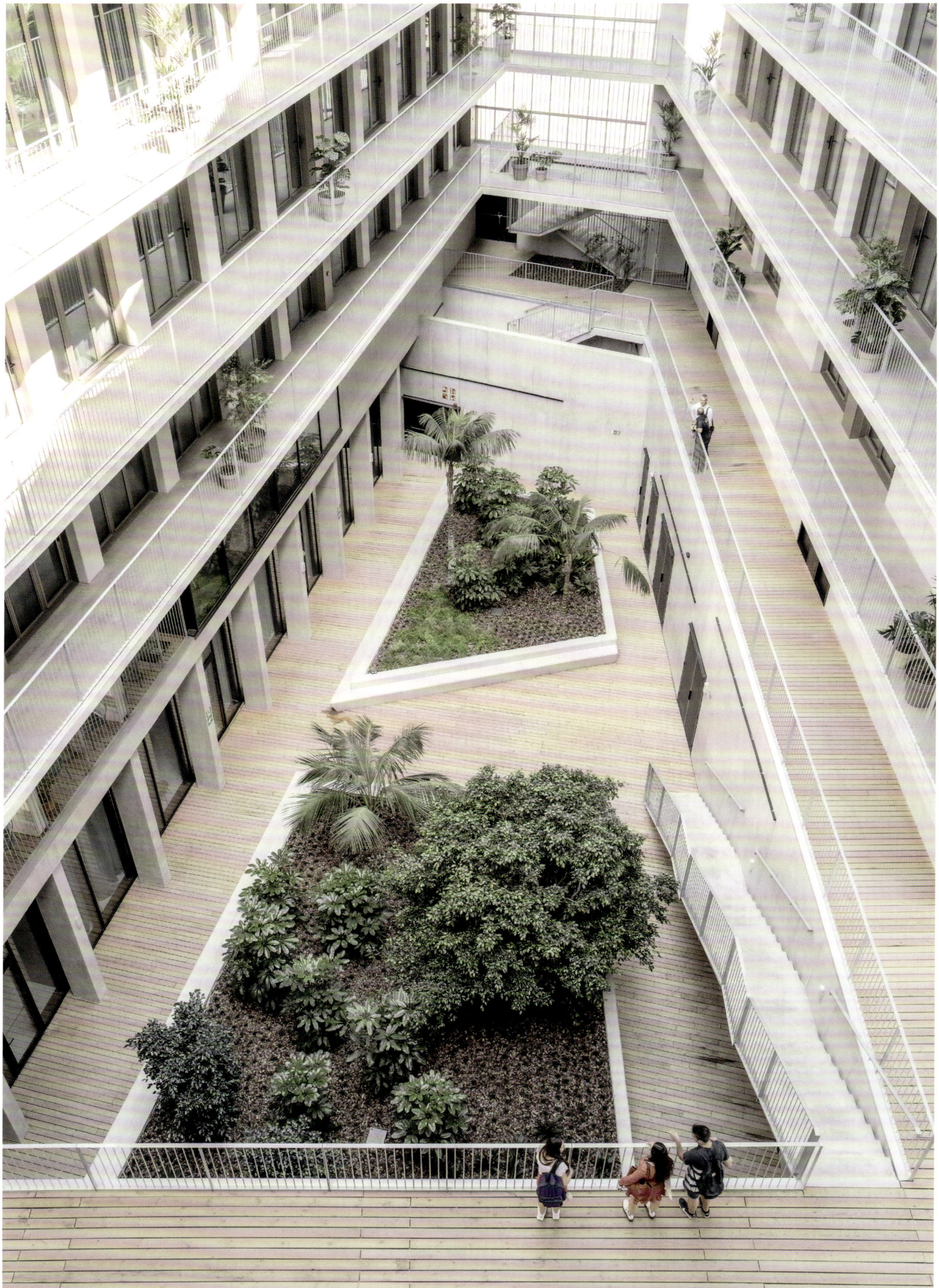

**Diagonal Besòs Student Residence,
Barcelona, Spain, 2019**

This student housing building in the city's Forum District unfolds around a central patio, filled with natural light, which is filtered by adjustable sunshades on the outer façade. The residence also has a rooftop terrace with an outdoor pool.

Dit studentenhuis in de stadswijk Forum ontvouwt zich rond een centrale patio vol met natuurlijk licht, dat wordt gefilterd door verstelbare zonneschermen aan de buitengevel. Het gebouw heeft ook een dakterras met buitenzwembad.

Cet ensemble de logements étudiants du quartier du Forum s'articule autour d'un patio central baigné de lumière naturelle qui est filtrée par des pare-soleils orientables sur la façade extérieure. La résidence dispose aussi d'un toit-terrasse avec piscine extérieure.

MARTENS VAN CAIMERE

With offices in Ghent and Barcelona, Nikolaas Martens and Robbe Van Caimere's studio works on a wide range of projects, from public buildings to private residences, and from renovations to new realizations. With high ambitions for sustainable architecture, the practice experiments with innovative, environmentally friendly building methods and material concepts, as well as various typologies. While developing new designs, the studio explores a specific complex of aspects to offer truly custom-made solutions. The architects' visual language is a fascinating interplay between precise geometry and texturally rich materiality. The way various materials are combined often playfully challenges our perception of the volumes.

Met kantoren in Gent en Barcelona werkt het bureau van Nikolaas Martens en Robbe Van Caimere aan een breed scala aan projecten, van openbare gebouwen tot privéwoningen en van renovaties tot nieuwbouw. Ze koesteren hoge ambities inzake duurzame architectuur en experimenteren daarom met innovatieve, milieuvriendelijke bouwtechnieken en materialen en met uiteenlopende typologieën. Bij het ontwikkelen van een nieuw ontwerp verkennen de architecten een specifieke reeks aspecten om echt op maat gemaakte oplossingen te bieden. Hun visuele taal is een fascinerend samenspel tussen nauwkeurige geometrie en textuurrijke materialiteit. De manier waarop verschillende materialen worden gecombineerd speelt vaak met onze perceptie van de volumes.

Avec des bureaux à Gand et Barcelone, le studio de Nikolaas Martens et Robbe Van Caimere travaille sur un large éventail de projets allant des bâtiments publics aux résidences privées et des rénovations aux nouvelles constructions. Nourrissant de grandes ambitions pour l'architecture durable, le studio explore des méthodes de construction et des matériaux à la fois innovants et respectueux de l'environnement, ainsi que diverses typologies. Tout en développant de nouveaux concepts, le studio examine un ensemble d'aspects bien précis afin d'offrir des solutions véritablement personnalisées. Le langage visuel des architectes forme un jeu fascinant entre précision géométrique et matérialité riche en textures. L'association de différents matériaux défie souvent notre perception des volumes.

DIEP, Sint-Lievens-Houtem, Belgium, 2022

A variation on the gabled-roof typology in this single-family house is highlighted by its muted colour palette and contrasting choice of materials - the cross-glued timber structure is clad in cement based wood fibre panels on the base and in corrugated sheet on the floor above.

Een variatie op de puntdaktypologie wordt bij deze eengezinswoning benadrukt door het gedempte kleurenpalet en de contrasterende materiaalkeuze: de onderste helft van de kruislings verlijmde houtconstructie is bekleed met cementgebonden houtvezelpanelen, de bovenverdieping met golfplaat.

La variation sur la typologie du toit à pignon de cette maison familiale est mise en valeur par une palette de couleurs sourdes et le choix de matériaux contrastés : la structure en bois lamellé croisé est habillée de panneaux en fibres en bois aggloméré par du ciment au rez-de-chaussée, et de tôle ondulée à l'étage.

250

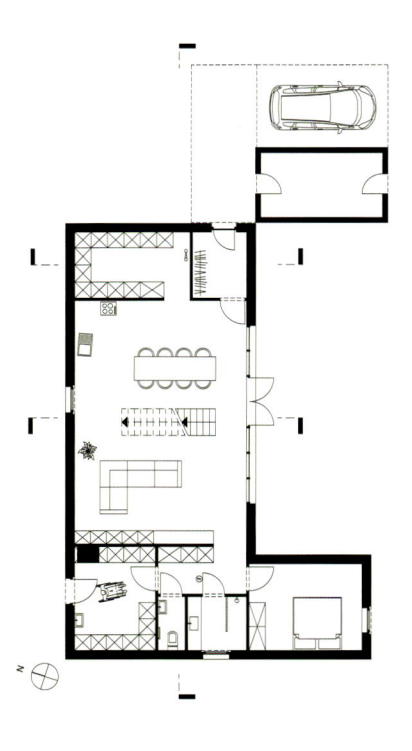

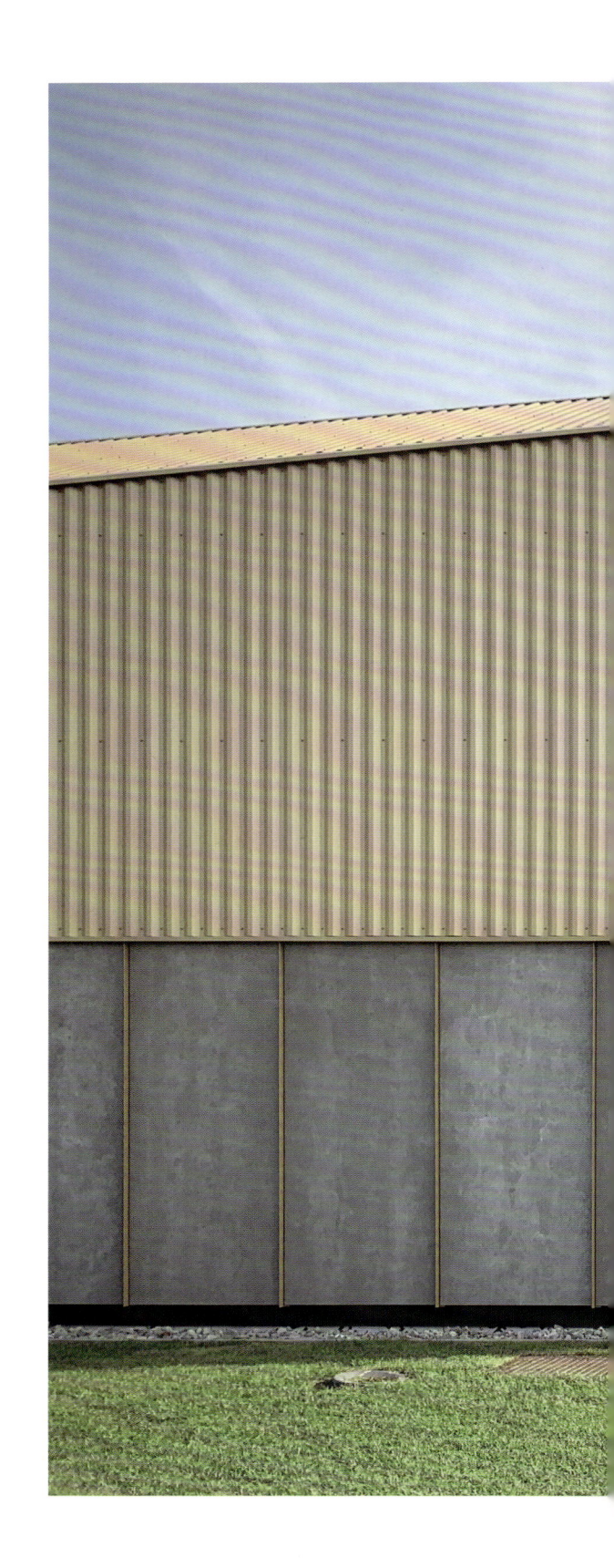

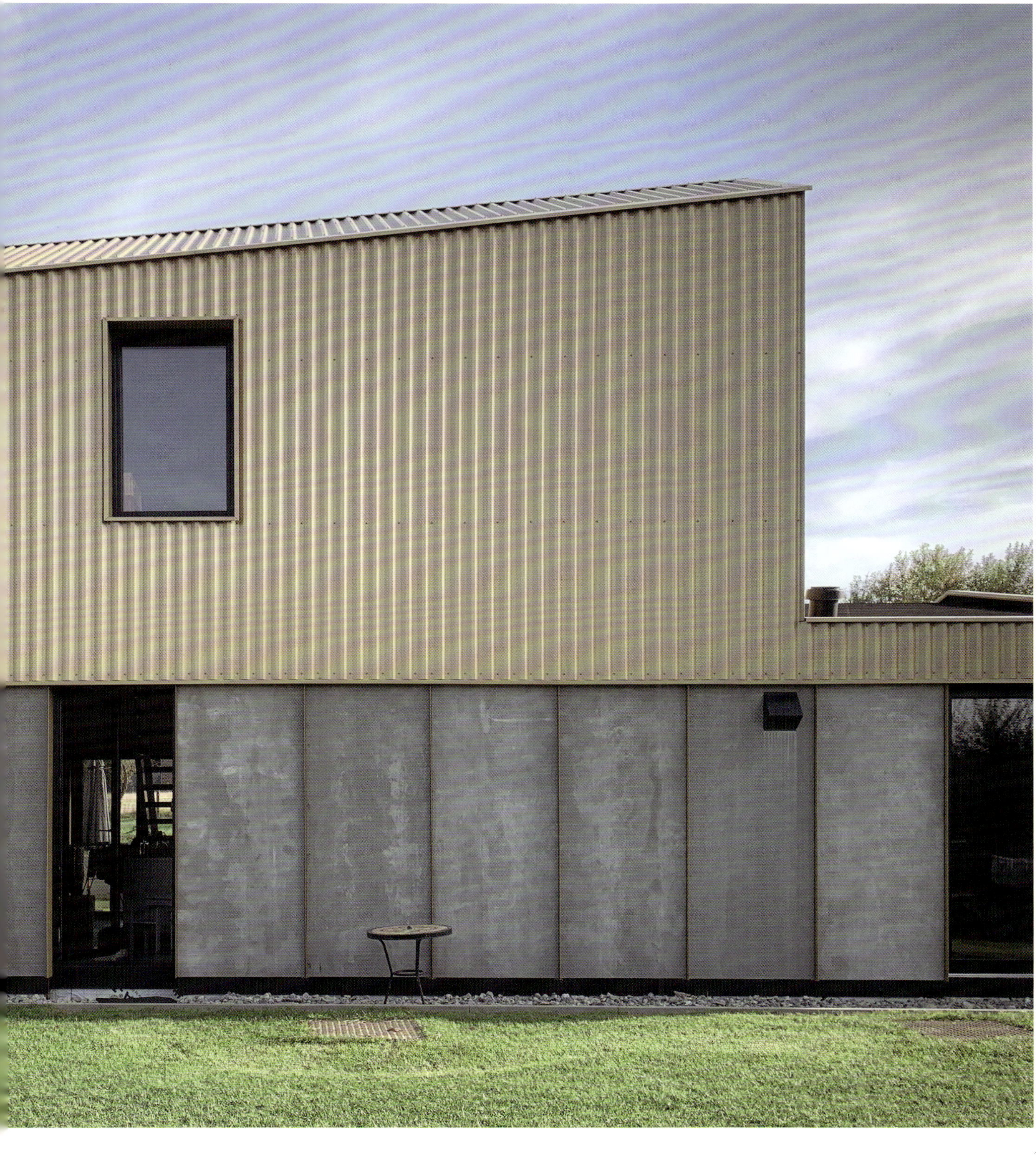

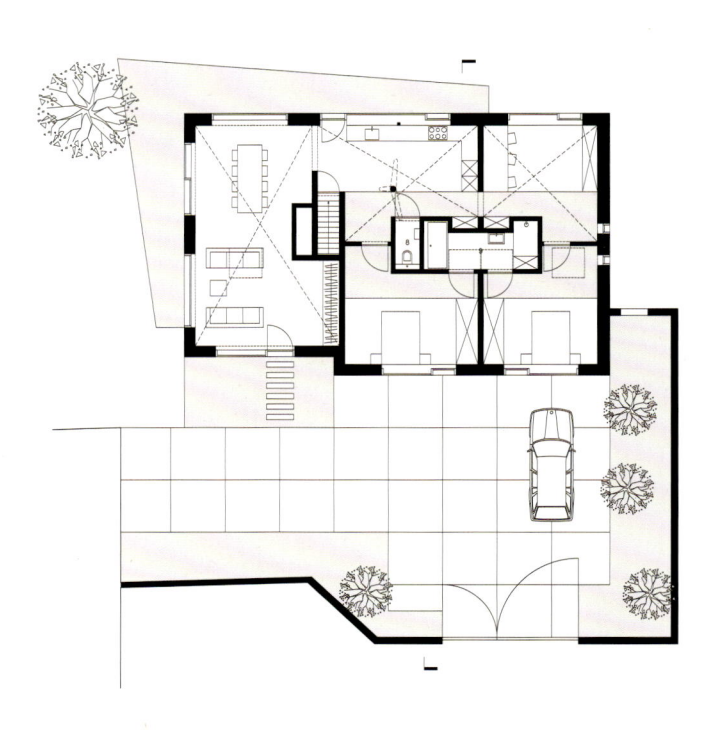

Guillemin, Geraardsbergen, Belgium, 2016

A modest bungalow has been converted into an elegant and comfortable house with a walled courtyard. The self-sufficient home has a charming outer shell made of hemp and lime to insulate well and echo the surrounding soil.

Een bescheiden bungalow is omgebouwd tot een elegante en comfortabele woning met een ommuurde binnenplaats. Het zelfvoorzienende huis heeft een charmante buitenbekleding van hennep en kalk die goed isoleert en een continuïteit creëert met de omringende grond.

Ce modeste bungalow a été transformé en maison élégante et confortable avec une cour cerclée de murs. Autosuffisante, elle est dotée d'un attrayant revêtement extérieur de chanvre et de chaux qui améliore son isolation et fait écho au sol du terrain environnant.

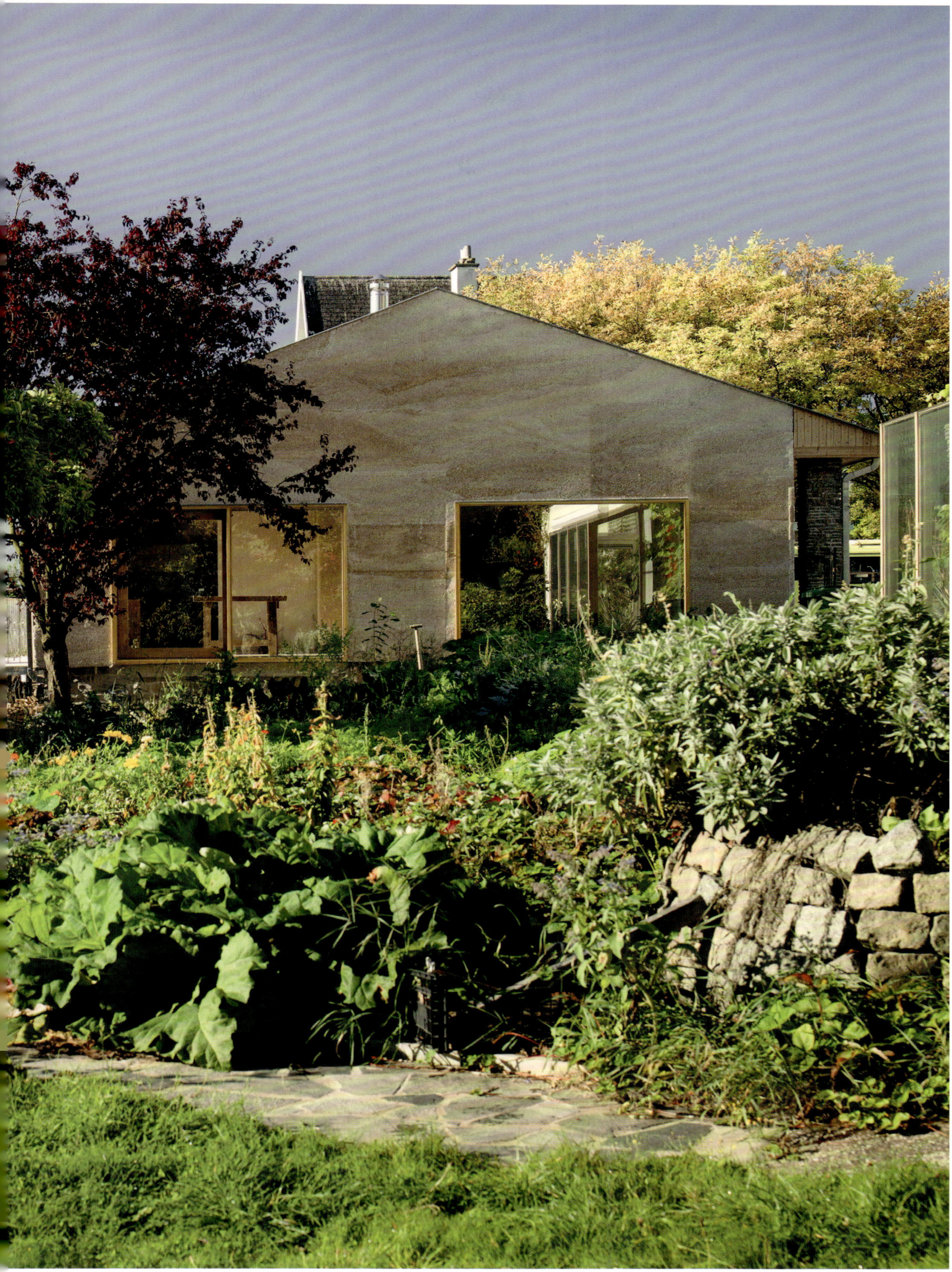

Nederbos, Eke-Nazareth, Belgium, 2016

For this transformation, the architects enhanced a house with a simple square plan by adding a playfully shaped roof to offer extra space. The white brick walls create a regular yet intriguing pattern of windows and niches interrupted by a generous corner terrace opening.

Voor deze verbouwing creëerden de architecten extra ruimte binnen het eenvoudige vierkante grondplan met een speels gevormd dak. De witte bakstenen muren vormen een regelmatig maar intrigerend patroon van ramen en nissen, onderbroken door het royale hoekterras.

Pour cette transformation, les architectes ont rehaussé une maison au simple plan carré en ajoutant un toit de forme inattendue, afin d'offrir un espace supplémentaire. Les murs en briques blanches présentent un motif à la fois régulier et surprenant de fenêtres et de niches, interrompu par une généreuse terrasse d'angle.

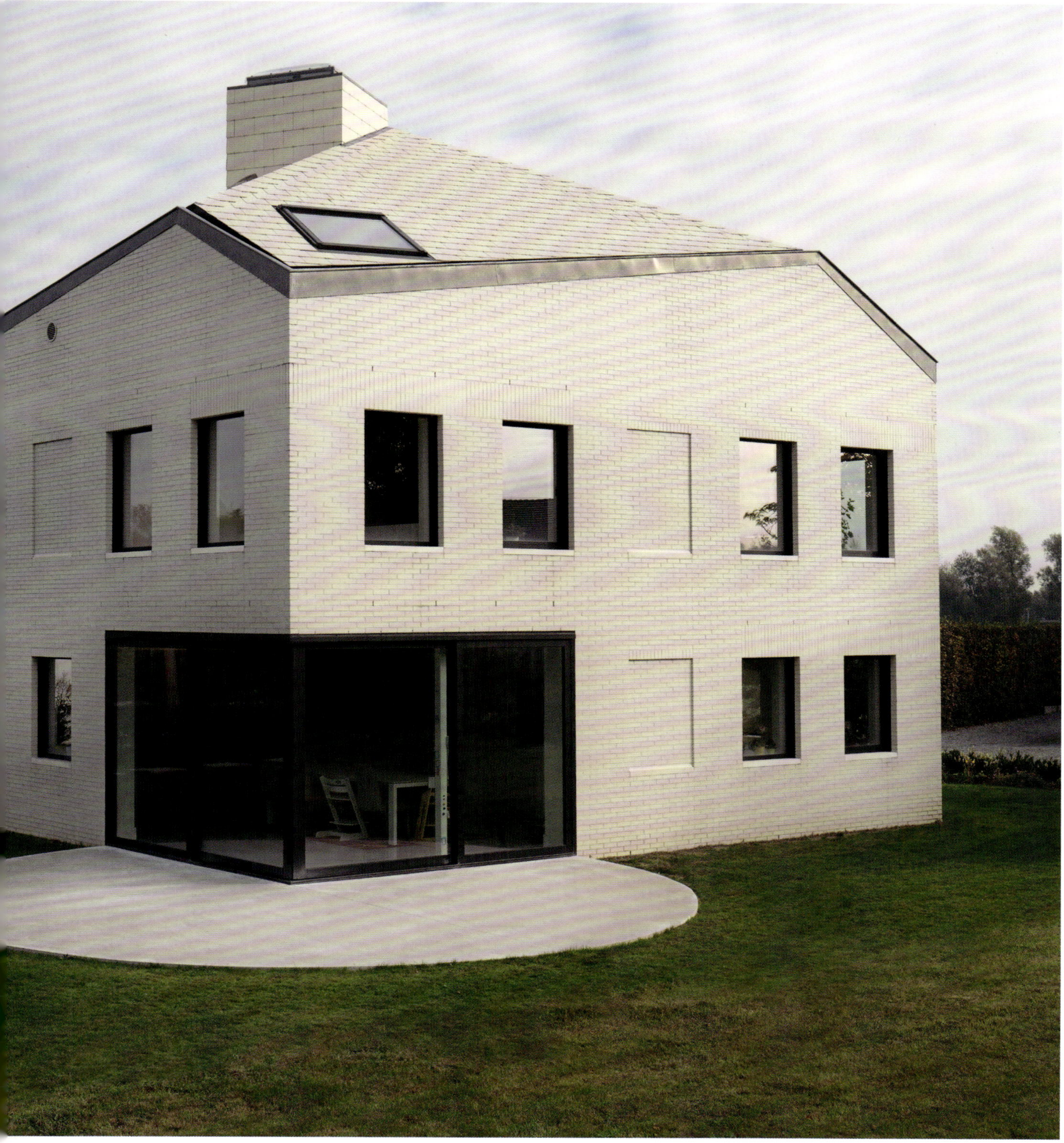

META ARCHITECTUURBUREAU

The variety of forms and materials used in META's portfolio is striking. Whether the practice designs a garden pavilion, urban residential project, or office building, they always reach for unconventional solutions. Founded in 1991 in Antwerp, the studio states: "The essence of architecture is 'design to build'. The act of building should always be the final focus. Architecture is a craft that requires craftsmanship." Their distinctive realizations always initiate an interesting dialogue with the urban contexts, particularly in challenging locations like corner plots or when filling spaces in historical districts. The original materiality of the buildings highlights their imaginative concepts.

De verscheidenheid aan vormen en materialen in META's portfolio is frappant. Of het bureau nu een tuinpaviljoen, een stedelijk woonproject of een kantoorgebouw ontwerpt, het zoekt altijd naar onconventionele oplossingen. Het is opgericht in 1991 in Antwerpen onder het motto: 'De essentie van architectuur is "ontwerpen om te bouwen". De handeling van het bouwen moet altijd de ultieme focus zijn. Architectuur is een ambacht dat vakmanschap vereist.' Hun opvallende realisaties gaan altijd een interessante dialoog aan met hun stedelijke omgeving, met name bij uitdagende locaties als hoekpercelen of bij de invulling van een ruimte in een historische wijk. Het originele materiaalgebruik accentueert de fantasierijke concepten van ieder gebouw.

La variété des formes et des matériaux utilisés dans le catalogue de l'agence META est frappante. Qu'il s'agisse d'un pavillon de jardin, d'un projet résidentiel urbain ou d'un immeuble de bureaux, le bureau recherche toujours des solutions non conventionnelles. Fondé en 1991 à Anvers, le studio promeut l'idée que « l'essence de l'architecture est de dessiner pour construire. La construction devrait toujours être l'objectif final. L'architecture est un art qui exige du savoir-faire » Ses réalisations singulières initient toujours un dialogue stimulant avec le contexte urbain, en particulier dans des sites difficiles comme des terrains d'angle ou des parcelles en plein quartier historique. La matérialité inattendue des bâtiments met en valeur leur conception imaginative.

Bruges Meeting and Convention Centre, Bruges, Belgium, 2021

Realised in collaboration with Eduardo Souto de Moura, the building houses an exposition hall and a conference centre with an auditorium and meeting rooms. The floating canopy façade invites visitors into the flexible open-plan interiors, which are able to accommodate any kind of event.

In samenwerking met Eduardo Souto de Moura, werd dit gebouw voorzien van een expositiehal en een congrescentrum met een auditorium en vergaderzalen. De gevel met zwevende luifel verwelkomt bezoekers in de open, flexibele ruimtes waar allerhande evenementen kunnen plaatsvinden.

Réalisé en collaboration avec Eduardo Souto de Moura, le bâtiment abrite un hall d'exposition et un centre de conférence avec un auditorium et des salles de réunion. La façade flottante invite les visiteurs à pénétrer dans les espaces intérieurs ouverts et flexibles, capables d'accueillir n'importe quel type d'événement.

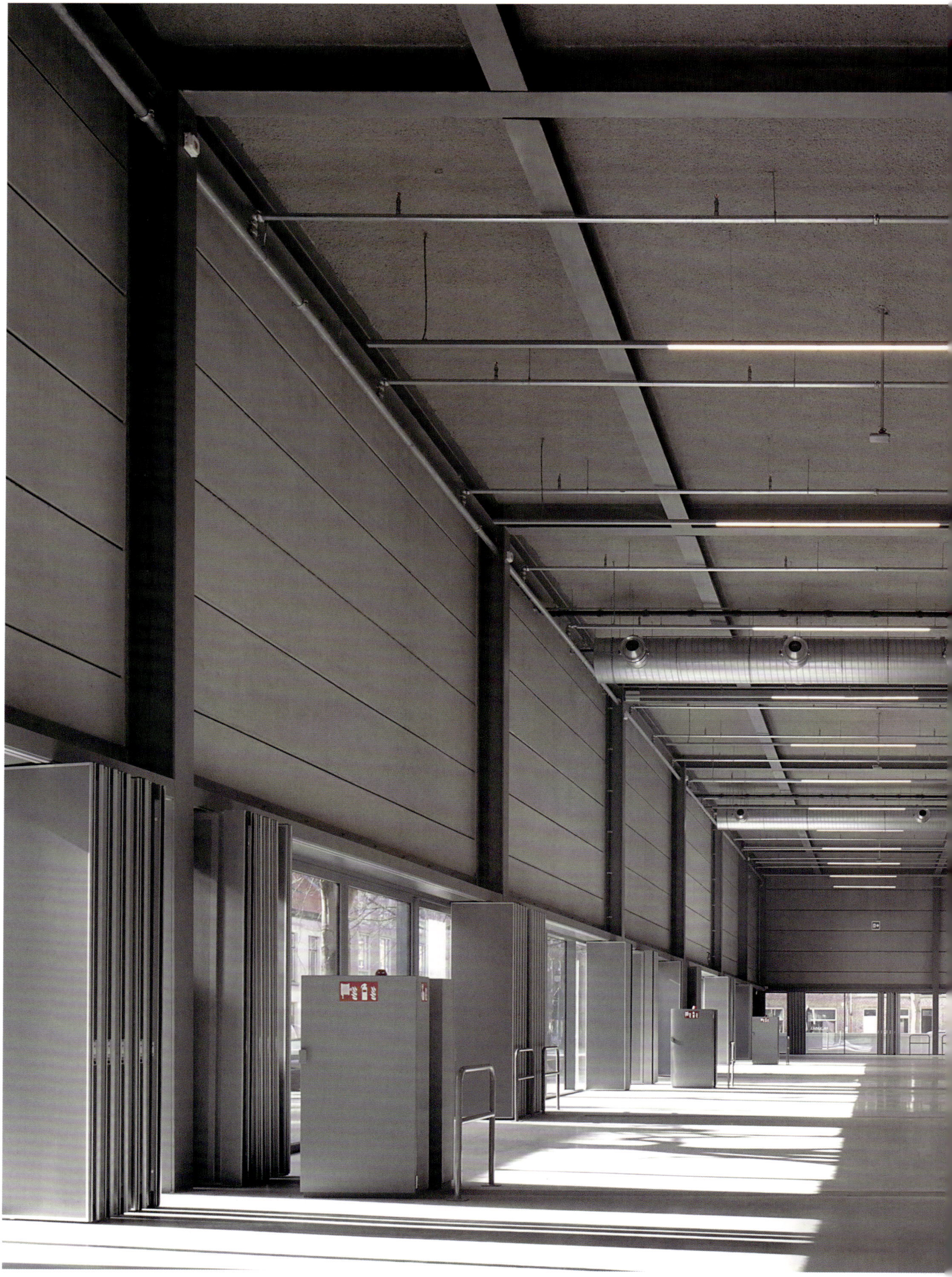

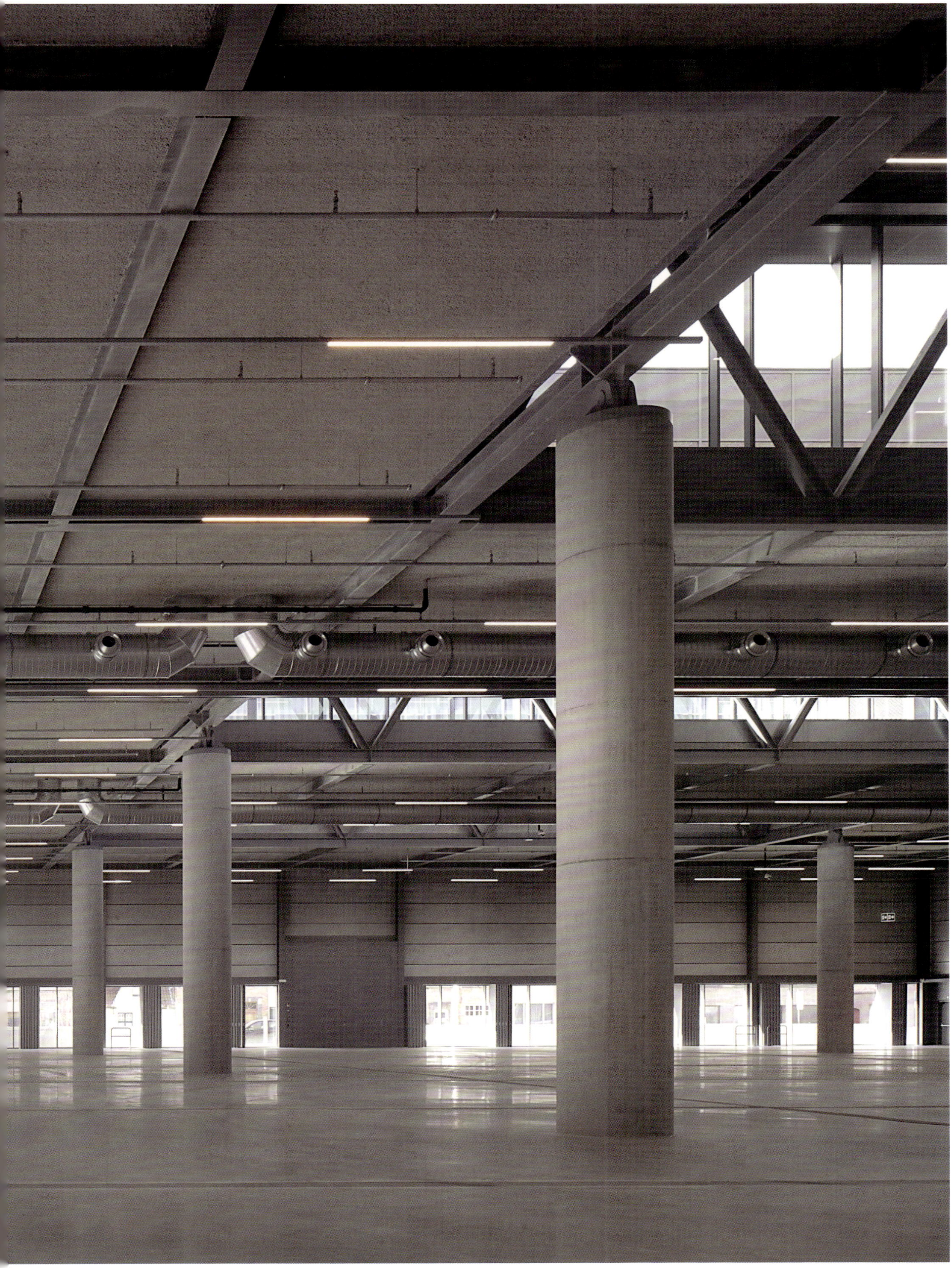

Agrotopia, Roeselare, Belgium, 2021

Built on the roof of an existing warehouse, Agrotopia is an original greenhouse and high-tech research centre dedicated to the cultivation of fruits and vegetables. Also housing visitor facilities. the sculptural volume was co-designed with Dutch firm Van Bergen Kolpa Architecten.

Op het dak van een bestaande loods werd een innovatieve serre gebouwd voor hoogtechnologisch onderzoek naar de teelt van groenten en fruit. Het sculpturale volume, waarin ook bezoekersruimtes zijn ondergebracht, werd ontworpen in samenwerking met het Nederlandse bureau Van Bergen Kolpa Architecten.

Construit sur le toit d'un entrepôt, Agrotopia est une serre originale et un centre de recherche de haute technologie dédié à la culture des fruits et légumes. Ce volume sculptural, qui abrite également des installations pour les visiteurs, a été conçu en collaboration avec le cabinet néerlandais Van Bergen Kolpa Architecten.

META ARCHITECTUURBUREAU

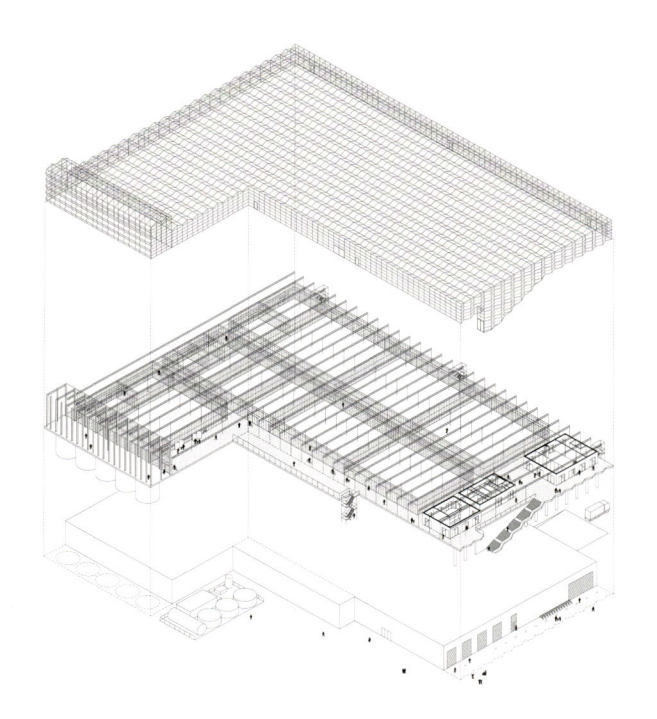

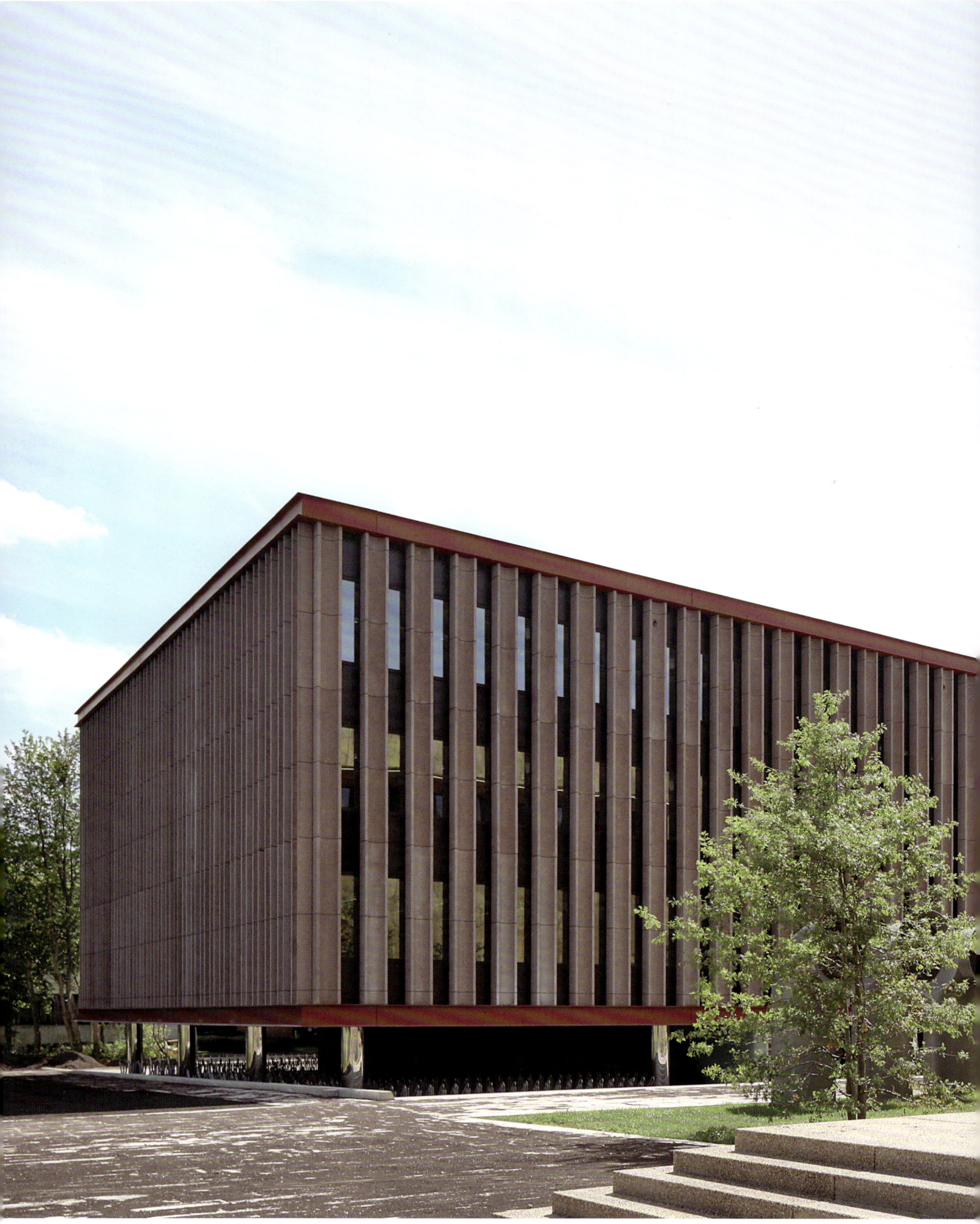

Buildings O & M, University of Antwerp, Wilrijk, Belgium, 2017

META envisioned two buildings for auditoriums, laboratories, teaching, and research facilities. The counterpart volumes, M sitting on a plinth and O partly sunken into the ground, are compact yet with entirely different outer skins. The golden perforated aluminium plates on the O Building façade feature artwork by Perry Roberts based on photos of students and teachers. This project was realised in collaboration with Storimans Wijffels architects.

In samenwerking met Storimans-Wijffels Architecten ontwierp META twee gebouwen voor auditoria, laboratoria, lesruimtes en onderzoeksfaciliteiten. De twee compacte gebouwen zijn elkaars tegenhanger: M rust op een sokkel, O is gedeeltelijk verzonken en heeft een heel andere buitenbekleding. In de goudkleurige aluminiumplaten werden beelden van kunstenaar Perry Roberts geponst op basis van foto's van studenten en docenten.

En collaboration avec Storimans-Wijffels Architects, META a imaginé deux bâtiments destinés à accueillir auditoriums, laboratoires et locaux d'enseignement et de recherche. Les volumes correspondants - le bâtiment M reposant sur un socle et le O s'enfonçant partiellement dans le sol - sont tous deux compacts, mais avec des revêtements extérieurs totalement différents. Les plaques d'aluminium perforées et dorées de la façade du bâtiment O présentent une œuvre de Perry Roberts inspirée de photos d'étudiants et d'enseignants.

BINST ARCHITECTS

Founded by Luc Binst, the practice has almost 50 years of experience. Its multidisciplinary portfolio, with inspiringly diverse scales of projects, has been realised with an experiential approach. Between sharp edges and curved silhouettes, their buildings are characterised by visually light structures, which sometimes seem to be floating in the air. Inventive shapes, a great mix of materials, and a strong focus on openings are further signature features of Binst's elegant designs that create landmarks in the urban landscape. The studio, according to their statement, "strives for architecture that daily embodies 'abstract expressionism', characterised by a healthy balance between intelligent restraint and controlled expression."

Het architectenbureau van Luc Binst heeft bijna 50 jaar ervaring en kan bogen op een multidisciplinair portfolio met een inspirerende diversiteit aan projecten, telkens gerealiseerd vanuit een ervaringsgerichte benadering. Met hun scherpe lijnen en gebogen silhouetten worden de gebouwen van Binst Architects gekenmerkt door de visuele lichtheid van hun structuur, die soms in de lucht lijkt te zweven. Inventieve vormen, een knappe mix van materialen en een sterke focus op openingen typeren hun elegante ontwerpen, die stuk voor stuk bakens vormen in het stedelijke landschap. Het bureau 'streeft naar een architectuur die zich dagelijks veruitwendigt onder de noemer van 'abstract expressionisme', gekenmerkt door een gezond evenwicht tussen intelligente ingetogenheid en een beheerste expressie.'

Fondé par Luc Binst, le studio compte près de 50 ans d'expérience. Son catalogue pluridisciplinaire témoigne d'une diversité stimulante et de projets réalisés avec une approche expérimentale. Entre arêtes vives et silhouettes courbes, les bâtiments se caractérisent par des structures d'apparence légère, qui semblent parfois flotter dans l'air. Formes inventives, grande variété de matériaux et attention particulière portée aux ouvertures sont d'autres caractéristiques des élégantes réalisations du cabinet, qui sont autant de points de repère dans le paysage urbain. Binst Architects « s'efforce de créer une architecture qui incarne au quotidien un "expressionnisme abstrait", caractérisé par un équilibre salutaire entre retenue réfléchie et expression maîtrisée ».

One Baelskaai, Ostend, Belgium, 2021

This distinctively shaped luxury apartment building also houses commercial spaces and a parking area. The dynamically undulating lines of the terraces have been inspired by the coastal context, while the continuous curved glass balustrades have been designed to reflect light, air, and water.

In dit opvallend vormgegeven gebouw met 78 luxeappartementen zijn ook handels- en parkeerruimtes voorzien. De golvende lijnen van de terrassen zijn geïnspireerd door de nabijheid van duinen en zee, en de doorlopende glazen balustrades reflecteren licht, lucht en water.

Cet immeuble d'appartements de luxe à la forme originale abrite également des espaces commerciaux et un parking. Les lignes ondulantes des terrasses ont été inspirées par le contexte côtier, tandis que les balustrades continues en verre incurvé ont été conçues pour refléter la lumière, l'air et l'eau.

"Good urban planning opts for contemporary ensembles, controlled diversity and multiple architectures in a convincing package."

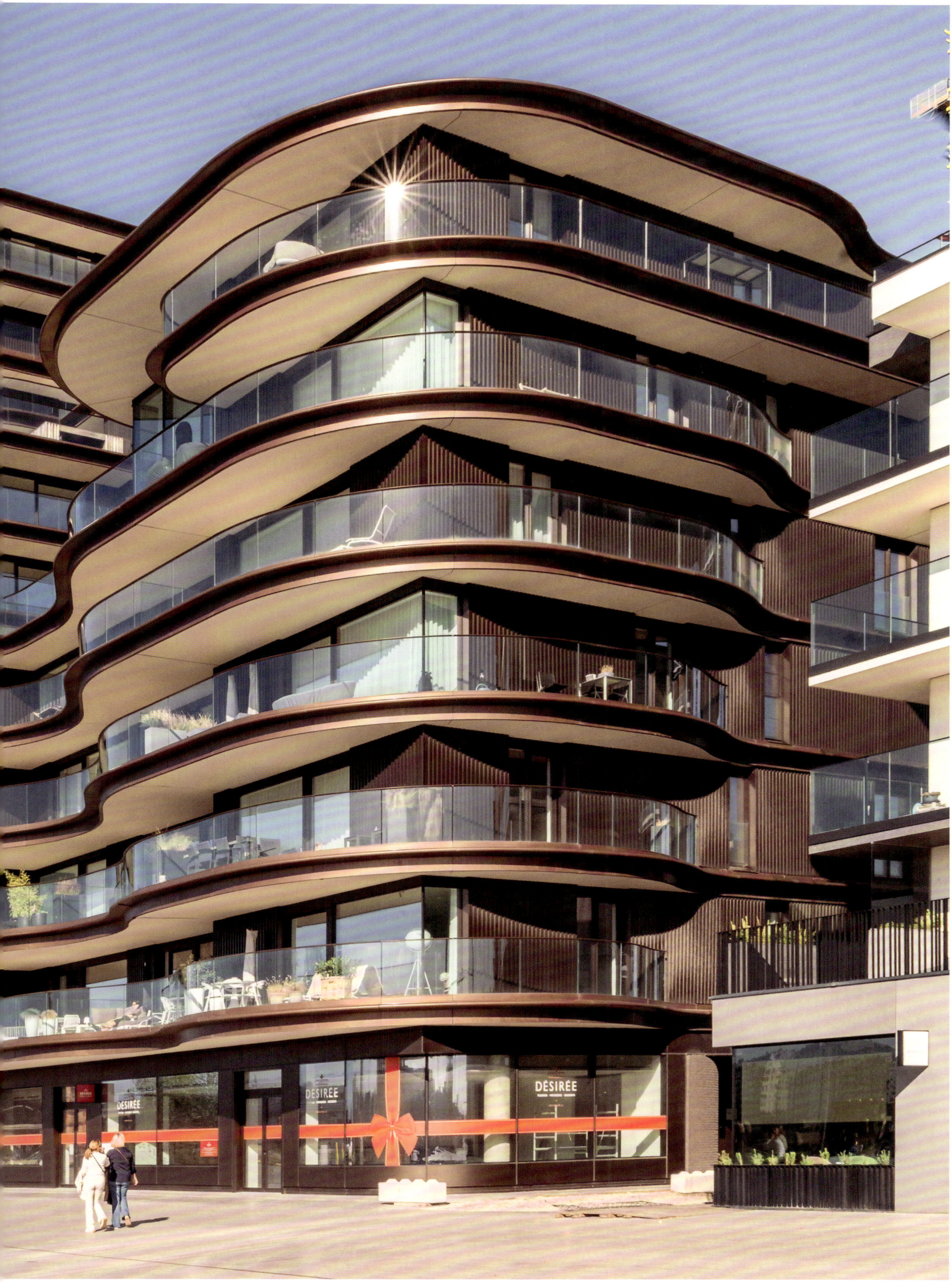
DÉSIRÉE
DÉSIRÉE
DÉSIRÉE

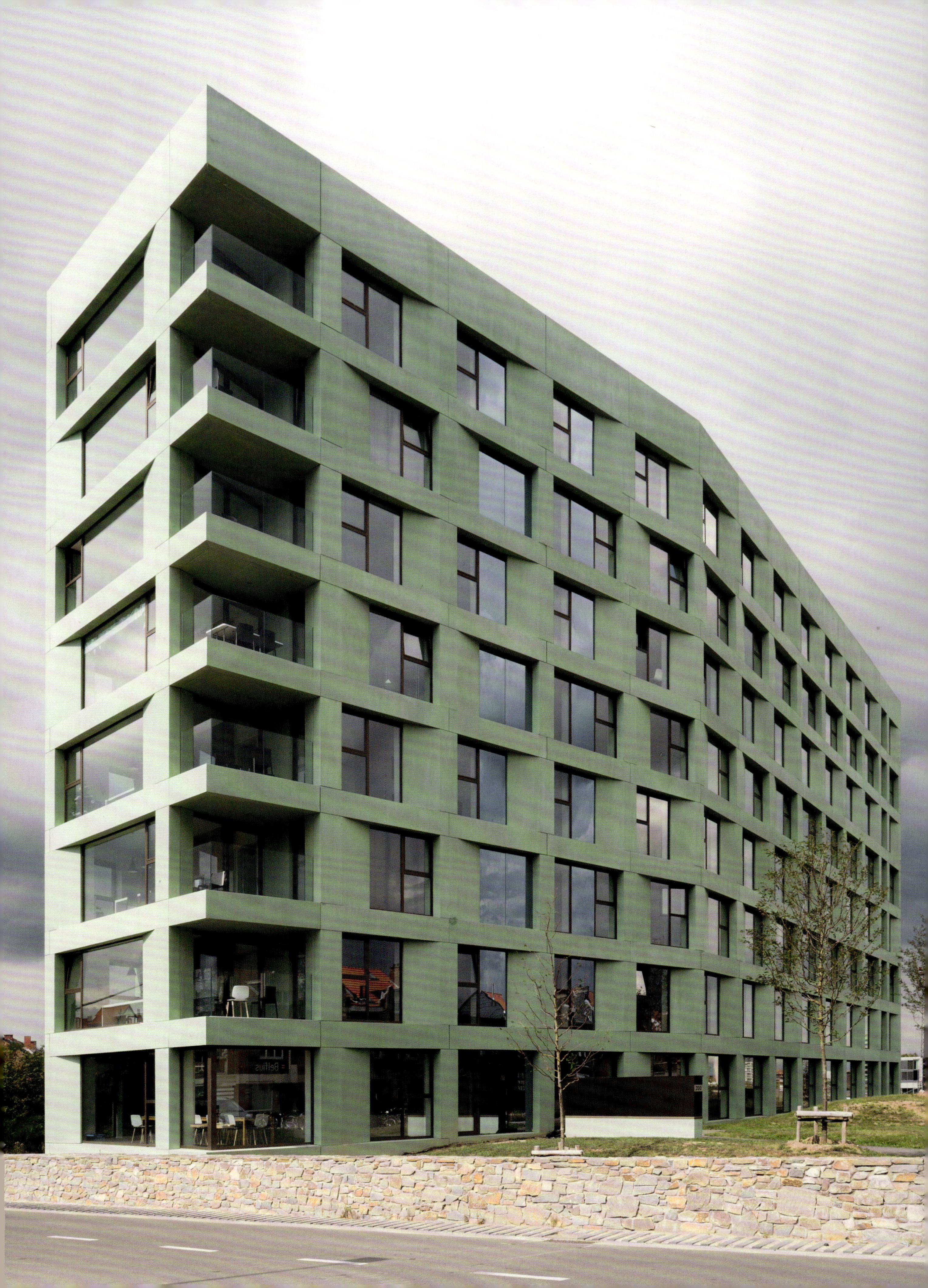

Woods, Kessel-Lo, Belgium, 2017

Over 150 student rooms, as well as underground parking and bicycle storage, have been shaped into a shard-like volume. The playfully carved façade is made of green acidified concrete, which is contrasted with bronze carpentry. Large floor-to-ceiling windows let in an ample amount of light.

Meer dan 150 studentenkamers, een ondergrondse parking en een fietsenstalling zijn ondergebracht in een scherfvormig volume. Het speelse reliëf van de gevel is uitgevoerd in groen gezuurd beton, dat contrasteert met bronskleurig schrijnwerk. Door de kamerhoge ramen stroomt het licht naar binnen.

Plus de 150 chambres d'étudiants, ainsi qu'un parking souterrain et un local à vélos, ont été agencés dans ce volume coudé. La façade au rythme enjoué est réalisée en béton acidifié vert, qui contraste avec les huisseries en bronze. Les grandes fenêtres allant du sol au plafond laissent largement entrer la lumière.

Dok Tower, Antwerp, Belgium, 2022

The sand-coloured apartment building topped with a green roof terrace is visually striking thanks to its original shape. Its open-work façade gives the 81 m tower lightness and a sculptural look. The extended terraces are counterbalanced by built-in balconies, and together with numerous openings these act as inside-outside connectors.

Dit zandkleurige appartementsgebouw met een groen dakterras springt in het oog door zijn originele vorm. De opengewerkte gevel geeft de 81 meter hoge toren lichtheid en een sculpturale uitstraling. De uitpandige terrassen in de onderste helft contrasteren met inpandige terrassen in de bovenbouw, die samen met de talrijke openingen buiten met binnen verbinden.

Cet immeuble d'habitations de couleur sable, coiffée d'un toit-terrasse végétalisé, se distingue par sa forme originale. Sa façade ajourée confère à la tour de 81 mètres une légèreté et un aspect sculptural. Les terrasses continues sont contrebalancées par des balcons intégrés qui, associés à de nombreuses ouvertures, assurent la connexion entre l'intérieur et l'extérieur.

BINST ARCHITECTS

CONIX RDBM_ARCHITECTS

CONIX RDBM_ARCHITECTS was established in 2013 as the joint forces of Conix Architects (founded in Wilrijk in 1979) and RDBM Architects & Advisors. The team describes its approach as being "continuously in motion and driven by emotions," with an emphasis on the multiple meanings of the word 'motion', such as 'evolution', 'innovation' and 'inspiration'. With offices in Antwerp and Brussels as well as in Rotterdam and Amsterdam, the practice is managed by Christine Conix, Jorden Goossenaerts, and Frederik Jacobs. The team's ultimate goal is to design functional, flexible, and aesthetic architecture, developing buildings that offer an added value to their users as well as to society both today and in the future.

CONIX RDBM_ARCHITECTS werd opgericht in 2013, toen Conix Architects, opgericht in Wilrijk in 1979, en RDBM Architects & Advisors de krachten bundelden. Het team vat zijn missie samen als 'voortdurend in beweging en gedreven door emoties', met de nadruk op de verschillende betekenissen van het woord 'bewegen', zoals evolueren, veranderen, maar ook: ontroeren. Het bureau, met kantoren in Antwerpen, Brussel, Amsterdam en Rotterdam, wordt geleid door Christine Conix, Jorden Goossenaerts en Frederik Jacobs. Ze streven naar een functionele, flexibele en esthetische architectuur die een meerwaarde biedt aan de gebruikers van het gebouw en aan de samenleving, nu en in de toekomst.

CONIX RDBM_ARCHITECTS est né en 2013 de la fusion entre Conix Architects, un studio fondé à Wilrijk en 1979, et de RDBM Architects & Advisors. L'équipe décrit son approche comme étant «continuellement en mouvement et motivée par les émotions», et met l'accent sur les multiples significations du mot «mouvement», synonyme d'«évolution», d'«innovation» et d'«inspiration». Avec des bureaux à Anvers et Bruxelles, ainsi qu'à Rotterdam et Amsterdam, le bureau est dirigé par Christine Conix, Jorden Goossenaerts et Frederik Jacobs. Leur objectif final est de concevoir une architecture fonctionnelle, flexible et esthétique, en développant des bâtiments qui offrent une valeur ajoutée à leurs utilisateurs ainsi qu'à la société d'aujourd'hui et de demain.

Umicore, Hoboken, Belgium, 2009

The project combined a masterplan for a post-industrial site, a renovation of historical architecture, and the design of a new office building. In stark contrast to the rest of the complex, the futuristic volume zigzags expressively up from the entrance to the very top.

Dit project combineerde een masterplan voor een postindustriële site, de renovatie van historische architectuur en de creatie van een nieuw kantoorgebouw. In schril contrast met de rest van het complex rijst het futuristische volume met een expressieve zigzagbeweging op van de ingang naar het dak.

Ce projet combine un plan directeur pour un site post-industriel, la rénovation d'un bâtiment historique et la conception d'un nouvel immeuble de bureaux. Contrastant fortement avec le reste du complexe, le volume futuriste s'élève en zigzag de manière expressive depuis l'entrée jusqu'au toit.

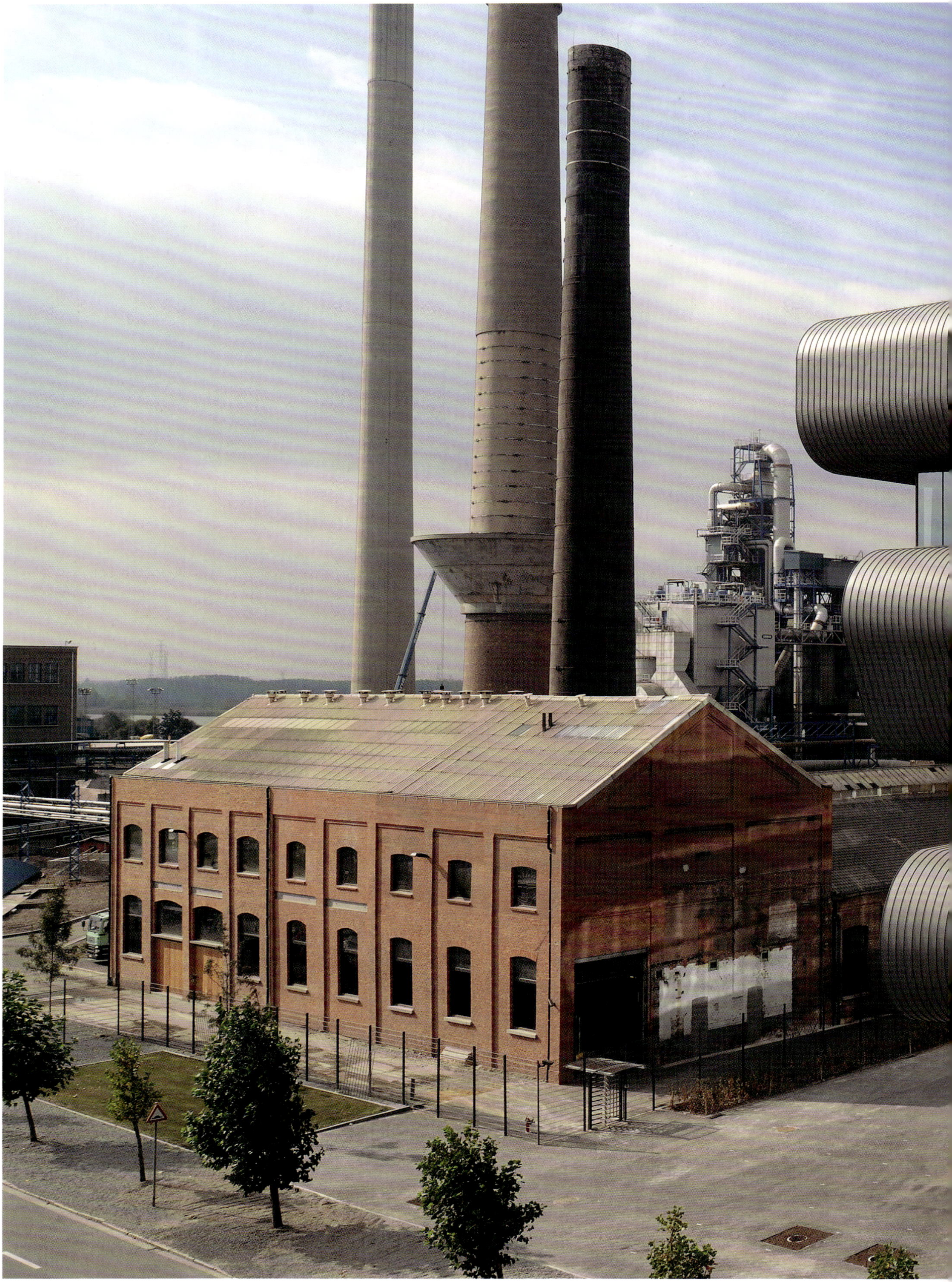

CONIX RDBM_ARCHITECTS

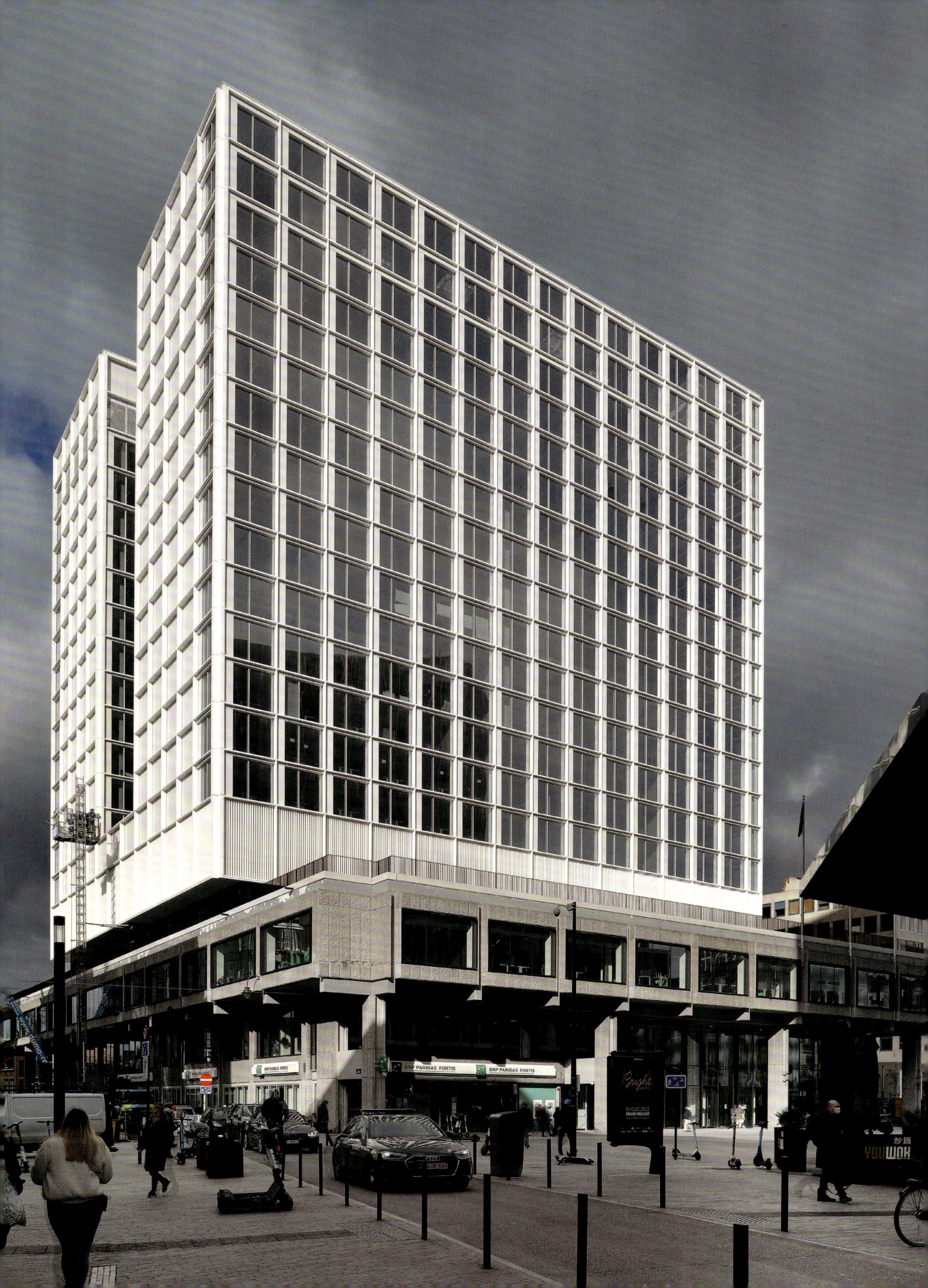
BNP PARIBAS FORTIS

Multi-Tower, Brussels, Belgium, 2020

The architects call this carbon-neutral high-rise a "transformation of a blockage into an urban space changer." The focus of the renovation of the old De Brouckère tower was a circular construction, so the new, transparent complex is made of 89% reused building materials.

De architecten noemen dit koolstofneutrale hoogbouwproject de 'transformatie van een blokkade naar een stedelijke ruimtewisselaar'. Bij de renovatie van de oude De Brouckèretoren stonden circulaire bouwtechnieken centraal: het nieuwe, transparante complex bestaat voor 89 procent uit gerecyclede bouwmaterialen.

Les architectes ont décrit ce projet de tour neutre en carbone comme une «métamorphose d'un obstacle en un transformateur de l'espace urbain». La rénovation de l'ancienne tour De Brouckère de 1969 s'est basée sur le principe d'économie circulaire. Le nouveau complexe transparent est donc composé à 89% de matériaux de construction recyclés.

Zurenborg Poort, Antwerp, Belgium, 2021

This new apartment building with a green courtyard and communal roof terrace was envisioned to be in visual harmony with the context of the historical district. The construction draws from art deco traditions, while the use of colours and materials was inspired by art nouveau.

Dit nieuwe appartementsgebouw met een groene binnenplaats en een gedeeld dakterras is ontworpen in visuele harmonie met de historische wijk waarin het zich bevindt. De constructie is geïnspireerd door art deco, terwijl de kleuren en materialen eerder art nouveau zijn.

Ce nouvel immeuble résidentiel doté d'une cour végétalisée et d'un toit-terrasse commun a été conçu pour être en harmonie visuelle avec le quartier historique. La construction s'inspire des traditions de l'Art déco, tandis que l'utilisation des couleurs et des matériaux s'inspire de l'Art nouveau.

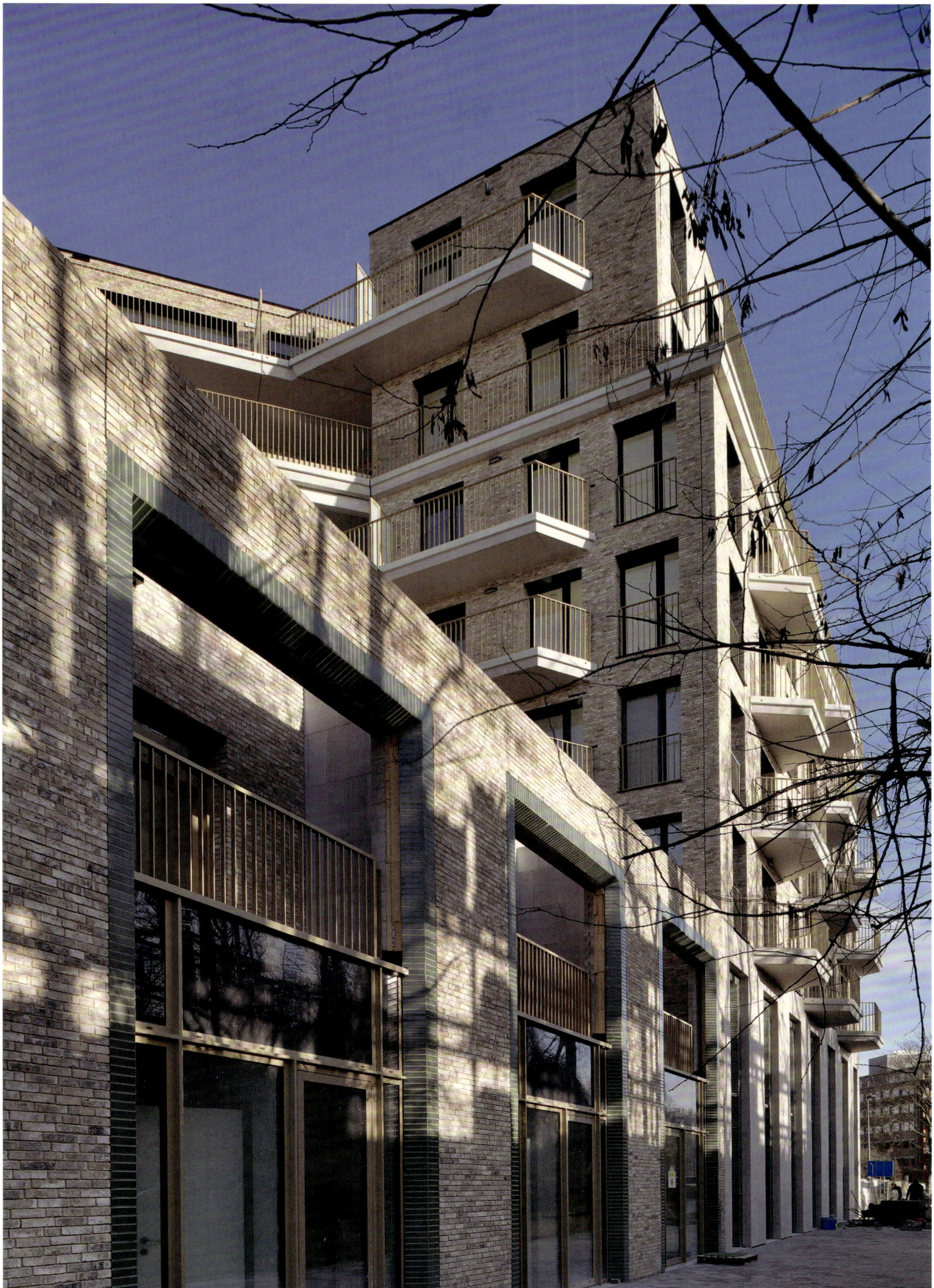

V+ ARCHITECTURE

This Brussels-based office run by Jörn Aram Bihain and Thierry Decuypere was founded in 1998. Its full name, 'Vers plus de bien-être' translates as 'Towards greater well-being' and demonstrates the studio's mission of using architecture to improve our health and happiness. Whether private or public buildings, newly built or renovation projects, its elegant and original designs enhance the context by becoming focal points. "To us architecture is not a question of square metres or supplying a service, but first and foremost a political stance, a cultural act, a poetry of centimetres, a social statement, an ecological claim, a philosophical wonder, a desire for space, a source of dreams," muse the architects.

Dit in Brussel gevestigde bureau, gerund door Jörn Aram Bihain en Thierry Decuypere, werd opgericht in 1998. De naam betekent voluit 'naar meer welzijn' en drukt de missie van het bureau uit om architectuur ten dienste te stellen van onze gezondheid en ons geluk. Of het nu gaat om een privéwoning of een openbaar gebouw, nieuwbouw of renovatie, de elegante en originele ontwerpen van V+ verheffen telkens hun context door er een nieuw brandpunt in te worden. 'Voor ons is architectuur geen kwestie van vierkante meters, of van het leveren van een dienst,' stellen de architecten, 'maar in de eerste plaats een politiek standpunt, een culturele daad, een poëzie van centimeters, een sociaal statement, een ecologische claim, een filosofische verwondering, een verlangen naar ruimte, een bron van dromen.'

Ce studio bruxellois dirigé par Jörn Aram Bihain et Thierry Decuypere a été fondé en 1998. Son nom évoque sa mission qui consiste à utiliser l'architecture pour améliorer la santé et le bien-être des habitants. Qu'il s'agisse de bâtiments privés ou publics, de constructions neuves ou de projets de rénovation, ces réalisations élégantes et originales mettent en valeur le site concerné en devenant des centres d'attraction. «Pour nous, l'architecture n'est pas une question de mètres carrés ou de prestation de services, mais avant tout une prise de position politique, un acte culturel, une poésie des centimètres, une déclaration sociale, une revendication écologique, un émerveillement philosophique, un désir d'espace, une source de rêves», expliquent les architectes.

Town Hall Montigny, Montigny-le-Tilleul, Belgium, 2015

This cantilevered addition to the Montigny town hall preserved the original vegetation of the site (only the cafeteria is in contact with the ground). Expanded horizontally and with a wooden outer shell, the building fuses gently into the context of the surrounding park.

Deze vrijdragende uitbreiding van het gemeentehuis van Montigny respecteert het groene karakter van de site (enkel de cafetaria rust op de grond). Het horizontale volume met een houten buitenbekleding versmelt harmonieus met het omringende park.

Cet ajout en porte-à-faux à l'hôtel de ville de Montigny a préservé la végétation originale du site (seule la cafétéria est en contact avec le sol). Déployé horizontalement et doté d'une enveloppe extérieure en bois, le bâtiment s'intègre à l'environnement du parc voisin.

SALLE 1 ↗

SALLE 2 ↗

SALLE 3

Le Pont des Arts, Marcq-en-Barœul, France, 2021

Envisioned as a multipurpose complex with a cinema and a rehearsal room for a music school, the building's delicate brick-clad volume seems to be floating above the glazed ground floor. The elegantly pared-down palette of colours and materials highlights the curvaceous silhouette.

Het delicate, met baksteen beklede volume van dit multifunctionele complex met een bioscoop en een oefenruimte voor een muziekschool lijkt wel te zweven boven de glaspartijen van de gelijkvloerse verdieping. Het elegante, sobere palet van kleuren en materialen accentueert het gewelfde silhouet.

Conçu comme un complexe polyvalent comprenant un cinéma et la salle de répétition d'une école de musique, le volume délicat du bâtiment revêtu de briques semble flotter au-dessus du rez-de-chaussée vitré. La palette de couleurs et de matériaux, élégamment assortis, met en valeur la silhouette curviligne de l'ensemble.

MAD, Brussels, Belgium, 2017

Strategic demolitions and additions gave this 60-year-old complex a modern touch and a sense of unity. A wide spectrum of spaces accommodated the needs of the cultural centre for fashion and design, with exhibition spaces, studios, offices, and a café.

Strategische sloop- en aanbouwwerken gaven dit zestig jaar oude complex een moderne toets en een gevoel van eenheid. Een divers spectrum aan ruimtes komt tegemoet aan de noden van het culturele centrum voor mode en design, met tentoonstellingsruimtes, ateliers, kantoren en een café.

Démolitions et ajouts bien pensés ont donné à ce complexe vieux de 60 ans une touche de modernité et une nouvelle cohérence. Un large panel d'espaces satisfait les besoins du centre culturel de la mode et du design, avec espaces d'exposition, ateliers, bureaux et café.

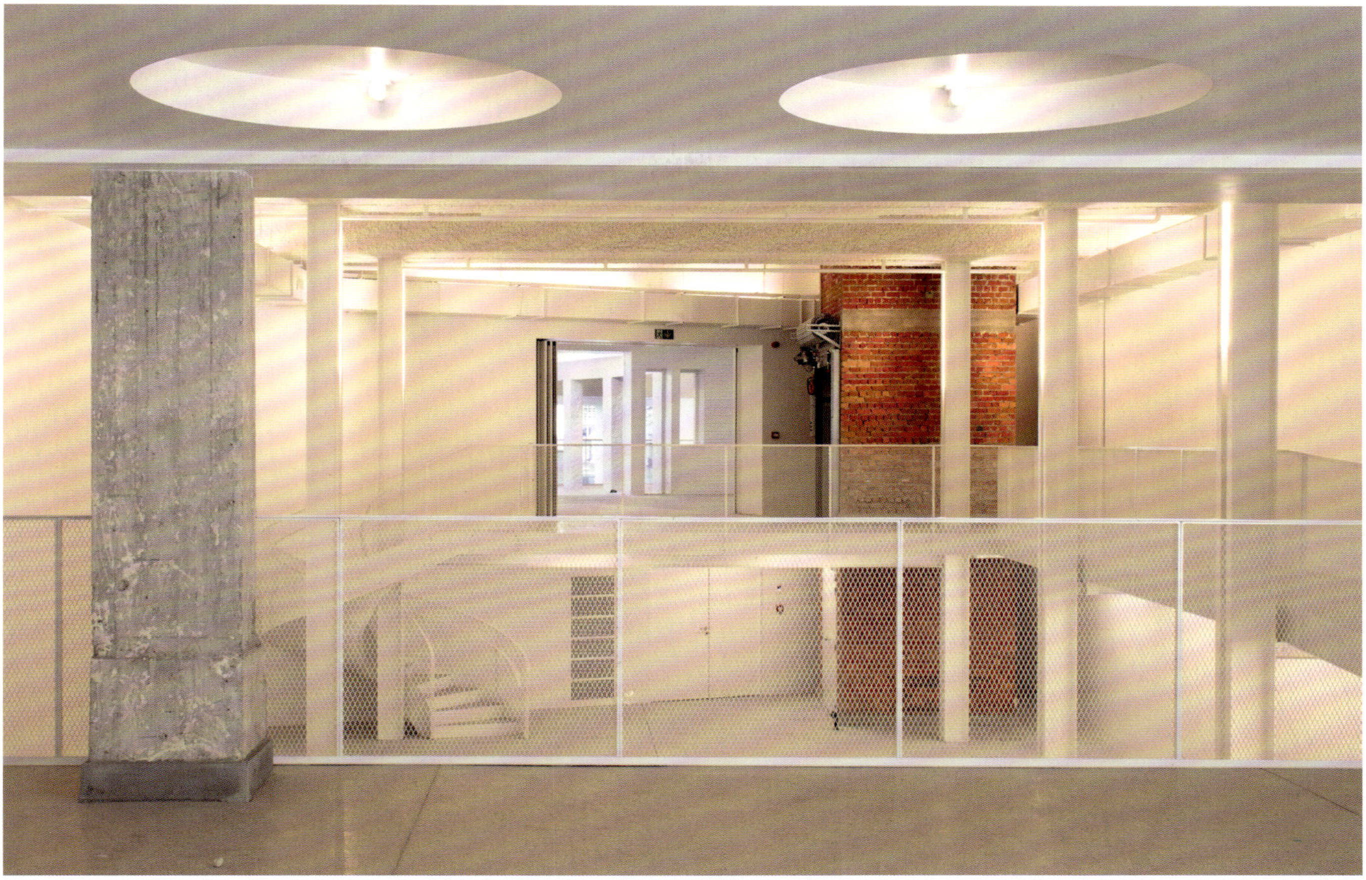

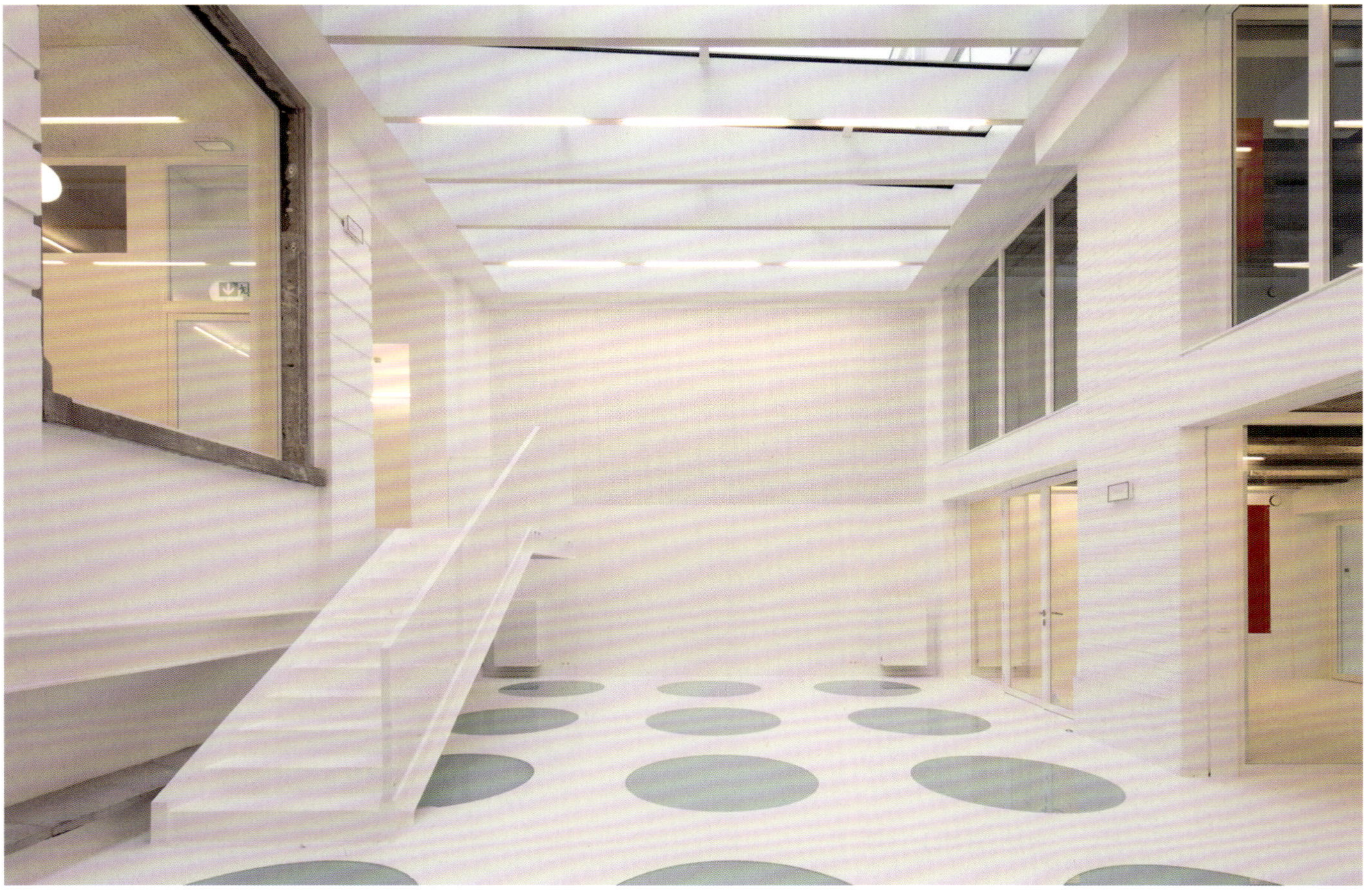

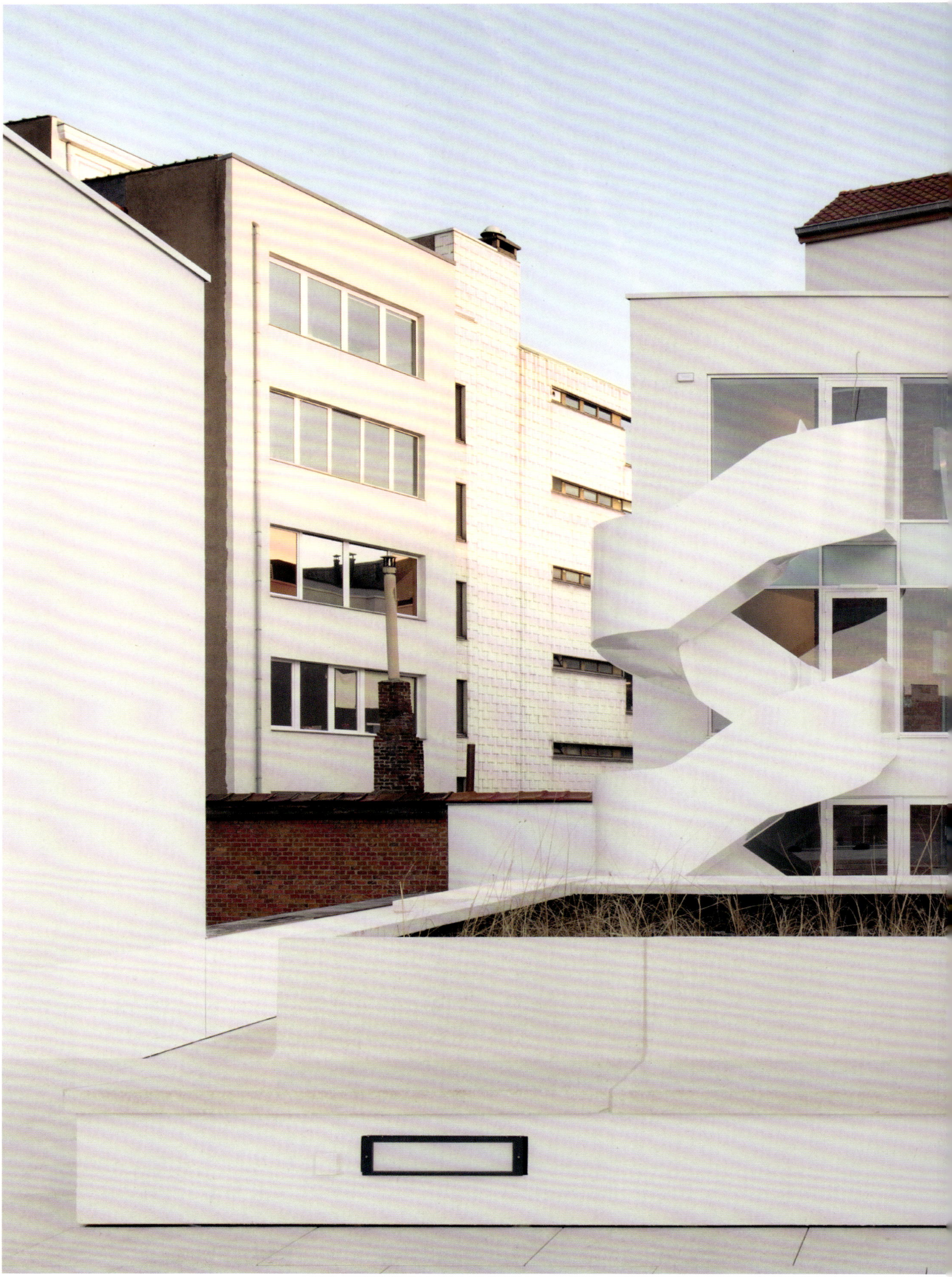

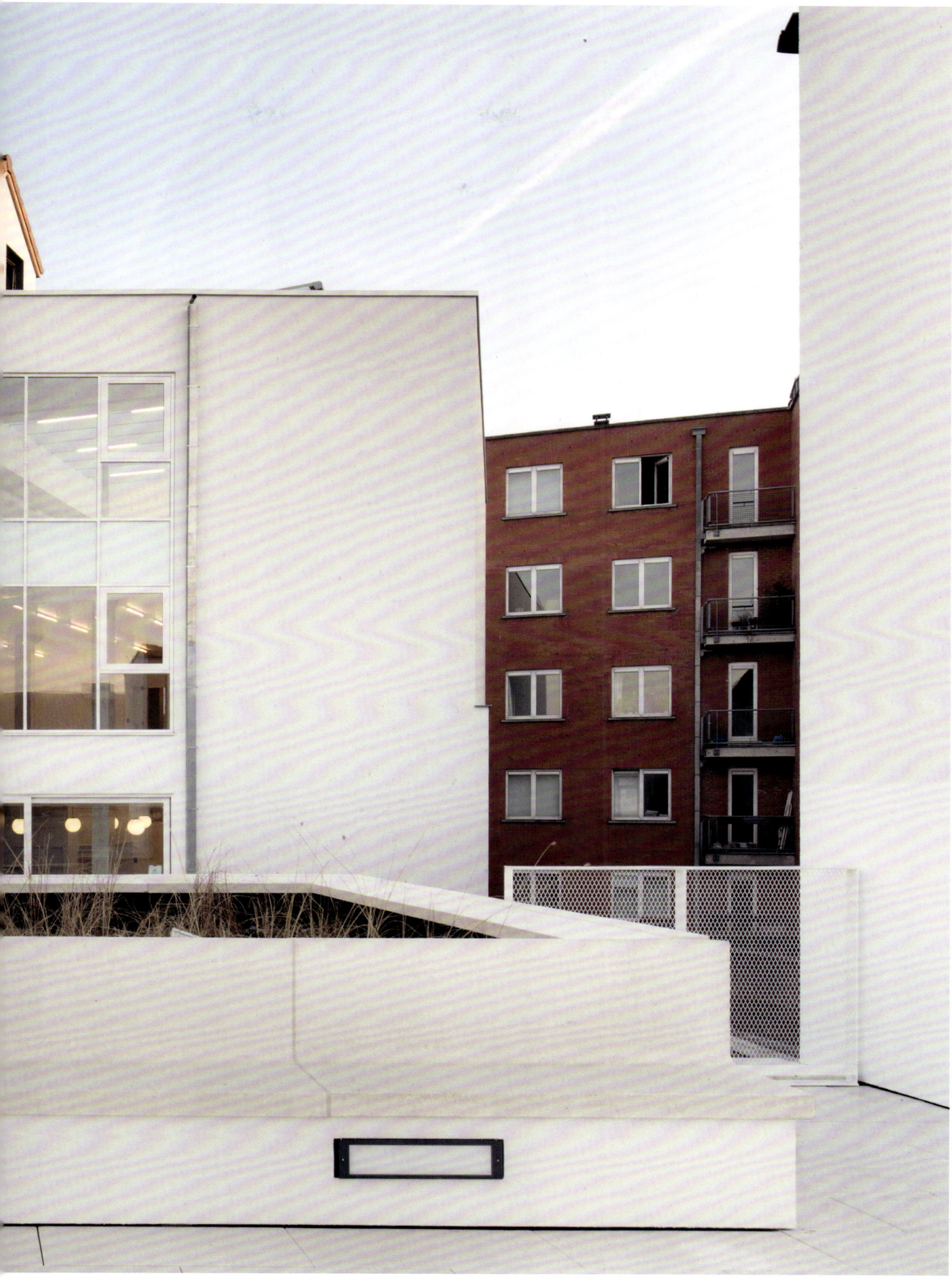

ROBBRECHT EN DAEM

Established by Paul Robbrecht and Hilde Daem in 1975, the studio, over the decades, has developed a diverse and international portfolio of designs from architecture to infrastructure projects, and from interiors to landscapes, with a strong focus on materiality and distinctive palettes of colours. The founders started their careers as designers of exhibition scenographies and soon gained recognition for cultural buildings. In 2002 Johannes Robbrecht joined the team and became a partner in 2012. For the studio, "architecture is not something ephemeral, but something that gives the user a sense of being enveloped, a sentiment of protection and comfort." It should also essentially engage in a dialogue with the surrounding context.

In de decennia sinds de oprichting door Paul Robbrecht en Hilde Daem in 1975 heeft hun bureau een divers en internationaal portfolio opgebouwd, van architectuur tot infrastructuurprojecten, van interieurs tot landschappen, met een sterke nadruk op materialen en uitgesproken kleurenpaletten. De oprichters begonnen hun carrière als ontwerpers van tentoonstellingsscenografie en kregen al snel erkenning voor hun vormgeving van cultuurgebouwen. In 2002 kwam Johannes Robbrecht bij het team en in 2012 werd hij partner. Architectuur is voor de architecten 'niet efemeer, maar geeft de gebruiker een gevoel van omhulling, bescherming en comfort'. Essentieel is ook dat ze in dialoog treedt met de omringende context.

Fondé en 1975 par Paul Robbrecht et Hilde Daem, cet atelier a depuis lors enrichi son catalogue diversifié et international avec des projets allant de l'architecture aux infrastructures, et des intérieurs aux paysages, qui mettent l'accent sur les matériaux et des sélections de couleurs originales. Les fondateurs ont commencé leur carrière en tant que scénographes d'expositions et ont rapidement été reconnus pour leurs bâtiments culturels. Johannes Robbrecht a rejoint l'équipe en 2002 puis est devenu partenaire à part entière en 2012. Pour eux, «l'architecture n'est pas de l'ordre de l'éphémère, mais doit donner à l'utilisateur le sentiment d'être enveloppé, un sentiment de protection et de confort». Il faut aussi, principe essentiel, qu'elle engage un dialogue avec le milieu environnant.

Gallery Xavier Hufkens, Brussels, Belgium, 2022

The expansion and refurbishment of this acclaimed contemporary art gallery resulted in a monolithic yet complex volume contrasting with the historical neighbourhood. The architects planned a variety of natural light conditions to allow the art to always relate to the space in a new way.

De uitbreiding en renovatie van deze veelgeprezen galerie voor hedendaagse kunst resulteerde in een monolithisch maar complex volume dat contrasteert met de historische wijk. De architecten voorzagen uiteenlopende natuurlijke lichtomstandigheden om de kunst altijd op een nieuwe manier in verband te brengen met de ruimte.

L'agrandissement et la rénovation de cette galerie d'art contemporain réputée ont donné naissance à un volume monolithique, mais complexe qui contraste avec le quartier historique. Les architectes ont tenu compte des grandes variations de la lumière naturelle pour permettre à l'art d'être toujours en relation avec l'espace de manière nouvelle.

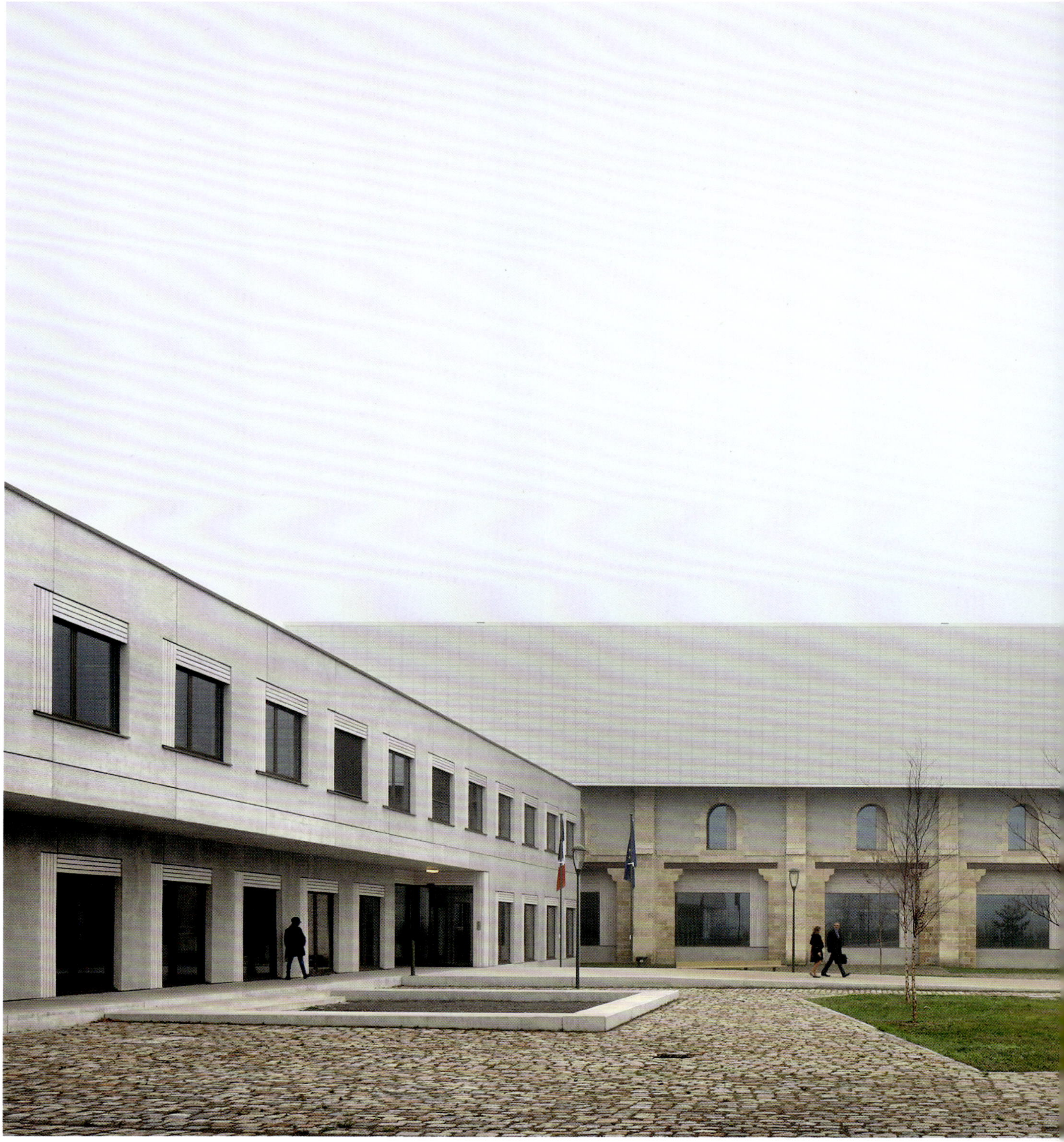

Archives de Bordeaux Métropole, Bordeaux, France, 2015

The transformation of a former warehouse into municipal archives, with distinctively concrete interiors, draws from the original structure: "The storerooms, where the archive boxes are housed, are stacked in the exact location where goods were previously stacked," explain the architects.

Bij de transformatie van een voormalig pakhuis tot gemeentearchief, met kenmerkende betonnen interieurs, lieten de architecten zich leiden door de oorspronkelijke structuur: 'De magazijnen, waar de archiefdozen zijn ondergebracht, bevinden zich precies op de plek waar ooit goederen werden gestapeld.'

La transformation d'un ancien entrepôt en archives municipales, avec des intérieurs en béton, s'inspire de la structure d'origine : «Dans les salles de stockage, les boîtes d'archives sont empilées à l'endroit exact où les marchandises l'étaient auparavant», expliquent les architectes.

**ZNA Cadix Hospital,
Antwerp, Belgium, 2022**

The rigidity of the vertical stack
of volumes is broken up through
the rhythmic arrangement of openings
and niches, as well as a central concrete
spiral staircase. The incorporation
of daylight, interior gardens, and outdoor
spaces were some of the essentials
of the design process.

De rigiditeit van de verticaal gestapelde
volumes, wordt doorbroken door de
ritmische plaatsing van openingen en
nissen en de centrale betonnen wenteltrap.
Belangrijk voor het designproces
waren ook het gebruik van daglicht,
de binnentuinen en de buitenruimtes.

La rigidité verticale des volumes empilés
qui forment ce nouvel hôpital est rompue
par le rythme des ouvertures et des
niches comme par la spirale de l'escalier
central en béton. Faire entrer la lumière
du jour et intégrer jardins intérieurs et
espaces extérieurs ont été quelques-uns
des éléments essentiels du processus
d'élaboration.

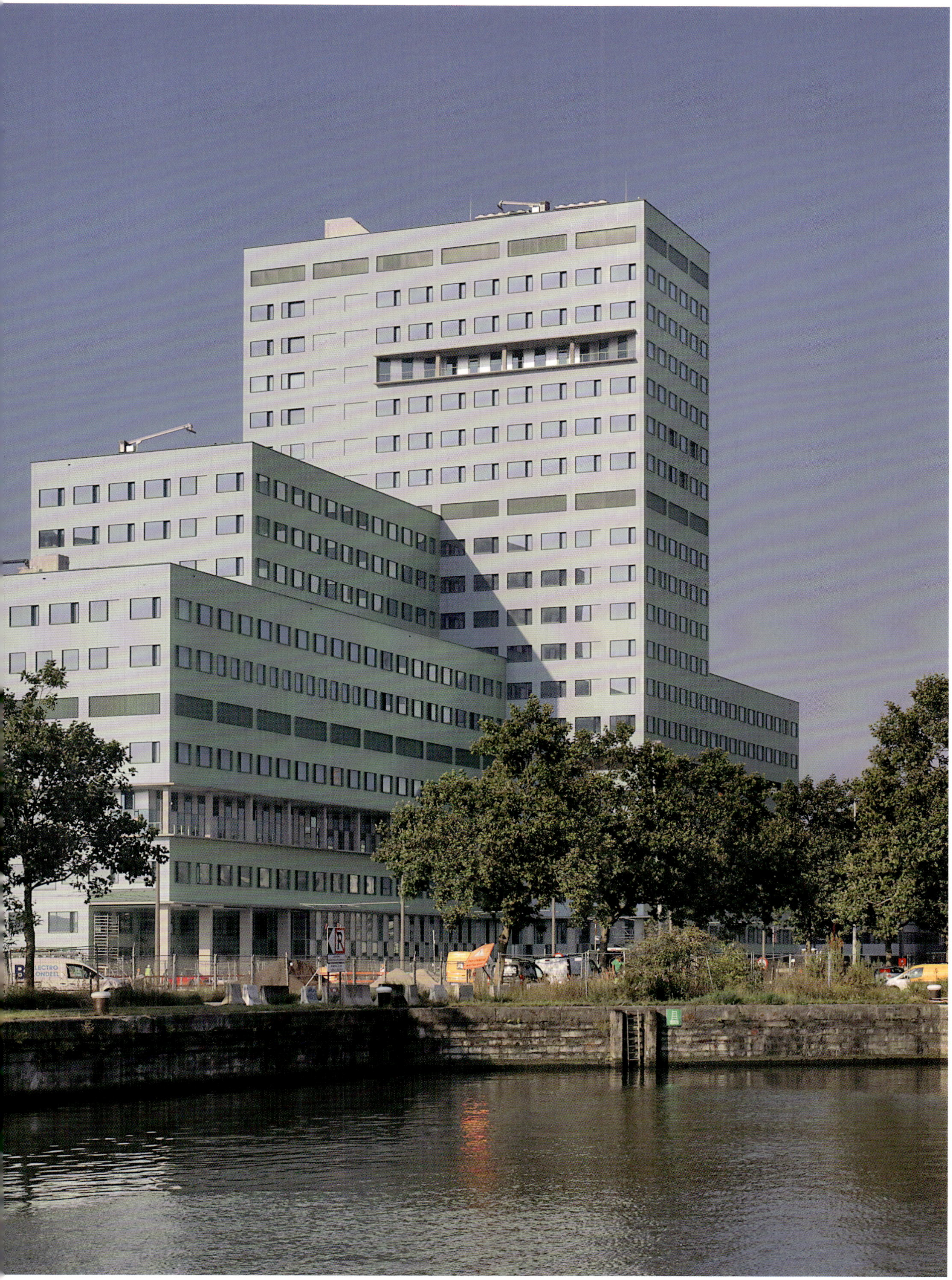

VINCENT VAN DUYSEN ARCHITECTS

DLC Residence

Winery VV by Vinetiq

Casa M

KLAARCHITECTUUR

The Waterdog

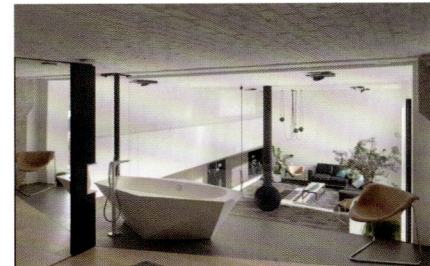

The Loft

Stadserker

OSK-AR

KA Tervuren

Eylenbosch housing

Ket & Co primary school

MAGALIE MUNTERS ARCHITECTURE

House QM

Villa MQ

Villa CD

PHILIPPE SAMYN & PARTNERS

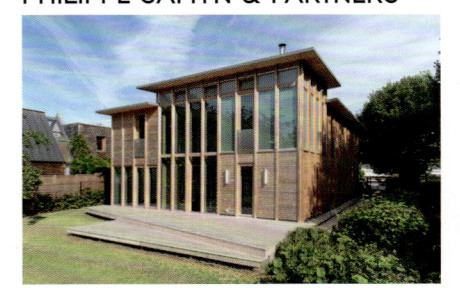

House for Alain Hubert

Europa Building

Maison de la Culture

GRAUX & BAEYENS ARCHITECTEN

House D-S

House N-DP

House C-VL

BOVENBOUW ARCHITECTUUR

Werfstraat

Community School

Care Home, De Drie Platanen

GOVAERT & VANHOUTTE ARCHITECTS

Residence Niemeyer

Residence FSD

Waregem Business Park

ATELIER VENS VANBELLE

Alex Guesthouse

Heydays

Stephanie & Kevin

BEEL ARCHITECTEN

Museum M

Post X office complex

GITO/CVO secondary school

ERPICUM

Godshuis  | House HIFI  | Golf

STAM ARCHITECTEN

Woning GEST  | Woning HOEV  | Woning MERT

BLAF ARCHITECTEN

dnA House  | gjG House  | wsT House

AST 77 ARCHITECTEN

Vissenaken Heidestraat  | Hof van Rome  | A Brick Giant on Clay Feet

CAAN ARCHITECTEN

Apartments Theo van Doesburg  | Villa S  | House L

ATELIER TOM VANHEE

House with writing shed

17th century residence

Community Centre

CALLEBAUT ARCHITECTEN

Jachtopzienerswoning

Sint-Lievenspoort

Woning Roelants

DDS+

The Mint

Site Van Oost

Palatium

DELMULLE DELMULLE ARCHITECTEN

Shutterflats

Rag Doll Cottage

Ray Urban Greenhouse

DMVA ARCHITECTEN

Nona Arts Centre

In De Stad

Site Apostolinnen

OYO ARCHITECTS

Dune House

Agristo offices

Football Stadium

ALT ARCHITECTUUR

House L&D2

Work Environment Tweeperenboom

House E&L2

GOFFART POLOMÉ ARCHITECTES

Hangar à Sel

Crèche les Ecureuils

Musée des Beaux-Arts

LENS°ASS ARCHITECTS

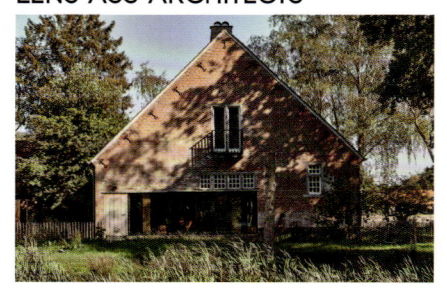

House AG

One Broel

Brouwerij De Ridder

VAN BELLE & MEDINA

Dr. Verhaegestraat residential development

Eksterlaer residential development

LabOvo at Labiomista

B-ARCHITECTEN

Turnova Tower

Centr'Al

Muntpunt

JASPERS-EYERS ARCHITECTS

Quatuor

Barco One Campus

Etterbeek City Hall

MADE ARCHITECTS

House Snik

House Rowa

House Huy

HUB

Zegel

ABC House

City Hall

JUMA ARCHITECTS

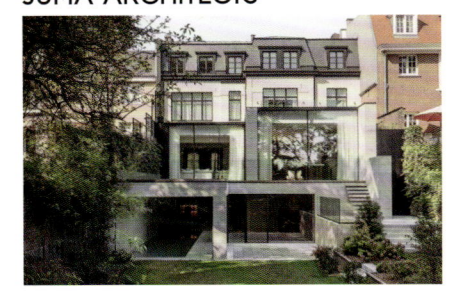

Townhouse DT

HH 47

Villa RS

HULPIA ARCHITECTEN

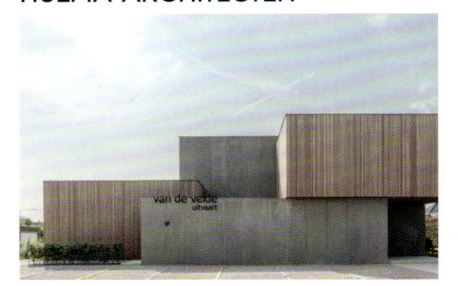

Funeral center Van De Velde

House Huyghe

Buyse apartment building

VANDENBORRE ARCHITECTEN

AGO HR Offices

House SV

Midas

MARIE-JOSÉ VAN HEE ARCHITECTEN

House V-D

Housing for the Elderly

Housing with 99 apartments

POLO

AP University College

De Meermin Leisure Complex

Diagonal Besòs Student Residence

MARTENS VAN CAIMERE

DIEP

Guillemin

Nederbos

META ARCHITECTUURBUREAU

Bruges Meeting and Convention Centre

Agrotopia

Buildings O & M, University of Antwerp

BINST ARCHITECTS

One Baelskaai

Woods

Dok Tower

CONIX RDBM_ARCHITECTS

Umicore

Multi-Tower

Zurenborg Poort

V+ ARCHITECTURE

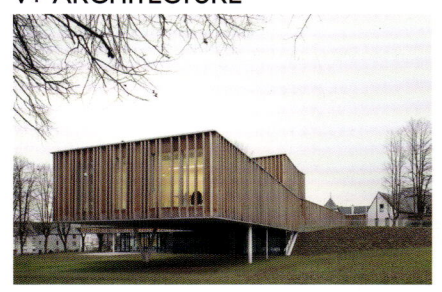

Town Hall Montigny

Le Pont des Arts

MAD

ROBBRECHT EN DAEM

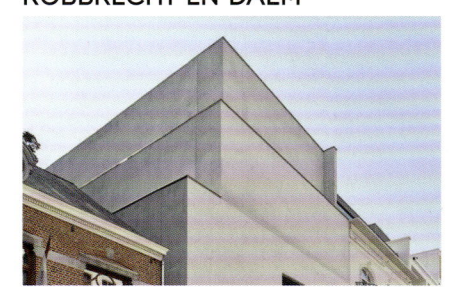

Gallery Xavier Hufkens

Archives de Bordeaux Métropole

ZNA Cadix Hospital

WEBSITES

ALT ARCHITECTUUR
alt-architectuur.be

AST 77 ARCHITECTEN
ast77.be

ATELIER TOM VANHEE
ateliertomvanhee.be

ATELIER VENS VANBELLE
vensvanbelle.be

B-ARCHITECTEN
b-architecten.be

BEEL ARCHITECTEN
beelarchitecten.com

BINST ARCHITECTS
binstarchitects.be

BLAF ARCHITECTEN
blaf.be

BOVENBOUW ARCHITECTUUR
bovenbouw.be

CAAN ARCHITECTEN
caan.be

CALLEBAUT ARCHITECTEN
callebaut-architecten.be

CONIX RDBM_ARCHITECTS
conixrdbm.com

DDS+
dds.plus

DELMULLE DELMULLE ARCHITECTEN
delmulledelmulle.be

DMVA ARCHITECTEN
dmva-architecten.be

ERPICUM
erpicum.org

GOFFART POLOMÉ ARCHITECTES
goffart-polome.com

GOVAERT & VANHOUTTE ARCHITECTS
govaert-vanhoutte.be

GRAUX & BAEYENS ARCHITECTEN
graux-baeyens.be

HUB
hub.eu

HULPIA ARCHITECTEN
hulpia.be

JASPERS-EYERS ARCHITECTS
jaspers-eyers.be

JUMA ARCHITECTS
jumaarchitects.be

KLAARCHITECTUUR
klaarchitectuur.be

LENS°ASS ARCHITECTS
lensass.be

MADE ARCHITECTS
madearchitects.be

MAGALIE MUNTERS ARCHITECTURE
magaliemuntersarchitecture.com

MARIE-JOSÉ VAN HEE ARCHITECTEN
mjvanhee.be

MARTENS VAN CAIMERE
mvc-architecten.be

META ARCHITECTUURBUREAU
meta.be

OSK-AR
osk-ar.be

OYO ARCHITECTS
oyo.eu

PHILIPPE SAMYN & PARTNERS
samynandpartners.com

POLO
polo-platform.eu

ROBBRECHT EN DAEM
robbrechtendaem.com

STAM ARCHITECTEN
stam.be

V+ ARCHITECTURE
vplus.org

VAN BELLE & MEDINA
vanbellemedina.com

VANDENBORRE ARCHITECTEN
vdba.be

VINCENT VAN DUYSEN ARCHITECTS
vincentvanduysen.com

PHOTO CREDITS

Front cover © Tim Van de Velde
Back cover © Hélène Binet

8, 11 top, 18 © Piet Albert Goethals, 9, 14 © Hélène Binet, 12, 13, 17 © Vincent Van Duysen Architects, 10, 11 bottom © Koen Van Damme

20, 26, 27 © Klaarchitectuur, 21, 22-25 © Toon Grobet

28 © OSK-AR, 29, 30-31, 34, 35 top © Luca Beel, 32-33 © Klaas Verdru, 35 bottom © Timothy Schiettecatte

36 © Magalie Munters Architecture, 37-41 © Tim Van de Velde

42 © Thierry Geenen, 43 © Philippe SAMYN and PARTNERS, architects & engineers, Picture: Marie-Françoise PLISSART, 44, 45 © Philippe SAMYN and PARTNERS architects & engineers, LEAD and DESIGN PARTNER. With Studio Valle Progettazioni architects, Buro Happold Limited engineers – 44 Picture: Quentin OLBRECHTS, 45 Picture: © Marc Detiffe, 46-47 © Philippe SAMYN and PARTNERS architects & engineers, LEAD and DESIGN PARTNER. Picture : Quentin Olbrechts

48 © Luc Roymans, 49, 52, 53 © Jeroen Verrecht, 50 © Filip Dujardin

54 © Bovenbouw Architectuur, 55 © David de Bruijn, 56-59 © Filip Dujardin

60 © Govaert & Vanhouette Architects, 61-64 © Tim Van de Velde

66, 68-73 © Atelier Vens Vanbelle, 67 © Tim Van de Velde

74, 78, 79 © Luca Beel, 75 © Jan Kempenaers, 76-77 © Johnny Umans

80 © Michel Verpoorten, 81, 82-83 © Jean-Luc Laloux, 84, 86-87 © Jan Verlinden

88, 92-93 © Dorothee Dubois – The Fresh Light, 89, 90 © Yannick Milpas

94 © BLAF Architecten, 95-99 © Stijn Bollaert

100-107 © Steven Massart

108 © Birger Stichelbaut, 109, 112-115 © caffeine.be – thomas de bruyne, 110-111 © Nicolas Vantomme

116 © Alexis Goldman, 117-119 © Ellen Goegebuer, 120, 122-123 © Filip Dujardin

124 © 2023 Buro Bonito, 125, 128, 129 © Tim Van de Velde, 126, 127 © Stijn Bollaert

130 © Lydie Nesvadba, 131, 134, 135 © Nathalie Van Eygen, 132, 133 © Marie-Noelle Dailly

136 © Delmulle Delmulle Architecten, 137-139 © Johnny Umans, 140 © Frederik Vercrysse

142 © Studio Dann, 143-145 © Sergio Pirrone, 146-147 © Bart Gosselin

148 © OYO Architects, 149-151 © Karen Van der Biest, 152, 153 © Tim Van De Velde, 154-155 © Tim Van De Velde & Dewald van Helsdingen

156 © ALT Architectuur, 157 © Filip Dujardin, 158-161 © Johnny Umans

162, 166, 167 © Antoine Richez, 163-165 © Goffart Polomé Architectes

168 © LENS°ASS ARCHITECTS, 169-171, 174-175 © Jan Verlinde, 172-173 © Philippe Vangelooven

176 © Van Belle & Medina, 177-183 © Filip Dujardin

184 © Olmo Peeters, 185, 186, 187 © Lucid, 2, 188-191 © Ilse Liekens

192, 193-195 © Jaspers-Eyers Architects 197 top © ArtitecFotografie/F.Bogaert, 196, 197 bottom, 198 © Philippe van Gelooven, 199 © Georges De Kinder

200 © Koen Broos, 201, 202 © Johnny Umans, 205 © Tim Van de Velde

206 © HUB, 207 © Bert Stephani, 208-209 © Ilse Liekens, 210-211 © Stijn Bollaert

212 © Chess Bonte, 213-219 © Annick Vernimmen

220 © Hulpia Architecten, 221-224 © Alejandro Rodríguez

226-229 © Tim Van de Velde, 230-233 © Vandenborre Architecten

234 © Marie-José Van Hee architecten, 235-241 © Crispijn Van Sas

242 © Evenbeeld, 243-245 © Stijn Bollaert, 246-247 © Aldo Amoretti

248-251 © Martens Van Caimere, 252-255 © Cedric Verhelst

256 © Jesse Willems, 257, 260, 261, 262-263 © Filip Dujardin, 258-259 © META Architectuurbureau

7, 264, 265, 268, 269 © Binst Architects, 266-267 © Versluys Groep, 270, 271 © Binst Architects, Koen Mutton

272 © Peter Van Aalst, 278 © CONIX RDBM _Architects, 273-275, 276, 277, 279 © Serge Brison

280 © V+ Architecture, 281, 284-287 © Maxime Delvaux, 282, 283 © Cyrille Weiner

288 © Brecht Van Maele, 289 © Kristien Daem, 290-293 © Filip Dujardin

Copyrights for the photographs have been cleared and are mentioned according to the information provided by the architects. The publisher and the author take no responsibility for any omissions.

All plans and drawings – courtesy of the studios.

TEXT & CONCEPT
© Agata Toromanoff / Fancy Books Packaging UG

GRAPHIC DESIGN COVER
ABS – Atelier Sven Beirnaert

GRAPHIC DESIGN BOOK
Agata Toromanoff / Fancy Books Packaging UG

TRANSLATION
French: Jean-Léon Muller
Dutch: Robrecht Vandemeulebroecke

EDITING
English: Léa Teuscher
French: Luna Jungblut
Dutch: Jan Vangansbeke

© Lannoo Publishers, Belgium, 2023
D/2023/45/476 - NUR 648-640
ISBN 978-94-014-9106-8
www.lannoo.com
If you have any questions or comments about the material in this book, please do not hesitate to contact our editorial team: art@lannoo.com

www.lannoo.com

All rights reserved. No part of this publication may be reproduced or transmitted, in any form or by any means; this is applicable to all countries. Elke reproductie of aanpassing van een fragment uit dit boek, wat dan ook of op welke wijze dan ook, is voorbehouden, voor alle landen. Droits réservés. Toutes reproductions ou adaptations d'un extrait de ce livre, quel qu'il soit et par quelque procédé que ce soit, sont réservées pour tous pays.